평양과 뉴욕,

태평양 시대의 헤게모니

김 정 훈

法 文 社

프롤로그

뉴욕의 맨해튼에서 본 한반도

뉴욕의 맨해튼은 물로 둘러싸인 단단한 돌 섬이다. 그 돌 섬 위에 높게 세워진 고층건물들은 세상을 들고 서 있는 아틀라스를 연상시킨다. 17세기 초, 비어있던 맨해튼 섬에는 몇몇 인디언 가족들이 흩어져 살고 있었는데 네덜란드 사람이 이곳에 와서 해안요새를 짓겠다고 하면서 인디언 부족장에게 약간의 돈과 물건을 주었다고 한다. 지금도 맨해튼의 남쪽 공원에 가면 당시의 맨해튼을 사고파는 장면을 장식한 기념비를 찾아볼 수 있다.

기념비에 새겨진 연도는 1626년이고, 이때부터 맨해튼은 인디언의 추장에서 암스테르담 이민자의 손으로 넘겨졌고, 그곳에는 해안요새(Fort Amsterdam)가 세워졌다. 그런데 요새를 짓고 보니 맨해튼이 지닌 잠재적 조건 즉, 항구로서의 입지가 너무도 좋아서 점차 중계무역의 거점으로 바뀌게 되었다. 뉴암스테르담 항구(Port of New Amsterdam)로 바뀐 맨해튼은 아메리카－유럽－아프리카를 연결하는 삼각무역의 중심지로 성장하기 시작했다. 17세기에 이민 온 네덜란드 사람들은 자신의 고향, 암스테르담을 생각하며 이곳에 집들을 지었는데 지금도 남쪽 맨해튼에 가면 오래된 뉴암스테르담의 예쁜 박공장식 연립주택 단지가 보전되어 있다.

17세기 중엽, 네덜란드와 영국은 맨해튼을 사이에 두고 전쟁과 협상을 벌였는데 결국 맨해튼은 영국인의 손으로 넘어갔다. 뉴암스테르담의 맨해튼에서 '뉴욕의 맨해튼'으로 명칭이 바뀌었지만, 지금도 맨해튼에 가면 뉴암스테르담의 숨결이 곳곳에서 느껴진다. 네덜란드의 브뢰켈렌은 뉴욕의 브루클린(Brooklyn)으로, 암스테르담 근처의 하를럼은 맨해튼의 할렘(Harlem)으로 그대로 남아있다. 철자와 발음은 조금씩 바뀌었지만, 그 뿌리를 따지면 맨해튼은 런던보다 암스테르담에서 찾는 것이 더 정확하다. 흔히 뉴욕 사람들을 가리켜 양키스라고 부르는 경우가 많은데 그 이유로 암스테르담 출신의 '얀(Jan)'이 뉴욕에 많이 살았기 때문이라는 이야기도 있다. 마치 한국 사람들 사이에 김씨가 많은 것처럼 네덜란드 사람에는 '얀'이 많았고, 그래서 뉴욕에서는 길을 걷다가 뒤에서 "어이, 얀!"하고 부르면 대부분 자기를 부르는 줄 알고 뒤돌아섰다는 것이다. 뉴욕 사람들을 가리켜 대명사처럼 '양키스'라고 부르게 된 배경이라고 하는데 진짜인지 아닌지 어쨌든, 영국계(프로테스탄트의 보스턴) 레드삭스와 네덜란드계(암스테르담 상인의 뉴욕) 양키스 야구팀이 시합을 벌이면, 그 날은 영국과 네덜란드의 영란(英蘭)전쟁을 연상하게 할 정도였다.

그래서인지 18세기의 미국인들은 캐나다와 달리 영국 왕에 대한 충성심보다는 네덜란드공화국과 비슷한 독립된 공화국이 되고 싶어 했다. 암스테르담 요새가 있던 뉴욕의 맨해튼 남쪽, 로어 맨해튼에서 보면 영국과 미국이 다를 수밖에 없는 그 차이점들을 여기저기에서 발견할 수 있다. 뉴욕이 뉴암스테르담의 전통에서 비롯되었음을 자랑스럽게 여기는 사례도 있는데 예컨대, 미국의 주식시장도 그러하다는 것이다. 네덜란드가 영국의 침입에 대비하면서 1653년에 높이 세웠던 요새의 긴 장벽(Wall)이 영국과 벌인 독립전쟁 과정에서 사라졌고, 그래서 장벽이 사라진 곳에 거리(Street)가 생겨나면서 상인들을 중심으로 주식시장이 열릴 수 있었다는 것이다.

1792년, 월스트리트 68번지의 무화과나무 아래에 모인 증권 중개인과 상인들은 버튼우드(Buttonwood) 협정을 맺고, 이를 계기로 월스트리트는 금융의 중심지로 변모하게 된다. 정부의 개입이나 간섭은 거의 없었기에 민간에 의해서 자유롭게 작동되는 '월스트리트(Wall Street)'가 탄생한 것이다. 좁다란 월스트리트에 뉴욕증권거래소까지 세워지면서 뉴욕의 맨해튼은 북미대륙의 금융중심지로 발전했고, 19세기의 남북전쟁을 거치면서 20세기 초부터 맨해튼의 월스트리트는 세계금융의 중심지가 되었다. 그런데 약 백여 년이 지나면서 맨해튼의 월스트리트도 새로운 둥지가 필요하고, 뉴욕만을 고집하기는 어려워지고 있다는 것을 느끼기 시작했다. 2011년에 몰아친 'OWS(Occupy Wall Street)' 시위는 한계상황으로 치닫고 있음을 예견하는 듯했고, 새로운 방향성이 절실히 필요한 것처럼 보였다. 20세기 초, 런던이 뉴욕에 세계금융의 중심지 지위를 스스로 넘겼던 것처럼, 이제 뉴욕도 자신의 지위를 넘길 시점이 멀지 않았음을 인식하고 있음이다.

그런데 21세기에 들어와서 그다지 주목받지 못했던 한반도의 DMZ가 어수선한 북한 핵(核) 문제로 갑작스럽게 주목받는 지역이 되었고, DMZ의 한복판(판문점)에서 한국과 북한의 최고지도자는 물론이고, 미국의 대통령과 그 대통령의 가족까지 함께 회합하는 사건이 벌어졌다. 2019년의 뜨거운 여름, 뉴욕의 맨해튼 출신 대통령이 한반도의 DMZ에 등장하면서 한반도와 전 세계는 DMZ에 관심을 보이지 않을 수 없었다. 태평양 시대에 동아시아의 온대지역이면서 좋은 잠재적 입지조건을 갖춘 서해안의 DMZ가 마치 과거의 맨해튼처럼 여전히 텅 빈 곳으로 21세기에 남아있다는 사실 자체가 세계인들에게는 놀라움이었다. 부동산개발업자 출신의 미국 대통령의 언급은 물론이고, 세계적 자본투자가들이 지목했던 것처럼 한반도의 DMZ는 관찰의 대상을 넘어서서 주목의 대상이 분명히 되어 가고 있다.

이와 같은 상황적 변화 속에서 다음과 같은 직설적인 질문을 제기하지 않을 수 없었다. "과연, 그 옛날에 베네치아의 상인들이 암스테르담의 금융가로 변했던 것처럼, 그리고 런던의 자본이 뉴욕의 맨해튼으로 이동했던 것처럼 21세기 중반, 뉴욕의 자본은 태평양을 건너서 한반도의 DMZ로 이동할 수 있을까?" 이 책은 그 질문에 대한 해답을 찾기 위해 세 개의 시대 즉, 유라시아 시대, 대서양 시대 그리고 태평양 시대의 헤게모니 이동이라는 관점에서 연구하고 조사, 접근했다. 그리고 각 시대를 구분하는 편과 편 사이에 현장답사를 통해 수집한 자료를 첨부해 독자들의 다각적인 이해를 돕고자 했다. 연구의 대부분을 정리하면서 나름 분명한 확신도 갖고 책의 부제도 정할 수 있었다. <평양과 뉴욕>에서 '태평양의 헤게모니'는 세계의 핵심도시인 뉴욕이 태평양을 건너서 한반도의 DMZ 개경으로 이동할 것이며 그 잠재적 가능성도 분명히 있다는 것이었다. 그렇지만 또 다른 사실은 역사적 사례들이 증명하듯이 그것은 기회이고 가능성일 뿐, 필연적인 운명은 아니라는 것이다. 한반도의 가까운 미래를 목표시점으로, 분단의 상처인 우리의 DMZ가 세계인으로부터 가장 사랑받는 번영의 중심지가 되기를 바라며, 세계의 플랫폼으로 발전할 수 있기를 희망하면서 한반도의 모든 시민에게 기대를 걸어본다.

2019. 11. 1.
북한산 연구실에서
김 정 훈

차 례

제 1 편

유라시아 시대와 몽골의 헤게모니

13세기의 몽골은 유라시아의 동쪽과 서쪽을 하나로 융합시킨 최초의 세계국가였고 그 이전에도 그 이후에도 몽골과 같은 세계국가는 등장하지 않았다. 몽골은 서쪽의 지중해에서 동쪽의 태평양에 이르는 광대한 영역을 평정했으며 서양의 로마제국, 중동의 페르시아제국, 그리고 동양의 진(秦) 제국을 모두 합친 것보다 훨씬 더 넓은 영토를 150여 년 동안 안정적으로 통치했다. 대한민국 영토에 비교하면, 그것의 332배에 달하는 유라시아 땅(33,200,000평방Km)에서 서로 다른 인종과 문명을 가로막던 높은 장벽을 허물고 막대한 부유함을 창출했던 몽골이었다. 불과 수백만 명에 불과했던 몽골인들이 수억 명의 유라시아인을 통치하는 과정에서 그들은 실제의 힘보다 더 큰 강력한 영향력을 보여주었고, 그래서 몽골은 특별한 헤게모니(hegemony)를 행사했다고 평가받는다. 14세기 중엽까지 계속된 몽골에 의한 평화(Pax Mongolica) 시대는 권력의 인플레이션(inflation of power)으로 형성된 헤게모니로써 작은 몽골이 큰 세계를 통치한 방식이었다.

(앞면사진 : 13세기부터 수백 년 동안 단계적으로 높아진 브뤼헤의 벨포트(Belfort) 종루)

제1장

몽골의 유라시아 시대

1. 몽골의 팍스 몽골리카

팍스 몽골리카(Pax Mongolica), '몽골의 평화'를 의미하는 세계국가, 몽골의 시대(1206~1368)는 분할되어 있던 세계의 역사를 유라시아의 역사로 통합시켰다. 불과 몇백만 명에 불과했던 몽골이지만, 그들은 수억 명을 통치했고, 실제의 힘보다 훨씬 강력한 몽골의 헤게모니로써 유라시아 세계국가를 움직였다.

칭기즈칸 가문의 등장

몽골의 헤게모니에서 칭기즈칸은 큰 역할을 담당했다. 분열되어 있던 유라시아 초원의 유목민을 하나로 통합하면서 1206년, 몽골의 최고연합회의(쿠릴타이)를 개최하고 여기에서 테무진은 칭기즈칸(최고지도자)으로 즉위했다. 그는 바이칼 호수 인근 초원에서 서로 다투던 부족들을 결집했고, 순식간에 세계 역사상 가장 넓은 영토를 가진 국가를 건설할 수 있었다. 칭기즈칸은 이미 그의 생전에 동북아시아의 황하강 유역에서 남러시아에 이르는 세계제국을 건설했으며 그의 제국은 한계를 알 수 없을 정도로 계속 확장되었다. 몽골인들은 토지확보를 목적으로 했던 농업인들이 아니고 초원에서 가축을 기르며 물자를 거래해야만 생활할 수 있었던 유목민들이어서 상업을 국가 차원에서도 장려했다. 몽골제국은 외지인이었던 이슬람 상인도 크게 우대했으며 동양과 서양의 무역을 촉진하여 막대한 조세수입을 올렸고, 각 지역의 전문가들도 출신에 상관없이 실력에 따라서 높이 대접했다.

칭기즈칸의 뒤를 이어 1228년 즉위한 제2대 우구데이(오고타이)칸은 국가의 통치기반을 확립하고 의례를 정비했는데 특히 각 지역에 맞는 세법을 정비한 것으로 유명했던 지도자였다. 광대한 제국에서 공통으로 사용할 종이 화폐인 교초(交鈔)를 본격적으로 발행하여 상거래를 편리하게 한 것도 그의 큰 공적 가운데 하나였다. 몽골은 금융뿐만 아니라 유라시아 대륙의 동서를 연결하는 교역망도 편리하게 확충함으로써 시장의 규모도 크게 키웠다. 특히, 전국의 중요 간선로를 빠르게 정비하면서 일정 구간마다 행정편의시설을 설치하여 왕래하는 사람들이 말과 숙박서비스를 편리하게 지원받는 유라시아 물류체계를 만들었다. 몽골의 역참제(驛站制)로 불리는 몽골의 물류 네트워크는 인구 이동과 상품거래를 원활하게 만들어 동양과 서양의 상호 교류를 획기적으로 확장한 것이다. 동서양의 통합과정에서 동북쪽의 금(金) 제국을 정복, 양쯔강 이북을 통합했으며(1234) 서북쪽으로는 조카인 바투(칭기즈칸의 손자)에게 유럽 원정을 단행하도록 했다. 바투의 유럽 원정군은 러시아를 정복했고(1240) 폴란드와 헝가리도 사실상 복속시켰다.

유럽을 침공한 바투의 원정군들은 폴란드의 레그니차(발시타트) 전투(1241)에서 서양의 기사단들을 몰살시켰고 이후, 유럽은 무방비상태에서 황색공포에 휩싸였다. 러시아를 정복한 바투의 원정대는 중부유럽을 지나 남유럽의 지중해(아드리아) 연안까지 도달했지만, 우구데이칸의 사망 소식을 듣고 몽골의 수도(카라코룸)로 회군했는데 이로써 서유럽은 몽골의 직접적인 통치에서 간신히 벗어날 수 있었다(1244). 한편, 몽골제국에서는 치열한 권력투쟁을 거쳐 1246년, 제3대 칸으로 구유크(구육칸)가 등극했지만, 그는 곧 사망했고 또다시 격렬한 권력투쟁을 거쳐 1251년, 제4대 몽케칸이 즉위하였다. 이러한 몽골제국의 내부적 권력투쟁 과정에서 유럽원정대를 이끌었던 칭기즈칸의 장손, 바투는 몽골의 대칸(최고지도자) 지위를 스스로 포기하고 자신이 정복한 러시아에 킵차크칸국을 세워 직접 통치했다.

몽골 – 고려의 결혼동맹과 황실통합

그런데 몽케칸이 남송을 정복하던 도중, 갑자기 병사하면서 몽골제국 내부에서는 또다시 피비린내 나는 권력투쟁이 벌어졌다. 몽골의 최고지도자인 대칸이 되기 위한 내전이 벌어지면서 후계구도는 혼미해지고 있었다. 이렇게 복잡한 와중에 몽골제국과 화의를 맺는 차원에서 파견된 고려의 황태자, 왕전(王倎)이 복잡한 몽골의 후계문제에 개입하는 상황이 벌어졌다. 몽골의 대칸 다툼에서 쿠빌라이와 아릭 부케(쿠빌라이의 동생)가 한 치의 양보 없이 다투는데 유라시아 초원에 일정 지분이 있었던 고려국의 황태자, 왕전이 쿠빌라이를 적극적으로 지원하면서 몽골의 대칸 승계 전쟁에서 힘의 균형이 쿠빌라이 쪽으로 쏠리게 되었다. 고려의 황태자, 왕전의 지원으로 쿠빌라이가 몽골제국의 대칸에 즉위했던 1260년, 고려는 자청하여 몽골과의 전쟁을 중단했으며 황태자 왕전은 고려의 무신정권을 몰아내고 강화도에서 개경으로 수도를 옮기고 원종(元宗)에 즉위했다.

고려의 황태자, 왕전이 쿠빌라이를 몽골 대칸에 올려놓으면서 고려의 원종은 쿠빌라이로부터 전폭적인 지원을 받았다. 그러나 1269년 다시금 봉기한 고려의 무신 세력들에 의하여 원종은 폐위를 당할 위기에 직면했다. 위기의 고려 황실은 쿠빌라이칸에게 도움을 요청했고 쿠빌라이칸의 적극적 지원과 군사적 무력시위로 고려 황실은 가까스로 권력을 되찾을 수 있었다. 그렇지만 언제 또다시 무신들의 반란이 일어날지 모르는 상황에서 고려의 원종은 특별한 조치를 준비해야 했다. 그것은 고려의 개경(開京) 황실과 몽골의 대도(大都) 황실 사이에 일종의 결혼동맹을 맺음으로써 양쪽 황실의 안정을 상호 보장하자는 것이었다. 원종은 의형제 쿠빌라이에게 자신의 아들과 쿠빌라이의 딸을 혼인시키자고 했다. 이미 유부남이었던 원종의 아들, 황태자(왕심, 王諶)에게 쿠빌라이는 자신의 어린 딸 제국대장공주(쿠틀룩 켈미시)를 시집보내고 싶은 마음이 추호도 없었다. 그렇지만 원종과 왕심의 끈질긴 요청에 할 수 없이 쿠빌라이도 자신의 딸을 고려의 황실로 시집보냈고, 이런 우여곡절을 거치면서 몽골 황실과 고려 황실의 결혼동맹은 성사되었다.[1)]

한편, 고려 황실과 혼인 관계를 맺은 쿠빌라이는 대륙의 유목민뿐만 아니라 농경민(한족)도 포용할 수 있는 국호로 원(元)나라를 사용하기 시작했다. 동아시아 대부분을 지배하면서 왕권이 안정화되자 쿠빌라이는 곧바로 남송정복 사업을 재개했고 1279년, 남송을 완전히 정복했다. 그는 남송정복 이후에도 인도차이나 지역을 차례로 공략하여 평정했으며 해상국가인 고려의 해군력을 활용하기 위하여 제주도에 탐라총관부(일종의 몽골 해군사령부)를 두었다. 그러나 바다에서는 큰 성과가 나지 않았고, 대륙의 초원에서도 군사적 갈등이 계속 발생했기 때문에 몽골은 해양정복사업을 조기에 중단해야 했다. 세계제국을 외쳤던 몽골이지만 바다를 건너야 했던 일본열도, 인도네시아, 필리핀 등은 정복대상에서 제외되었고 유라시아의 대륙만을 제국의 관리대상으로 통치했다.

1) 고려－몽골의 결혼동맹 관계 속에서 1274년, 원종의 아들 왕심(황태자)은 충렬왕에 즉위했고 이후, 고려의 무신 세력들은 고려의 황위 결정권에 개입할 수 없었다. 충렬왕과 몽골의 제국대장공주 사이에서 태어난 충선왕은 쿠빌라이(원나라 세조)의 외손자로서 몽골의 황제 승계권도 가진 고려－몽골의 혼혈 왕이 되었다. 유럽의 왕조에서도 이와 비슷한 사례는 매우 빈번했는데 고려 황실과 몽골 황실은 일종의 공동제국을 형성한 셈이고 고려－몽골의 공동황실은 상호 간에 내부 권력을 안정화하는 데 큰 도움이 되었다. 고려의 황태자(원종의 아들)와 몽골의 공주(쿠빌라이 세조의 딸)가 혼인하여 그 사이에서 탄생한 고려의 충선왕은 고려는 물론이고 몽골의 대칸도 될 수 있는 공동 황위 승계권자였다. 이로써 약 100년에 걸친 14세기 중엽까지 고려와 몽골의 결혼동맹은 몽골의 황실과 고려의 황실을 공동운명체로 만들었다. 그러나 몽골의 대도(大都) 황실이 붕괴하면서(1368년), 고려의 무신 세력은 또다시 고려 황실을 위협하기 시작했다. 결국, 고려에서도 군사 쿠데타가 일어나면서(위화도 회군), 개경(開京) 황실도 대도(大都) 황실이 붕괴한 이후 불과 20년 만에(1388년) 몰락하였다. 몽골과 관련해서는 <국가의 부와 복지>에서 상세히 소개한 바 있다.

몽골제국의 경제 현황

한편, 쿠빌라이는 남송을 정복한 직후, 대운하를 정비하여 북중국과 남중국을 물길로 연결했다. 몽골인들은 초원의 유목민들이었지만, 대륙의 내부를 편리하게 연결하는 운하길은 그 누구보다 잘 정비했다. 이로써 중국 북부에서 출발하여 중국 남부로 이어지는 운하길로 남중국해에 도착하면 곧바로 유라시아 연안길을 따라 아라비아로 향하는 안전한 바닷길이 만들어졌다. 쿠빌라이는 대운하와 남중국해 항로를 이용한 유라시아 바닷길뿐만 아니라 한족들이 만든 비단길, 북쪽의 대륙교통망(초원길)에도 역참제를 적용하여 동서양의 인적-물적 교류를 획기적으로 확장했던 지도자였다. 몽골제국은 농업국, 한나라처럼 상세한 기록을 많이 남기지 않았지만, 제국을 방문했던 서양 상인과 탐험가의 저술을 통해서 그들이 이루었던 엄청난 부의 규모를 오늘까지 전하고 있다. 특히, 지중해에서 온 베네치아의 상인 마르코 폴로(Marco Polo, 1254~1324)가 남긴 동방견문록은 쿠빌라이가 통치했던 13세기 몽골의 경제 현황을 상세히 설명하고 있다.

몽골제국의 경제 현황 가운데 마르코 폴로가 소개한 조세(세입 부문)만 보아도 대단히 중요한 내용을 많이 담고 있다. 몽골제국의 중앙정부가 시행한 세금징수방식을 보면, 조세 대부분은 종이 화폐인 지폐로 냈다는 기록이 나온다. 서양인들은 이런 설명을 도저히 이해할 수 없어서 마르코 폴로가 허풍을 떨었다고만 생각했다. 금화나 은괴 같은 현물이 아니라 종이로 만든 지폐를 사용하여 세금을 내는 방식을 13세기의 서양인들은 도저히 이해할 수 없었기 때문이었다. 몽골제국의 초기에도 교초(交鈔)는 발행되었지만, 신용도가 낮았고 그래서 지폐보다는 금속화폐를 선호하는 현상도 있었다. 그런데 마르코 폴로가 동양의 대도(大都, 현재의 베이징)를 방문했던 시기에는 기존 화폐를 전량 회수하고 중통원보 교초 즉, 중통초(中統鈔)라는 지폐가 보편적으로 사용되고 있었다. 몽골제국의 최고지도자가 지닌 강력한 통치력과 제국의 신용을 토대로 법정 지폐가 발권되었던 몽골은 서양보다 500년이나 앞선 13세기에 이미 근대적인 금융통화체제를 선보인 것이다.

이처럼 13세기의 동아시아 경제는 양적 측면은 물론이고 질적 측면에서도 서양의 그것을 훨씬 앞서 있었다. 서양에서도 동양의 금융통화체제와 비슷한 사례를 17세기 말에 발견할 수 있는데 그것은 대체로 영국의 명예혁명 이후로 볼 수 있다. 네덜란드 출신의 윌리엄 3세가 영국 국왕이 되면서 그가 전쟁비용을 충당하기 위하여 허가했던 잉글랜드은행(Bank of England)과 그 은행에서 발권한 종이 은행권이 몽골제국의 그것과 비슷했다고 볼 수 있다. 서양학자들 가운데 근대적 지폐 발권의 원조로 잉글랜드은행(BOE) 지폐를 지목하는 경우가 많은데 이는 몽골제국의 쿠빌라이가 자신의 최고통치권을 신뢰의 기반으로 보증했던 지폐인 중통초(中統鈔)의 존재를 간과한 결과라고 할 것이다. 따라서 13세기의 몽골제국이 보여주었던 경제적 상황들과 산업혁명 직전의 영국을 상호 비교하여 보면, 양적으로나 질적으로 18세기 중엽까지도 아직은 서양이 동양을 넘어서지 못했다고 평가할 수 있다.

2. 몽골에 의한 동서양의 융합

몽골은 지중해에서 태평양에 이르는 유라시아를 대부분 통치하면서 멀리 떨어져 있던 동양과 서양을 하나로 연결했다. 중동의 흑해(黑海)와 호르무즈해협 그리고 북인도에 이르기까지 유라시아 대륙의 대부분을 통치한 세계국가이면서 인류역사상 최초로 동양과 서양을 하나로 융합한 국가였다. 그래서 지금까지도 몽골은 세계사의 유일한 세계국가로 기록될 수 있다.[2)]

2) 1995년 미국의 <워싱턴포스트>는 지난 천년의 역사 가운데 가장 중요한 인물 1위로 칭기즈칸을 뽑았으며 1999년 12월 31일, <타임>은 표지 인물로 칭기즈칸을 게재하였다. 이는 새로운 천년인 2000년 정초를 맞으면서 중요한 의미를 던진 것으로 볼 수 있다. 2013년 9월, 중국의 시진핑이 일대일로(一帶一路)를 주창하면서 13세기 몽골제국의 세계적 교통망을 21세기에 재구축하고자 하는 것도 세계국가 몽골에 대한 열망과 관련성이 있다.

몽골의 세계적 물류시스템

서로 대립하고 투쟁했던 민족과 국가들이 몽골의 세계적 물류시스템 하에서 하나의 보편적 질서를 갖추면서 큰 변화가 일어났다. 우구데이칸과 쿠빌라이칸은 유라시아 전역에 육로교통을 혁신한 역참제(驛站制)를 도입하여 동양과 서양의 거리를 순식간에 단축했다. 마르코 폴로가 그의 동방견문록에서 설명했던 것처럼 몽골이 아니었다면 13세기의 서양인이 동양의 대도(북경)를 몇 번이나 찾아올 수는 없었을 것이다. 몽골은 국가, 민족, 종교 등으로 분단된 경계선을 해체하여 각 지역의 상품과 돈이 상호 쉽게 거래될 수 있는 물류체계를 만들었다. 몽골의 광대한 영역에서 사람들이 안전하게 이동하고 상호 왕래하면서 시장은 활성화됐고, 자원의 거래량도 급증했는데 그 결과, 몽골제국의 개방 경제는 급속히 확장되었다.

마르코 폴로의 동방견문록에는 몽골제국의 역참제를 상세히 소개하는 부분이 있다. 이를 인용하면 "몽골제국 내에서는 도로마다 이정표가 설치되어 있어서 길을 잃을 리가 없었다. 수도를 중심으로 제국의 어느 곳을 향하든 주요 도로의 약 40Km 간격으로 역(驛)이 설치되어 있었는데 이곳에서는 사신이나 통행인들이 묵고 갈 게르(몽골식 전통 천막집)가 있어 말과 말안장, 굴레 등 모든 제구가 준비되어 편리하게 제공되었다. 또한, 몽골제국의 명령을 신속히 전국에 전달할 수 있도록 역참의 주요 노선에는 파발꾼이 5km마다 배치되어 있었다. 그리고 각 파발꾼은 방울 소리를 내면서 전속력으로 말을 달려 신속하게 소식을 전했다. 이런 놀라운 통신체제 덕분에 100일 거리의 장거리라도 불과 10일 만에 소식을 전할 수 있었다. (중략) 몽골의 편리한 교통체제와 통신 업무를 지원하기 위하여 몽골제국의 정부는 각 역참을 중심으로 약 20만 필 이상의 말을 사육했고, 전국적으로는 약 1만 곳 이상의 호사로운 설비를 갖춘 여관이 배치되어 있었다. 역참에는 정부가 파견한 관리가 정주하고 있어서 사신들이 도착한 날짜와 현황을 일일이 기록하고, 출발한 날짜도 정확히 적는 세심한 관리체제를 보였다."

한편, 유목민이었던 몽골인에게 육지와 비교할 때, 바다는 매우 생소했지만, 개방성과 모험심이 강했던 13세기의 몽골제국은 아라비아 상인들이 개척한 바닷길을 그 어느 때보다 잘 관리했다. 동양과 서양을 연결하는 바닷길은 남중국의 광저우 칸톤(Canton)에서 출발하여 인도차이나를 거쳐 말레이반도 남단 해협을 지나 인도의 서해안을 따라 올라가면서 페르시아만의 호르무즈에 도착했다. 이곳에서도 바그다드와 다마스쿠스를 거치면 지중해에 도착할 수 있었는데 마르코 폴로는 이러한 바닷길과 관련된 매우 중요한 정보도 소개한 바 있다. 그것은 바로 동양의 후추(향료) 무역 현황에 대한 것이다. "남중국에서 참파 왕국을 떠나 남쪽으로 1,500마일을 항해하면 자바(Java)라는 큰 섬에 도착한다. (중략) 자바섬에서는 육두구, 정향, 후추와 같은 값비싼 향료들이 생산되고 있어서 아주 부유한 섬이다. 이곳으로 많은 배가 모여들어 온갖 향료를 거래하는데 그들은 대부분 큰 이윤을 보고 있다." 동방견문록의 이 대목에서 서양인들은 크게 자극받았다. 서양인들은 향료 생산지 자바섬에 가서 블랙 골드(후추)를 얻고자 했으며 콜럼버스가 본래 가고자 했던 목적지도 신대륙이 아닌 자바섬이었다. 훗날, 15세기의 스페인 탐험대와 포르투갈 탐험대 그리고 16세기의 네덜란드 탐험대들도 모두 향료가 생산되는 동양으로 가서 부자가 되고자 했다.

몽골의 세계적 인재시스템

몽골에서는 기독교와 이슬람교 등 다양한 종교가 제국의 정치 질서 하에서 상호 큰 갈등이 없이 공존했다. 기독교의 한 갈래인 네스토리우스파는 칭기즈칸의 통치 시기부터 북중국을 비롯한 위구르 등에서 큰 영향력을 보였고, 이슬람교 역시 몽골제국 전역에 많은 영향을 주었다. 특히, 이슬람교도인 아라비아 상인들의 경제활동은 단연 돋보였는데 그들은 국제적 상거래 능력과 수학적 기량이 당대 최고로 뛰어났던 인재들이었다. 몽골제국의 특징 가운데 하나는 타고난 인종과 민족적 차이보다는 각각의 인재들이 지닌 능력을 객관적으로 평가하여 그에 비례하여 대우하는 것이었다. 인구가 많고 오랫동안 투쟁했던 남송의 한족에 대해서는 다소 예외적으로 차별대우했지만, 전체적으로 몽골은 현실적 실용성과 경제적 합리성을 강조하면서 인재를 지극히 중요시했던 나라였다.

빈번히 지적되지만, 몽골 지배층과 결탁하여 제국의 상거래 활동과 은행업 특히 조세징수와 재정관리 분야에서 많은 역할을 했던 아라비아 출신의 세계적 인재의 활동은 매우 주목할 만하다. 그들은 중국과 서남아시아를 잇는 은본위제 국제무역의 기본 틀을 만들었는데 그 가운데 알탈(斡脫)이라는 상인조합이 보여준 활동은 대표적이었다. 예컨대, 몽골 황실이 거두어들일 조세권을 담보로 아라비아 상인조합은 황실에 필요한 물자를 선(先) 공급하고, 이후에 몽골 황실을 대신하여 세금을 후(後) 징수한 것 등이 그것이다. 아라비아 상인들은 이런 어용 활동으로 막대한 자금을 얻을 수 있었고, 그 자본으로 금융업을 발전시켰으며 대자본을 축적할 수 있었다. 구체적인 인물로는 압둘 라흐만(奧都剌合蠻)과 같은 아라비아 상인을 들 수 있는데 그는 몽골제국의 재정관리역할을 하면서 우구데이칸 정부로부터 매년 220만 냥의 조세청구권을 위임받아 사후에 징수했다고 한다. 구유크칸과 몽케칸도 행정과 재정에 있어서 아라비아 인재들을 재무관료로 기용했는데 쿠빌라이칸이 오랜 기간 정복 전쟁을 하면서도 재정적 어려움이 없었던 배경에는 아라비아 상인 출신의 세계적 인재들이 있었기에 가능했다고 볼 수 있다.

아라비아의 인재뿐만 아니라 페르시아 출신의 학자들도 특별한 대우를 받았다. 그들은 경제뿐만 아니라 천문과학과 실용적 무기기술 분야에서도 모두 탁월했는데 그들의 지적 우수성은 몽골제국을 통하여 유라시아 전역에 전파되었다. 대표적 예로 쿠빌라이칸 시대였던 1267년, 자말 웃딘은 만년력(萬年曆)을 통하여 천문과 역법의 지식을 집대성했던 인물로 유명하다. 그의 업적은 훗날 곽수경의 수시력(授時曆)을 탄생시키는 토대가 되었는데 1년을 365.2425일로 계산하여 현대의 그것과 거의 비슷한 수준을 보였다. 서양인이 사용했던 그레고리력(양력)을 몽골제국은 이미 13세기에 사용할 수 있었음이다. 또한, 몽골은 이슬람계 과학자들의 도움을 받아 군사적으로도 회회포(回回砲)를 개발, 150근짜리 돌덩이(쇳덩이)를 발포할 수 있었다. 이렇게 첨단 신무기로 무장한 몽골원정대의 군사력은 세계최강을 자랑할 수밖에 없었고 남송전쟁에서 몽골의 군대는 회회포를 사용함으로써 남송의 성곽을 순식간에 붕괴시킬 수 있었다(1279년). 몽골은 유라시아의 다양한 세계인재를 각 분야에 적절하게 등용했을 뿐만 아니라 그들의 실력을 중시하였고 그들로부터 신기술을 얻음으로써 국부(國富)와 국력(國力)을 모두 증대시킬 수 있었다.

몽골의 세계적 문화융합시스템

몽골제국의 다양한 문화적 융합은 종교의 다양성, 과학기술의 발달, 문학과 예술의 발전으로 연결되었다. 먼저 종교적 측면에서 보면, 유라시아 각 지역의 서로 다른 종교적 차이에 대하여 몽골은 다양성을 존중했다. 자신들의 종교와 가치관을 강요하지 않았으며 오히려 종교적 다양성을 지원하고 보존했다. 서양의 기독교 가운데 경교(景敎)는 몽골에서 크게 교세를 확장했으며 중동의 이슬람교 역시 회교(回敎)로서 전국 각지에 전파되었다. 특별히 몽골제국의 황제들은 티베트의 라마교를 숭배했지만, 그렇다고 라마교를 강요하지는 않았다. 그래서 몽골에서는 큰 종교적 갈등이나 분쟁이 거의 없었고, 각자 자신들의 종교를 존중하고 상호 이해하려는 노력이 있었을 뿐이었다. 심지어 남송의 한인들에 대한 정치적 탄압은 매우 심했지만, 몽골은 한인들의 유교에 대해서 매우 관용적이어서 주자학도 크게 발전했다.

과학기술 측면에서도 몽골의 세계적 문화융합시스템의 성과는 여러 분야에서 찾아볼 수 있다. 대표적으로 동양에서 개발된 나침판은 아라비아 상인들을 통하여 서양에 빠르게 전파되었고, 서양인들은 나침판을 활용하여 훗날 대항해에 성공할 수 있었다. 동양에서 개발된 화약도 서양의 무기체계에 획기적인 변화를 주었고 중세의 봉건체제를 무너뜨리는 결과를 낳았다. 한편, 몽골의 유라시아 시대에서는 동양의 도자기 사용과 그것의 상품적 가치가 날로 높아졌고 도자기를 둘러싼 상품교역량도 크게 늘었다. 동양의 발전된 인쇄술도 중동을 거쳐서 서양의 인쇄술 발전으로 이어졌으며 서양의 종교개혁에도 큰 영향을 주었다. 또한, 몽골의 유라시아 시대에 적용되었던 아라비아와 페르시아의 다양한 상거래 기법, 천문과학기술 그리고 신무기를 통하여 세계의 문명은 그 이전보다 크게 발전할 수 있었다.

한편, 문학과 예술 측면에서도 몽골의 문화적 다양성은 이전의 어떤 나라에서도 볼 수 없는 결과물을 낳았다. 몽골의 유라시아 시대에는 다양한 지역에서 유입된 새로운 음악과 악기가 넘쳐났고, 서역에서 개발된 직조기술이 도입되어 몽골제국의 각 지역에 보급되었다. 호화로운 궁정 의복에서부터 일반 평민들의 생활 복장에 이르기까지 다양한 풍요로움이 길거리에 넘쳐났고 이는 마르코 폴로의 동방견문록에도 잘 소개되어 전해지고 있다. 문학과 희곡 그리고 소설에서도 전통적인 문어체보다는 구어체(白話)가 많이 사용되었으며 서민적이고 보편적인 요소가 퍼지면서 실용주의적 성향도 강했다고 평가된다. 동양에서 가장 유명한 나관중의 삼국지연의(三國志演義), 서유기(西遊記), 수호전(水滸傳)도 자유분방했던 몽골의 유라시아 시대의 출판계에서 발간된 소설들이며 지금까지도 세계적인 베스트셀러로 명성을 유지하고 있다. 이처럼 몽골의 세계국가에서는 유라시아 전역에서 문화와 예술이 크게 만개하여 유명한 연예인이나 소설가들도 등장했고 요즘의 아이돌이나 인기작가들처럼 큰돈을 벌어서 부자가 된 경우도 많았다고 한다.

3. 몽골의 헤게모니 소멸과 동양과 서양 분리

칭기즈칸의 손자였던 쿠빌라이칸은 1260년부터 1294년까지 재위했는데 그 시기는 몽골의 헤게모니 전성기였다. 그러나 13세기 말부터 14세기 중반에 이르러 몽골은 천재지변에 시달리면서 심각한 경제적 어려움에 직면했다. 한족(농경민)이 세운 명의 세력에 밀리면서 1368년, 대도(현재의 베이징)를 내어주고 북부초원 지역으로 이동한 몽골(유목민)은 북원(北元)을 세웠지만, 몽골의 헤게모니는 소멸하고 동양과 서양도 분리되었다.

황하의 범람과 화폐경제의 붕괴

사실 이것이 천재지변인지 아니면 인재(人災)인지를 구분하기는 모호했다. 그렇지만 어쨌든, 몽골제국의 중심이었던 원나라가 무너지기 시작한 것은 1344년, 황하가 크게 범람하는 천재지변에서 비롯되었다. 쿠빌라이칸의 전성기로부터 불과 몇십 년밖에 지나지 않은 시기였지만, 원나라의 국력은 급격히 약해졌고 설상가상으로 황하까지 범람한 것이다. 내부적으로는 권력다툼 때문에 갈등이 심해졌고, 라마교의 호화로운 행사로 정부의 재정이 파탄 나면서 교초(交鈔) 지폐를 과도하게 발권하여 인플레이션이 심각했다. 몽골제국의 법정화폐였던 교초는 본래 그 액수만큼 은(銀)으로 교환할 수 있는 태환(兌換) 지폐였지만, 심각한 인플레이션을 겪으면서 태환 지폐의 기능을 상실하게 되었다. 지폐가 남발되면서 인플레이션이 심해지고 종잇조각의 가치로만 쓰이면서 몽골의 은본위제 금융시스템도 붕괴한 것이다.[3)]

이렇게 몽골제국(원나라)의 교초가 시장에서 신뢰를 잃으면서 제국의 신용도 사라지고 유라시아 전역의 시장은 급격히 물물교환 수준으로 후퇴했다. 금융위기 상황을 극복하기도 전에 엎친 데 덮친 격으로 황하 주변에서 대규모 범람 사건이 터졌다. 금융위기 상황에서 실물경제에 의존해야 했던 몽골제국의 원나라 정부는 중국 남부의 비옥한 지역에서 올라오는 곡식과 농산물에 매달려야 했다. 그런데 황하의 범람으로 운

---

3) 마르코의 동방견문록에는 원나라 전성기의 화폐에 대한 소개로 이런 내용을 적고 있다. "원나라에서는 정기적으로 공고를 하여 개인적으로 지닌 금이나 은을 대칸의 조폐국에 제출하라는 명령을 발표한다. 백성들은 막대한 양의 금, 은을 제출하고 대신 그 값어치에 해당하는 만큼을 정확하게 교초 지폐로 받는다. 지폐가 오래되고 찢어지면 조폐국에 가서 약간의 수수료를 내고 새 지폐와 교환받을 수도 있었다(중략). 예컨대 개인들은 그릇이나 장식품을 만들기 위하여 금이나 은이 필요하면 자신의 지폐를 조폐국에 지급하고 그 값어치만큼의 금이나 은으로 교환 받았다."

하가 막혀 남부의 농산물이 북부로 올라오지 못하는 상황이 계속되면서 대도(大都) 정부는 파산 직전에 몰리게 되었다. 중국 내륙의 농산물 물류시스템이 막히면서 몽골제국의 중앙정부는 다급히 대규모의 운하보수 공사를 서둘러야 했다. 그러나 큰 위험성이 있기 때문에 선불리 대규모의 보수공사를 벌이면 안 되는 상황이었다. 만일, 운하보수를 위하여 대규모의 농민 인력이 동원될 경우, 피지배층인 한족 농민들에게 자칫 반란의 기회를 만들어 줄 수도 있기 때문이었다. 심각하게 그 위험성이 경고되었지만, 워낙 다급한 상황이어서 몽골제국의 중앙정부는 황하 유역 인근의 수십만 농경민(한족)을 공사 현상에 장기간 동원하였다.

대규모 인력이 동원된 토목사업을 통하여 황하는 재정비되었고 운하의 보수공사는 성공적으로 마무리되었다. 그러나 혹시나 했던 걱정스러운 상황이 정말 벌어지기 시작했다. 대규모 노역에 동원된 수십만 명의 빈곤한 한족 농민들이 반원독립 세력으로 결집하면서 원나라에 대항하기 시작한 것이다. 백련교(白蓮教) 계통의 반란이 하남지역을 휩쓸었고 송나라의 복원을 추진한다는 홍건군도 등장했다. 이러한 한족의 반란집단을 하나로 규합한 대표적 인물이 주원장(朱元璋)이었다. 백련교도였던 주원장은 명교(明教)로 불린 백련교에서 이름을 따서 국가 이름도 명(明)으로 정했고, 남경(南京)에서 황제국을 칭하였다. 1368년, 명나라 황제의 이름을 걸고 북벌군을 조직한 주원장은 몽골제국의 헤게모니를 이끌었던 대도(현재의 베이징)를 공략했으며 몽골(원나라)의 황제(순제)는 북으로 도망쳤다. 이후, 그 후손들은 북쪽의 초원에서 북원(北元)을 칭하며 약 200년을 더 존속하면서 몽골제국의 헤게모니를 되찾고자 했으나 실현하지 못한 채, 결국 만주족(청나라)에게 그 역할을 맡기게 된다.

유목민과 농경민의 갈등

몽골의 유라시아 시대는 유목민의 시대였다. 칭기즈칸의 몽골제국에는 유목민의 전통이 그대로 반영되었고, 동서양의 교역을 강조하는 상업 국가의 성격도 강했다. 몽골인들은 유라시아 시대를 열면서 농업에 종사했던 한인들을 외곽으로 내쫓고 그 땅에 말과 염소를 방목하고자 했다. 그러나 쿠빌라이칸이 남송을 완전히 정복하고 그곳에 살던 많은 농민을 제국의 일원으로 끌어들인 순간, 몽골제국도 변화해야만 했다. 인구수에서 절대적 다수를 차지했던 농민들이 제국에 포함되면서 어느새 몽골은 유목민의 나라에서 농민의 나라로 특성이 변한 것이다. 농경민의 국가명칭인 원(元)을 국명으로 사용할 것인가를 두고 몽골제국은 심각하게 고민해야만 했다. 몽골은 유목민과 농경민 사이에서 그 정체성이 위협받았고 몽골의 엘리트들은 시간이 지날수록 더욱 극단적 논쟁을 벌였다. 14세기에 들어서면서 몽골제국의 원나라 정부에서는 급기야, “한인 가운데 장(張), 왕(王), 유(劉), 이(李), 조(趙)의 성을 가진 사람은 모두 죽여야 한다.”는 주장이 나올 정도였다.

유목민은 토지보다 가축을 중시했고 정착보다는 이동을 선호했으며 폐쇄적이기보다는 개방적이었다. 몽골의 유라시아 시대에서 유목민들이 생각했던 국부 축적방법은 상업과 교역이었지만, 한족의 농경민들은 여전히 토지를 국부의 원천으로 이해했다. 따라서 몽골의 유라시아 시대가 중상주의적 성격이 강했다면, 한족의 농경민이 세운 국가들은 대체로 중농주의 성격이 강했다고 볼 수 있다. 쿠빌라이칸의 유라시아 시대에 몽골제국의 수도인 대도를 방문했던 마르코 폴로가 남긴 동방견문록은 13세기의 몽골제국을 흥미로운 시각에서 소개하였는데 일종의 동양과 서양에 대한 국력 비교였다. 마르코 폴로는 객관적 시각에서 서양의 어느 나라도 몽골의 유라시아제국을 앞서지 못하고 있다고 평가하면서 다양한 사례를 구체적으로 소개했다. 그러나 14세기에 접어들면서 은본위제 화폐제도가 붕괴하고, 상품거래 시장이 위축되면서 몽골은 급속히 쇠락하였다. 상대적으로 토지에 기반을 두고 자급자족을 했던 한족들은 피해가 적었고 그 결과, 원나라와 명나라의 교체가 가능했다는 평가도 있다.

어쨌든, 14세기가 되면서 동양의 주도권을 잡게 된 세력은 유목민이 아니고 농경민이었다. 그 세력의 변화과정 속에서 몽골제국의 중심이었던 원(元)의 대도(大都)는 명(明)에게 점령당했고 몽골의 유라시아제국은 해체되었다. 그런데 중국에서의 원－명 교체는 한반도에도 큰 영향을 주었다. 그 대표적인 예가 고려에서 조선으로 전환한 이른바 왕(王)씨에서 이(李) 씨로의 왕조 교체였다. 중국의 대도에서 몽골의 유목민이 쫓겨나고 명나라가 등장했던 비슷한 시기에 한반도에서는 몽골 황실과 결혼동맹을 맺고 있던 고려 황실도 무신 세력과 신진 사대부들에 의하여 제거되었다. 상업적 특성이 강했고 개방적이면서 해양문화의 특성이 강했던 고려와 달리 조선은 상업을 천시하고 폐쇄적이며 토지를 기반으로 국부를 관리하는 농업국으로 바뀌었다. 원－명의 교체는 유목민에서 농경민으로 민족이 완전히 바뀌면서 국가도 바뀐 것이지만, 고려－조선의 경우는 민족은 그대로인데 외부적 변화에 적응하기 위해서 국가를 바꾼 것으로 볼 수 있다. 이러한 현상은 한반도가 지닌 다양한 복합성 즉, 유목민－농경민 그리고 해양성－대륙성의 성격이 모두 공존하고 있기 때문으로 판단할 수 있다.

몽골제국의 헤게모니 상실과 동양과 서양의 분리

14세기 중엽, 몽골제국의 중심권역이었던 동아시아에서 몽골의 헤게모니가 상실되면서 유라시아의 시대도 마침표를 찍게 되었다. 원나라가 명나라에 의하여 북쪽으로 쫓겨났던 1368년은 유라시아 시대의 헤게모니를 몽골제국이 상실한 시기였다. 유라시아에서 몽골제국이 지니고 있던 강력한 헤게모니가 사라지면서 동양과 서양을 하나로 연결했던 세계적 물류시스템은 가동을 멈추었고 사람과 상품의 흐름도 어렵게 되었다. 전 세계의 경제중심지였던 동양의 대도(大都)가 주도했던 은본위제가 붕괴한 것도, 교초(交鈔) 지폐에 대한 신뢰가 사라지고 역참제가 작동하지 않은 것도 모두 비슷한 시기에 일어났다. 이는 유라시아 전역에서 행사되던 몽골제국의 막강했던 정치－경제적 시스템 또는 그들의 헤게모니 모두가 소멸하는 것을 의미했다. 각 지역의 크고 작은 나라들은 자국에서만 통용되는 화폐를 사용하거나 물물교환의 수준으로 퇴보하였다.

쿠빌라이칸 시대에 완성된 유라시아 물류체계가 14세기 중엽에 사라지면서 동서양의 교역으로 창출되었던 엄청난 부유함도 사라졌다. 유라시아의 초원은 다시금 황폐해졌고, 역참제가 사라진 유라시아 대륙의 양쪽 끝에 있던 동양과 서양은 거대한 거리의 장벽에 의하여 분리되었다. 몽골제국이 해체되면서 북중국에서 운하를 통하여 남중국을 거쳐 아라비아로 이어지던 바닷길도 막혔다. 광저우에서 인도차이나를 거쳐 인도의 서해안을 따라 페르시아만 입구에 도달했던 바닷길도 치안 부재 상태에서 해적만 들끓었고 동양과 서양의 상품이 교류되었던 길들은 대부분 막혀버렸다. 한편, 몽골의 대도(大都) 황실이 사라지면서 유라시아의 남서쪽에 있었던 중동지역의 일 칸국에서도 몽골 세력이 위축되었고, 유라시아 전역에서 발휘되었던 그 엄청났던 몽골의 헤게모니도 급속히 사라져갔다.

이렇게 몽골의 유라시아 시대가 저물고 몽골제국이 해체되면서 유라시아의 동쪽(동양)과 서쪽(서양)은 서로 다른 변화를 겪었다. 14세기 중엽까지 몽골제국이 행사했던 세계적 헤게모니를 가장 잘 활용했던 서양 국가는 지중해의 베네치아공화국이었다. 몽골제국의 수도, 대도(大都)를 몇 차례나 오갔던 베네치아의 상인, 마르코 폴로의 동방견문록에서 언급된 것처럼 베네치아는 몽골제국의 지원을 받으면서 동양의 향료(후추)무역에서 독점적 교역권을 쥐고 지중해의 상권을 장악했다. 그런데 몽골제국이 해체되고 몽골의 헤게모니가 사라지면서 동양에서 편하게 공급받던 향신료(후추)를 받기 어렵게 되었다. 동양과 서양의 자유로운 교역로가 막히면서 동양의 상품으로 큰 이익을 얻었던 베네치아의 상인들은 큰 타격을 받았고 베네치아 출신의 뱃사람들은 그래서 대서양 연안의 포르투갈과 스페인으로 가서 신항로를 개척하는 역할에 나서기 시작했다. 몽골의 유라시아 시대가 사라지면서 서양인은 동양인보다 훨씬 더 적극적으로 동양으로 갈 바닷길을 찾기 시작했고, 그것은 유라시아 시대의 몽골이 행사했던 세계적인 헤게모니 일부를 베네치아공화국이 가져가게 된 배경을 이루었다.

제 2 장

Braudel-Arrighi의 헤게모니 중심권역론

1. Braudel의 경제적 중심권역론

몽골의 유라시아 시대가 저물면서 동양과 서양은 분리되었다. 더욱이 서양의 베네치아공화국은 오스만제국에 밀려서 지중해의 패권을 상실했지만, 더 큰 바다인 대서양으로 나가서 동양으로 갈 신항로를 개척하기 시작했다. 대서양 시대를 향한 서양인들의 500년 역사를 통찰했던 Braudel과 Arrighi의 이론적 논거를 통하여 서양의 헤게모니 중심권역론을 이해하면 다음과 같다.

Braudel의 역사관

Fernand Braudel은 프랑스 아날학파를 이끌면서 역사의 '장기적 지속-중기적 변동-단기적 사건'이라는 시각에서 경제 중심의 거시적 흐름을 파악하고자 했다. 그는 역사적 구조의 특징을 발견하는 방법으로써 Model의 중요성을 강조한 바 있는데 모든 것에 적용될 완전한 Model은 어렵지만, 현실적 수준에서의 단순한 역사 Model은 가능하다고 평가한 바 있다. 1940년대 초반부터 16세기의 지중해 역사를 중심으로 연구에 집중했던 Braudel은 1950년대 프랑스의 역사 학술지 <연대기: 경제, 사회, 문명>(Annales: Economies, Societies, Civilization)의 편집을 맡았고, 1960년대를 전후로 젊은 역사학도들을 이끌며 프랑스 아날학파를 주도했다. Braudel은 세계의 깊은 배후에는 천천히 흐르는 시간 속에서 장기 지속하는 '심층의 역사'가 자리 잡고 있으며 이는 수백 년이 지나도록 거의 변화가 없어서 기껏해야 몇십 년 살다 가는 개인이나 집단으로서는 의식조차 할 수 없는 것이라고 했다.

그러나 '심층의 역사'는 장기적 지속을 이루면서 분명히 존재하는, 거대하고 육중한 역사의 힘이라고 평가하면서 단기적 시간대에 주목하는 역사를 가리켜 '표층의 역사'로 보고 이를 단기적 사건들이라고 지칭했다. 외관상으로 시시각각 변하는 새로운 것들로 이루어진 '표층의 역사'는 수없이 다양하고 변화무쌍하지만, 그 밑바닥에 묵직하게 흐르는 '심층의 역사'를 쉽게 거스를 수 없다는 역사관을 Braudel은 갖고 있었다. 이와 같은 시각에서 Braudel의 역사관은 크게 세 가지의 단층 즉, '장기적 지속(longue durée)－중기적 변동(conjoncture)－단기적 사건(événement)'으로 나누어 이해하고자 했다. 심층의 역사라는 차원에서만 본다면, 그 시간적 범위가 너무 넓어서 변화를 인식하고 예측하기 어려울 수도 있지만, 중기적 변동(conjoncture) 차원에서 이해한다면, 가까운 시기에 도래할 미래에 대한 예측 관점에서도 설명력이 있다는 것이며 지나치게 단발적인 단기적 사건들에 현혹되지 않을 수 있다는 것이다.

Braudel은 지속되는 역사의 시공과 구조를 발견하고자 사실에 입각한 사료를 적극 활용, 역사 Model과 사실의 상호 관계를 계속 조정하고 수정하는 연구방식을 취했다. 이와 같은 접근방식을 통하여 그는 느슨한 형태의 역사 Model을 설정하면서 삼층집 Model을 예시하였다. Braudel은 하부의 물질생활을 기반으로 그 위에는 시장경제가 작동하며 가장 위의 상부에는 자본주의가 자리 잡고 있다는 관점에서 '물질생활－시장경제－자본주의'의 관계를 설명하고자 했다.

Braudel의 삼층집 Model

Braudel의 삼층집 Model(물질생활－시장경제－자본주의)에 기반을 두고, 오랜 기간 심혈을 기울여 작성된 방대한 분량의 3권의 저서 <문명과 자본주의: 15세기부터 18세기>(Civilization and Capitalism: 15th－18th Century)가 완성되었다. Braudel은 그의 역작을 통하여 시장경제와 자본주의를 서로 분리할 수 있는 역사적 논거를 제시하였다. 의식주 문화와 같은 것이라는 매우 상식적인 수준에서 Braudel은 물질문명을 이해했고 Braudel은 그런 물질문명은 지역마다 차이가 있으며, 장시간 변하지도 않는다고 보았다. 예컨대, 쌀을 주식으로 삼는 아시아 지역과 밀을 주식으로 삼는 유럽 지역에서 발달한 문명은 서로 다르고 장기간에 걸쳐서 변하지도 않는다는 것이다. 그런데 이와 같은 물질문명과 구분하면서 Braudel은 시장경제란 매우 투명한 경제체제라고 설명하면서 시장경제에서는 모든 정보가 공유되고 개방되기 때문에 누구도 일정량 이상의 이윤을 축적할 수 없다고 판단했다.

예컨대, 시장에서 거래되는 상품거래는 양측이 모두 이익을 얻기 위한 것이지만, 그렇다고 일방적인 관계에서 이윤을 추구하는 행위는 아니라는 것이다. 그러나 시장경제와 달리 자본주의에서는 반시장적 독점을 추구한다고 Braudel은 인식했다. 자본주의에서는 정보가 제한되고 상대적으로 우세한 정보력, 조직력 등을 무기로 완전경쟁이 아닌 독점을 일으킬 수 있다고 본 것이다. Braudel은 자본주의란 이윤의 축적을 토대로 큰 이윤을 추구하며 이를 자본으로 축적하면서 진행되기 때문에 자본주의란 상황에 따라서 반시장적 요소를 갖게 될 수도 있다고 보았다. Braudel은 중세와 근대의 역사적 사건과 사례들에서 나타난 (상업) 자본주의를 면밀히 분석하면서 자본주의의 핵심을 찾아내어 설명하고자 했음이다.

그런데 이와 같은 그의 연구 과정을 통해서 보면, 자본주의란 자유로운 형태변환이 가능하기에 상업적 이윤이 더는 창출될 수 없다고 판단될 경우, 생산과정으로 옮겨가 산업자본주의와 같은 모습으로 변할 수도 있다는 논거에 도달하게 된다. 이와 같은 Braudel의 시각을 빌려서 본다면, 지중해의 (상업)자본주의가 대서양 연안을 거쳐 네덜란드 북부의 암스테르담에서 어떻게 근대적 상업혁명을 일으켰는가를 이해하는 것 그 이상의 무엇을 얻게 된다. 예컨대, 어느 시점을 지나서 암스테르담의 상업적 이윤이 한계상황에 직면했을 때, 암스테르담의 대자본은 런던으로 이동하여 상업이 아닌 산업에서 혁명적 이윤창출로 자본의 형태변환을 일으킬 수 있다는 것이다.

세계적 경제중심권역의 3대 규칙성

Braudel은 15세기부터 18세기에 이르는 약 400년의 유럽 문명과 자본주의의 다양한 사건과 사례를 분석하고 서술한 그의 역작 가운데 특히 제3권(The Perspective of the World)에서 세계적인 중심권역에 관한 규칙적 특성도 명확히 제시했다. 그는 '세계적 경제중심권역'(the world-economies)이라는 개념을 사용했는데, 중심권역이란 단순히 왕과 귀족의 군사적 힘과 폭력에 의존한다는 주장(가설)을 거부하고 있음에 주목할 필요가 있다. 그는 세계적인 중심권역을 형성하는 데 있어서 경제적 부와 그것의 영향력이 얼마나 중요하게 작용했는가를 주장하고자 했으며 자신의 주장을 입증하기 위한 수많은 역사적 사례를 경험적으로 제시했다. 그리고 그의 방대한 연구를 간추려서 제시하였던 세계적인 경제적 중심권역의 기본적 규칙성(Rule)을 간략히 요약하면 다음과 같이 소개될 수 있다.

'세계적 경제중심권역'(the world-economies)의 3대 규칙성

Rule 1	세계적인 경제적 중심권역은 지리적 공간 영역(the boundaries)을 형성하며 천천히 움직인다.
Rule 2	세계적인 경제적 중심권역의 핵심에는 매우 강력한 자본주의적 도시(a dominant capitalist city)가 존재한다. 도시의 힘과 영향력은 바뀔 수 있으며 서로 다른 다양성도 지닌다.
Rule 3	세계적인 경제적 중심권역의 내부에는 계층제 (hierarchy)가 존재한다. 즉, 중심부-중간부-주변부로 펼쳐진다.

2. Arrighi의 세계 헤게모니 변동론

Braudel이 제시한 '세계적 경제중심권역'에 관한 연구접근은 폭넓은 시각에서 세계체계의 움직임을 종합적으로 연구할 수 있는 길을 열어주었다. 또한, 그의 연구는 전쟁이라는 사건 중심의 서술을 벗어나 시간적 범위에서도 역사의 큰 주기로써 그 변동성의 범위를 이해하는 데 도움을 주었다.

Braudel과 Arrighi의 관계성

Braudel의 연구업적이 세계적인 관심을 받을 수 있게 하는 데 크게 공헌한 인물 가운데 Immanuel Wallerstein을 빠뜨릴 수 없다. 그는 1976년 미국의 뉴욕주립대(Binghamton)에 세워진 The Fernand Braudel Center의 대표로 활동했는데 Braudel이 프랑스에서 수행했던 연구물을 미국에 소개했고 그의 연구를 발전시켜 현대적인 세계체계이론(Modern World System)을 제시한 것으로 유명하다. 그런데 여기에 이탈리아 출신의 Giovanni Arrighi가 합세하면서 세계체계이론은 더욱 크게 발전할 수 있었다. 유럽의 Braudel(1902~1985) 연구가 대서양을 건너서 미국의 Wallerstein(1930~2019)으로 이어졌고, 이를 유럽계 미국학자인 Arrighi(1937~2009)가 계승하면서 세계체계이론에 대한 20세기적 연구 계보가 이루어졌다고 하겠다.

Braudel의 연구 시각을 비슷한 맥락에서 깊이 있게 공감했던 Wallerstein과 함께 Arrighi는 거시적 관점에서 Braudel의 역사적 인식을 폭넓게 수용했다. 특히, 이탈리아계 미국학자였던 Arrighi는 자본주의의 출발지점이 산업혁명이 일어난 영국이 아닌, 상업혁명이 일어난 지중해의 베네치아라는 데 인식을 함께 하였다. Arrighi는 세계적 헤게모니(hegemony) 이론을 중심으로 지중해의 베네치아, 네덜란드의 암스테르담, 영국의 런던 그리고 미국의 뉴욕으로 세계적 헤게모니가 이동했다는 이른바 '헤게모니 변동론'도 함께 주장했다.

Arrighi는 특별히 Gramsci가 제시했던 헤게모니에 관한 정의를 선호했는데 헤게모니를 설명하면서 일종의 '권력 인플레이션'(power inflation)으로 정의하면서 그의 언급을 빈번히 인용한 바 있다. 즉, "헤게모니란 실제로 지닌 역량보다 더 많은 영향력을 줄 수 있는 국가간 관계에서 나타나는 것"이라고 했는데 이는 본 연구에서 사용하는 헤게모니 개념과 크게 다르지 않다. 따라서 그의 시각에 눈높이를 맞추어 '태평양 시대의 헤게모니'를 설명한다면, 상대적으로 작은 규모의 태평양 국가라도 큰 규모의 태평양 국가보다 더욱 강력한 역량을 발휘함으로써 큰 영향력을 줄 수 있는 측면에 강조점을 둔다고 하겠다.

Arrighi의 세계 헤게모니론

Arrighi의 연구적 시각은 20세기 미국이 보여주었던 세계적인 헤게모니의 확립과 그것의 위기를 설명하는 토대가 되었으며 동시에 21세기를 전후로 펼쳐지고 있는 신(新)아시아 시대(the new Asian age)를 이해할 중요한 논거로 활용될 수 있었다. 그는 미국의 헤게모니가 약해지는 현상과 함께 18세기의 연구자(국부론의 Smith)가 예측했던, 보다 우호적인 '문명 공화국'(commonwealth of civilization)의 등장 가능성도 그 어느 때보다 높아질 수 있다는 주장을 한 바 있다.[1)] 그런데 이와 같은 Arrighi의 연구 시각과 관련하여 서구의 대표적 사회과학자들 사이에 공통되며 일관성 있는 주장들이 있었음에 주목하지 않을 수 없다. 그것은 18세기의 Adam Smith, 19세기의 Karl Marx, 20세기의 Fernand Braudel이 모두 공통적으로 세계적 경제중심권역과 그것의 이동에 관한 비슷한 시각들을 공유했다는 사실이다.

1776년에 발간된 국부론에서 Adam Smith는 네덜란드의 암스테르담에서 영국의 런던으로 지배적 중심권역이 옮겨지고 있음을 다음과 같이

1) "They have created conditions for the establishment of the kind of commonwealth of civilization that Smith envisaged more favorable than ever before"(Giovanni Arrighi, 2007: 9-10). 이와 관련된 구체적인 문헌과 내용은 <공화국의 현재와 과거, 그리고 미래>, <국가의 부와 복지>에서 언급한 바 있다.

간파한 바 있다. "공화정체는 네덜란드가 현재 누리고 있는 영광의 중요한 버팀목이라고 생각된다. (중략) 그러나 공화정체는 파괴되고 모든 행정이 귀족과 군인들에 넘어가면서 네덜란드의 대상인들과 사업가들도 조만간 그들이 이끌었던 네덜란드의 산업과 상업을 버리고 머지않아 (이미) 떠나간 자본을 뒤쫓아 (런던으로) 옮겨 갈 것이다."

그런데 1867년에 발간된 자본론에서 Karl Marx도 18세기의 Adam Smith가 언급한 것과 비슷한 내용을 반복적으로 지적하고 있다. "베네치아의 추악한 강탈제도는 네덜란드(홀란트)의 풍부한 자본공급을 이루는 비밀스러운 원천의 하나였다. 왜냐하면, 베네치아는 그 몰락의 시기에 거액의 화폐를 네덜란드에 빌려주었기 때문이다. 이러한 관계는 네덜란드와 영국 사이에서도 볼 수 있다. 이미 18세기 초에는(중략) 네덜란드는 월등한 상공업국가가 아니었기 때문이다. 그러므로 1701~1776년 기간에 네덜란드의 주요 사업의 하나가 된 것은 방대한 자본의 대부업무, 특히, 자기의 강력한 경쟁국인 영국에 대한 대부업무만큼이나 중요한 사업은 없었다고 할 정도였다. 그리고 이와 유사한 관계는 현재(19세기 말), 영국과 미국 사이에서도 이루어지고 있다." 그런데 1977년에 발표된 Braudel의 20세기 영어판 저서에서도 "암스테르담은 베네치아를 복제했고, 마찬가지로 런던은 암스테르담을 복제하였으며, 어느 날 뉴욕은 런던을 복제했다."라고 명쾌하게 지적한 바 있다.

Arrighi의 신(新)아시아 시대론

Braudel의 세계적 경제중심권역론에 Arrighi의 세계 헤게모니 이론이 접합되면서 18세기에서 20세기로 연결되는 교량적 시각도 마련되었다. 지중해의 베네치아에서 시작된 물질문명과 자본주의가 북유럽의 암스테르담으로 이동하고, 도버해협을 건너 영국의 런던으로 옮겨진 이후, 대서양을 건너 미국의 뉴욕으로 세계적 경제중심권역과 핵심도시가 이동한다는 역사적 흐름이 그것이다. 특히, Arrighi는 세계 헤게모니의 변동과 이동 방향이 20세기 후반, 태평양을 건너서 아시아로 향하고 있음도 함께 주장하였다.

Arrighi는 미국의 세계적 헤게모니가 쇠퇴하고 있으며 이를 대체할 세계적 헤게모니가 동아시아에서 나올 수 있다는 가능성도 열어놓았다. 헤게모니는 권력의 인플레이션 현상 즉, 실제보다 부풀려진 부분이 있어서 그것의 확장기에는 실제보다 더 빨리 확장되지만, 반대로 쇠퇴기에는 예상보다 더 빨리 축소될 수 있다는 것이다. 20세기 말의 Arrighi 연구에서는 세계적 헤게모니가 일본과 동아시아의 네 마리 용 (한국, 대만, 홍콩, 싱가포르)으로 옮겨갈 수도 있다고 했다. 또한, 21세기 초의 그의 연구에서는 중국의 가능성을 매우 높이 평가하기도 했다. 사실 1980년대, 일본은 경제적으로 미국을 압도했고 그 흐름은 계속될 것 같이 보이기도 했다. 그러나 미국은 일본에게 자신들의 헤게모니를 넘겨주는 것을 거부했고, 1990년대를 전후로 일본은 미국의 압박에 시달리면서 오랜 불황을 겪었다.

그런데 비슷한 시기, 중국은 빠른 경제적 성장으로 이전에 볼 수 없었던 아시아의 시대를 알리는 전령처럼 보였다. 물론, 2000년대의 Arrighi는 동아시아 시대의 개막과 중국의 역할을 높이 평가하는 것으로 그의 연구를 마쳤고, 2009년에 72세의 나이로 세상을 떠났다.

3. 유라시아에서 분리된 서양의 중심권역

Braudel과 Arrighi는 서양의 문명권 가운데 특히 바다에 인접한 해상세력에 많은 관심을 두고 연구 접근했다. 특히, Braudel은 지중해 문명이 어떻게 북유럽과 영국으로 전달되었는가를 설명하고자 했으며 베네치아, 암스테르담, 그리고 런던으로 이어지는 중심권역의 흐름을 다음과 같이 예시하였다.

지중해의 베네치아

베네치아는 이민족의 침공을 피하여 아드리아 바닷가 갯벌에 인공섬을 짓고 이주민(난민) 공동체를 만들면서 시작되었다. 베네치아의 뱃사람들은 중세의 경직된 분위기와 달리 개방적이고 보편적인 사고방식을 갖고 있으면서 인종이나 종교적 차이에 구애받지 않았다. 그것은 바다의 극한적인 환경에서 자연법적 원칙을 중시하며 합리적, 실용적인 가치관을 가졌기 때문이다. 서기 9세기, 프랑크제국의 침공을 막고 공동체의 위기를 극복하면서 독립국의 지위를 쟁취했던 베네치아는 아테네의 민주제와 로마의 공화제를 이상적 국가 Model로 삼았다. 공화국의 초기시절, 베네치아는 아테네와 비슷한 직접민주제 성격이 강했지만, 점차 폴리스의 수준을 넘어서서 강력한 해상국가로 발전하면서 로마공화국의 혼합정체(군주제+귀족제+민주제)를 도입하였다.

베네치아는 군주제를 변형한 도제(Doge) 중심의 집행부(17인 위원회), 귀족의 핵심적 이익과 영향력을 대변하는 원로원(Senate)과 함께 공화국 공동의 이익을 보호하는 대국회(Great Council), 그리고 시민대집회(General Assembly)를 중심으로 운영되었다. 베네치아에서는 왕이 등장할 수 있는 권력의 독점화 상황을 회피하는 한편, 정부의 효율적 운영을 높이기 위하여 도제와 17인 위원회, 그리고 대국회로 권력을 나누었다. 오랜 기간 십자군 전쟁에 참여했던 베네치아공화국은 서유럽의 봉건제 국가와 달리 종교적 가치보다 국익(national interests)이라는 현실적 가치를 우선시했고, 십자군 전쟁을 통하여 실리주의를 통한 국부창출을 달성했다. 13세기, 동로마제국의 콘스탄티노플을 점령했고 유라시아의 몽골제국과 협력하면서 14세기에는 지중해의 해상권을 장악했다. 베네치아공화국은 동양의 후추(향료) 무역로를 안정적으로 관리하면서 동양과 서양을 연결하는 지중해의 지배적 중심권역으로 성장하였다.

그러나 15세기 중반 이후, 몽골제국이 소멸한 이후에 강성해진 오스만제국이 1453년, 콘스탄티노플을 정복하면서 베네치아공화국은 동부 지중해에서의 해양패권을 잃는 위기상황에 빠지게 되었다. 베네치아는 그 특유의 실용주의적 외교력과 경제적인 우월권을 활용하여 지중해 중심권역의 핵심도시 지위는 계속 유지할 수 있었지만 더 이상 동부 지중해의 항로를 지배할 수는 없었다. 결국, 베네치아의 해양 인재들은 이베리아반도의 포르투갈과 스페인으로 이주하였고 그들은 대항해시대를 열어나가는 주역이 되었다. 지중해에 남아있던 베네치아의 대상인과 자본가들도 곧이어 지중해를 떠나 대서양 연안(브뤼헤, 안트베르펜 등)으로 이동했으며 베네치아의 핵심도시 지위도 17세기, 북대서양의 암스테르담으로 옮겨지면서 베네치아공화국의 지배적 지위는 소멸했다.

북유럽의 암스테르담

본래 청어잡이로 유명했던 북해의 암스테르담은 16세기까지 어업이 활발했던 어항(漁港)이었다. 그랬던 어촌도시가 17세기 초, 갑작스럽게 지배적 중심권역의 핵심도시로 급부상하는 상황이 벌어지게 된다. 이와 같은 급격한 변화의 배경에는 브뤼헤(Brugge)와 안트베르펜(Antwerpen) 등에서 몰려온 세계적 인재들이 갑작스럽게 암스테르담으로 이주한 것과 깊은 연관성이 있었다. 일찍이 13세기부터 베네치아는 지중해의 동부항로와 함께 서부항로의 중심거점으로 북대서양의 브뤼헤(플랑드르지역)에서 무역항을 개발한 바 있었다. 15세기 중엽, 지중해 동부의 콘스탄티노플을 오스만제국에 빼앗기면서 베네치아는 지중해의 서부항로에 치중할 수밖에 없었고, 16세기 대항해의 시대도 열리면서 북대서양 연안의 브뤼헤와 안트베르펜으로 베네치아의 인재들이 빠르게 이동하면서 이 도시들도 크게 성장하였다.[2)]

한편, 네덜란드(신교도)는 스페인(구교도)에 대하여 독립전쟁을 벌였

---

2) 베네치아는 중동 지역과 북아프리카에서 유럽으로 들어가는 바다의 관문이었고, 동시에 유럽대륙에서 세상 밖으로 나갈 수 있는 출구였다. 그런데 이와 같은 베네치아의 관문 역할이 13세기부터 16세기까지 약 300년 동안 조금씩 브뤼헤와 안트베르펜으로 옮겨졌다. 특히, 브뤼헤의 벨포트(Belfort) 종루는 그러한 흐름에 따라서 더 높이 올라간 흔적이 현재까지도 잘 구분되어 보인다(제1편 표지 사진(본서 1페이지) 참조). 1240년, 브뤼헤의 시장 광장 앞에 처음으로 세워진 벨포트는 플랑드르 지방의 모직물 산업이 활성화됐다는 것과 베네치아 상인의 영향력이 브뤼헤에 입성하였음을 증명하고 있다. 북해무역이 더욱 활발해지면서 1430년, 벨포트의 종루는 더 높아졌고, 동지중해의 콘스탄티노플이 사라지면서 대서양의 브뤼헤 기능은 더 확대되었으며, 1487년의 벨포트 종루는 더 높이 솟았다. 벨포트의 종루가 높아지는 것은 왕의 특권에 대한 상인들의 자유권이 도전장을 내고 있음을 의미하기도 했다. 이와 관련해서는 <평양과 베네치아>, <국가의 부와 복지>에서도 상세히 설명한 바 있다.

고 북네덜란드의 중심지로 주목받기 시작한 암스테르담에는 유럽의 신교도들이 모여서 새로운 근대문명을 탄생시킬 준비를 하고 있었다. 그런데 네덜란드와 스페인 사이에 경제적 운명을 가를 결정적 사건이 발생하였다. 1580년, 스페인제국의 펠리페 2세가 포르투갈을 합병하면서 독일계 푸거(Fugger) 가문에 상거래의 특권을 부여했고, 그들은 포르투갈 뱃사람들이 가져온 동양의 상품교역에서 네덜란드(암스테르담) 상인들을 배제시키려 했다. 더욱이 16세기 말, 푸거 가문의 재정적 지원을 받은 펠리페 2세는 무적함대를 보내 북네덜란드와 영국에서 항거하던 신교도와 상인들을 모두 처단하고 독일계 상권에 의한 신경제질서를 새로이 구축하고자 했던 것이다. 그러나 영국과 네덜란드의 저항군들은 1588년, 스페인의 무적함대를 격퇴했고 제국의 시도는 실패로 돌아갔다. 이로써 스페인제국과 푸거 가문은 몰락의 길을 걸었고, 암스테르담의 상인과 은행가들은 더욱 적극적으로 네덜란드공화국의 독립군을 지원할 수 있었다.

스페인에 병합된 포르투갈의 해양거점을 네덜란드가 빠르게 접수하면서 암스테르담은 새로운 경제적 핵심도시로 자리를 굳힐 수 있었다. 17세기로 접어들면서 네덜란드공화국은 주식회사 연합 동인도회사(VOC)를 탄생시켰고 이로써 세계를 향한 네덜란드공화국의 헤게모니가 형성되기 시작했다. 한편, 네덜란드의 독립군을 이끌었던 오렌지(Orange) 가문의 지도자(스타트 하우더)였던 마우리츠(Mauritz van Nassau)와 암스테르담의 대상인과 자본가들은 더욱 긴밀히 협조하면서 북부 네덜란드를 강력한 공화국으로 발전시켜 나갔다. 특히, 우후죽순처럼 등장한 동양원정대와 각 지역의 무역회사를 통폐합한 연합 동인도회사의 출범을 계기로 네덜란드공화국은 암스테르담을 핵심도시로 대서양과 인도양에서 지배적 중심권역을 형성할 수 있었다.

영국의 런던

17세기의 네덜란드공화국 암스테르담과 18세기 중엽의 영국 런던은 매우 긴밀한 연관성을 갖고 있다. 도버해협을 사이에 두고 있었지만, 16세기의 두 도시는 신교도의 도시로서 구교도인 스페인제국을 상대로 전쟁을 벌였던 동맹 도시였다. 그렇지만 17세기에 접어들면서 네덜란드는 암스테르담을 핵심도시로 강력한 해양공화국의 상업과 금융의 중심지가 되었으며 세계적인 다양한 인재들을 흡입하였다. 특히, 암스테르담은 세계 경제의 핵심이면서 동시에 근대적 사상을 잉태하고 생산하는 자유로운 공간이었다. 30년 전쟁이 종결된 1648년, 스페인제국에서 완전히 독립한 네덜란드공화국은 경제적으로 번영하였고, 세계의 지배적 중심권역을 이루면서 전성기를 누렸다. 그런데 거의 비슷한 시기에 이전보다 더욱 강성해진 프랑스의 태양왕 루이 14세는 절대 왕권주의와 로마가톨릭의 구교를 배경으로 신교도와 상인 그리고 자본가들이 집결해있던 네덜란드공화국을 군사적으로 심각하게 위협하기 시작했다.

프랑스는 해양공화국 네덜란드의 배후에 있던 영국을 동맹국으로 끌어들였으며 공화제에서 왕정복고로 등극한 영국의 왕, 찰스 2세를 지원하였다. 프랑스와 영국의 협공이라는 고립상황에서 군사적 위기에 처한 네덜란드공화국은 다시금 오렌지 가문의 지도자를 전면에 내세웠고, 그가 프랑스의 군대를 격퇴하면서 공화국의 실권을 장악할 수 있는 정당성이 확보되었다. 더욱이 네덜란드 오렌지 가문의 지도자는 윌리엄 3세로서 영국의 명예혁명(1688년)을 진두지휘하였으며 그의 부인 메리와 함께 영국의 공동 왕으로 등극할 수 있었다. 네덜란드공화국의 지도자가 영국의 국왕이 되면서 암스테르담의 금융가와 상인들 그리고 수많은 인재가 대거 런던으로 옮겨갔으며 이를 계기로 영국은 본격적인 경제적 활성화의 시대를 맞게 되었다. 네덜란드공화국에 비교할 때, 상대적으로 낙후되어 있던 영국의 사회적 제도와 금융 및 투자 제도 등이 급속히 개선되면서 영국의 경제는 혁명적으로 발전하였다.[3)]

---

3) 1670년부터 1685년까지의 영국의 조세수입과 명예혁명이 발생했던 1685년부터 1700년까지의 조세수입을 비교하면 약 두 배 정도가 증가한 것으로 파악되었다. 그런데 비슷한 기간 동안, 영국 정부가 은행에서 빌린 자금의 규모는 17배 이상 급증하였다. 영국은 잉글랜드은행의 출범 이후, 공공자금을 쉽게 빌릴 수 있는 '신용을 창출할 수 있

1689년의 권리장전으로 영국에서는 시민들이 자신의 자유권과 재산권을 왕으로부터 안전하게 보호받게 되었고, 같은 해에 통과된 화로세의 폐지법안은 영국 산업계를 짓누르던 굴레를 제거하여 영국에서 산업혁명이 일어날 수 있는 계기를 마련했다. 또한, 1701년의 왕위계승법으로 영국은 종교적 분쟁에 의한 왕권 다툼과 소모적인 분쟁을 제도적으로 해소, 정치체제를 안정화했고, 1707년의 연합법을 통과시킴으로써 잉글랜드와 스코틀랜드의 통합도 평화적으로 달성할 수 있었다. 또한, 네덜란드의 연합 동인도회사(VOC)에 밀려있던 영국의 동인도회사(EIC)는 1708년을 전후로 대대적인 조직혁신 작업에 돌입했고, 새로운 사업분야인 면화 부문에서 엄청난 수익을 창출하기 시작한 것도 비슷한 시기에 일어났다. 영국의 동인도회사는 이후 단순한 무역회사 역할에만 한정하지 않았으며 인도의 내륙(벵골지역)으로 직접 진입하여 인도의 토지와 주민을 직접 지배하기 시작했다. 18세기 영국의 급격한 발전은 암스테르담에서 이동한 세계적 인재와 막대한 자본이 유입된 것과 긴밀한 관계성을 갖고 있다. 또한, 18세기 중엽, 영국의 산업혁명이 본격화되면서 영국의 런던은 세계의 핵심도시로서 아시아와 아프리카의 각 지역에 지배적 중심권역을 형성할 수 있었다.

는 나라'가 되었다. 금융 분야에서 후진적이었던 영국이 1688년의 명예혁명 이후, 세계에서 가장 낮은 비용으로 군비를 조달할 수 있고, 산업에 필요한 자금도 가장 쉽게 투자받을 수 있는 나라가 되었다. 산업혁명의 발상지이며 해가 지지 않는 대영제국의 배후에는 암스테르담에서 넘어온 세계적인 인재들과 금융자본가들이 있었기에 가능했음을 간과해서는 안 된다.

제 3 장

세계적 헤게모니 중심권역의 이동 경로

1. Braudel의 중기적 역사 변동성

Braudel이 언급한 역사의 변동성(conjoncture)과 관련된 역사주기는 미래예측과 관련하여 중요한 의미를 지닌다.[1] 헤게모니의 중심권역은 한 곳에 그대로 머물지 않고 일정 기간을 거쳐서 이동하는 규칙성이 있고, 그것은 역사의 변동성과 긴밀하게 연결되기 때문이다.

콘트라티에프의 경기변동론

Braudel은 역사의 변동성(conjoncture)과 관련된 시간적 변동주기를 언급하는 부분에서 매우 조심스러운 접근을 시도했다. 그의 연구가 미래예측과 관련하여 중요한 의미를 제시할 수도 있지만, 자칫 비

1) 라틴어로는 conjunctus, 프랑스어로는 conjoncture, 영어로는 circumstance로 사용되는 용어이기 때문에 기계적인 한국어 번역으로는 '상황'이라는 단어를 사용할 수도 있지만, 그것의 본래 의미를 해석한다면 역사의 '변동성'이라는 표현이 더 가깝다고 판단했다.

경험적인 추상적 접근이라는 비판을 받을 수도 있기 때문이었다. 그래서 Braudel은 경제적 실증자료를 토대로 이를 분석한 연구자들의 이론을 적극적으로 수용하는 데 주저하지 않았다. 가장 대표적으로 그의 역사적 변동성을 설명하기 위하여 인용된 학자는 러시아 출신의 경제학자, 콘트라티에프(Kondratieff)였고 그가 제시했던 물가와 생산량 등에 관한 경기변동론은 그의 역사적 변동성을 설명하는 토대를 이루었다.

물론, 경기변동 또는 변동주기에 관한 일정한 규칙성을 찾으려는 시도는 여타 여러 학자에 의해서도 빈번히 시도된 바 있었다. 특히, 슘페터(Schumpeter)와 같은 오스트리아학파의 사회과학자는 대표적인 경기변동 이론가에 속하는데 그는 변동주기의 종류를 키친 변동주기(Kitchin Cycle)와 쥬글러 변동주기(Juglar Cycle) 등으로 나누어 구분한 바도 있다. 단기의 키친 변동주기는 약 40개월의 기간을 주기로 하는데 이는 주로 재고의 축적에 따라 일어난다는 것이었다. 이에 비교하여 중기의 쥬글러 변동주기는 평균적으로 9.5년을 변동주기로 일어나는데 이는 개별적 기술혁신에 영향을 받는다고 본 것이다. 이처럼 다양한 연구자의 관점에 따라서 경기변동론의 기간과 주기는 달라질 수 있다.

따라서 Braudel처럼 프랑스의 아날학파를 이끌었던 역사학자는 러시아의 콘트라티에프, 오스트리아의 슘페터 등과 또 다른 차원에서 경기변동론을 활용, 역사의 변동성을 이해하고 분석했다고 평가할 수 있다. 그의 시각은 경제적 실증주의를 토대로 하지만 단기적인 관점에 머물지 않았으며 보다 폭넓은 시각에서 역사의 큰 흐름을 보고자 했다. 특히, Braudel의 역사적 변동성은 역사의 변동주기를 통하여 다음 세대의 미래를 예측하고 준비하는 데 도움이 될 수 있다는 측면에서도 그의 연구를 높이 평가할 수 있다.

Braudel의 중기적 역사 변동성

앞서 제2장에서 언급한 바 있지만 Braudel은 오랜 시간에 걸친 '심층의 역사'와 단기적 시간대에 주목하는 '표층의 역사' 사이의 그 무엇을 파악하고자 했다. 수천 년에 걸친 오랜 시간의 심층적 역사는 상대적으로 너무 오랜 기간에 걸쳐 이루어지기 때문에 수천 년의 농업(쌀과 밀) 역사를 파악하는 것과 비슷하다는 것이다. 반대로 외관상으로 시시각각 변하는 새로운 것들로 이루어진 표층의 역사는 수없이 다양하고 변화무쌍하지만, 이 또한 역사적 관점에서 보면 그 중요성이 높지 않다는 것이다. 따라서 Braudel은 심층의 역사보다는 가까이, 그러나 표층의 역사보다는 훨씬 묵직하게 흐르는 분명한 변화의 힘을 읽을 수 있는 '중기적 역사 변동성'을 구체적으로 인식하고자 했다.

Braudel은 중기적 변동의 역사적 변동성을 이해한다면 상대적으로 멀지 않은 시기 즉, 다음 세대 정도에는 도래할 수 있는 미래를 예측하고 판단할 수 있다는 것이다. 물론 Braudel의 시각이 완전히 옳고 매우 정확하여 미래를 꽤 뚫어볼 수 있는 이론적 틀을 제시했다고 보는 것은 한계가 있지만, 최소한 역사적 흐름의 경험적 판단을 체계화하는 데 큰 도움이 되었음은 분명하다. 따라서 그의 시각을 적용하여 현재와 미래를 바라본다면 상당히 설명력 있는 역사의 변동성을 예측할 수도 있다고 하겠다. 너무 오랜 시간에 걸쳐 일어나는 것도 아니고 지나치게 빈번한 단기적 사건들에 현혹되는 것도 아닌 중기적 역사 변동성(conjoncture)을 중심으로 본 연구도 Braudel의 시각과 맥락을 같이 하고자 한다. 이와 같은 시각에서 Braudel이 제시했던 경제적 경기변동에 따른 콘트라티에프 변동주기(Kondratieff Cycle)를 활용하여 설명하고자 했던 역사적 변동주기(Secular Trend)를 인용하면 아래와 같다.

콘트라티에프 변동주기(Kondratieff Cycle)와 역사적 변동주기(Secular Trend)[2]

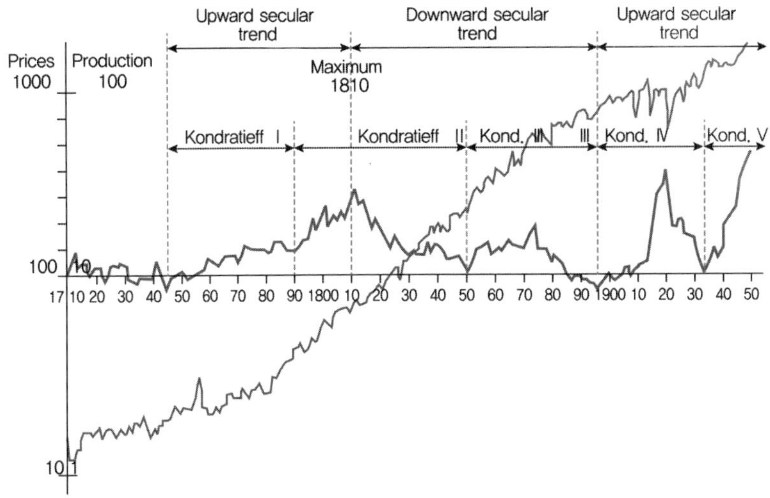

9 KONDRATIEFF CYCLES AND THE SECULAR TREND
This graph, based on prices in Britain from 1700 to 1950, shows hoth the Kondratieff cycles and the secular trend. The production curve has been added: note its discordance with the price curve. From Gaston Imbert, *Des mouvements de longue durée Kondratieff*, 1959, p. 22

Braudel은 영국의 실증적 사례를 보았을 때, 콘트라티에프 변동주기가 역사적으로 세 번이나 연결되는 거대한 주기로 이루어졌음을 발견하고 있다. 이와 같은 시각을 토대로 15세기부터 19세기의 Braudel과 여기에 20세기의 Arrighi로 확장된 연구 시각을 접목하면 다음과 같은 정리를 내려볼 수 있다. 즉, Braudel－Arrighi Model에 따르면 '헤게모니 중심권역'의 이동은 50년 주기의 콘트라티에프 변동주기가 세 번 연결되는 약 150년을 역사적 주기 또는 역사 변동성(conjuncture)으로 분석

2) 1710년부터 1950년까지의 영국에서 가격과 생산에 관한 실증자료를 토대로 콘트라티에프 변동주기(Kondratieff Cycle)와 역사적 변동주기(Secular Trend)에 관한 사항을 보여주고 있다. 그래프의 본래 출처는 1959년에 발간된 독일어로 발간된 Gaston Imbert의 <Des mouvements de longue durée Kondratieff>의 22쪽이며 Braudel이 자신의 저서 Fernand Braudel. S. Reynolds (translation): Civilization and Capitalism 15th－18th Century. I, II, III. Collins. 1984: Vol III. 80－82에서 재인용했다.

할 수 있다는 것이다. 즉, 콘트라티에프 변동주기가 세 번 연결되는 역사주기의 기간을 적용할 경우 15세기 중엽에서 17세기 초, 17세기 초에서 19세기 중엽, 그리고 19세기 중엽에서 20세기 초까지의 '150년 주기의 역사 변동성'을 파악할 수 있다.

150년의 역사 변동성(conjuncture)

앞서 콘트라티에프 변동주기를 활용한 영국의 실증사례 분석을 보면, 1810년은 중기적 역사순환의 정점이고 이것을 향한 상승지점은 18세기 중엽(1750년), 그것의 바닥지점은 19세기 말 또는 20세기 초엽이었음을 알 수 있다. 따라서 역사의 변동성을 설명하는 변동주기에 대한 150년 주기설도 콘트라티예프 변동주기(18세기 중엽부터 20세기 초)로 확인할 수 있다.

물론, 베네치아와 네덜란드의 15세기와 17세기의 물가와 생산력을 객관적으로 분석할 통계자료는 부족하기에 이를 대체할 역사적 사례 중심의 설명은 추가되어야 한다. 따라서 Braudel이 이끌었던 프랑스의 아날학파들이 했던 것처럼 각 시대의 역사적 사건을 중기적 역사순환과정으로 연결하고 기록된 자료를 분석하는 것도 하나의 방법이 될 수 있다. 이와 같은 논거에 의하여 17세기의 베네치아에서 암스테르담, 18.5세기의 암스테르담에서 런던, 그리고 20세기의 런던에서 뉴욕으로 연결되는 중기적 역사 변동의 흐름을 Braudel-Arrighi Model에 적용하면 다음과 같이 정리할 수가 있다.

역사 변동성에 따른 핵심도시의 이동

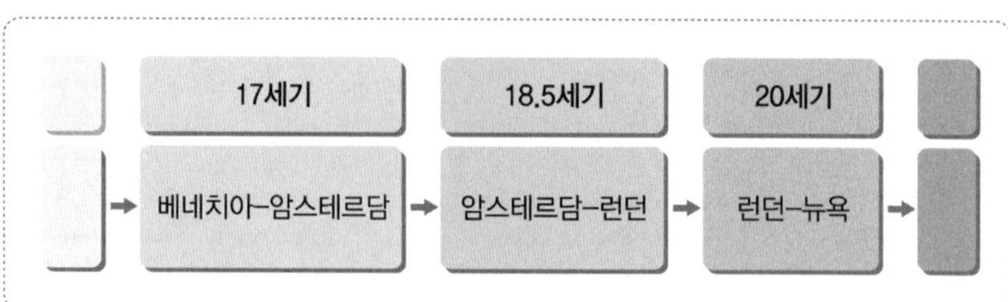

2. 헤게모니 중심권역에 대한 Braudel-Arrighi Model

역사적 변동성에 따른 핵심도시의 이동을 보면 미국(북아메리카)에서 태평양을 건너 동아시아의 어느 곳을 연결하고자 했던 Arrighi의 시각을 21세기적 관점에서 이해할 수 있다. 그리고 Braudel이 행하였던 선행연구와 Arrighi 연구와 접목한 Braudel－Arrighi Model을 적용하면 다음의 역사적 변동과정을 파악할 수 있다.

헤게모니 중심권역

Braudel－Arrighi Model을 적용하면 그들이 파악하고자 했던 헤게모니 중심권역에 대한 복잡한 상황들을 단순한 Model로 정리할 수 있다. 이는 과거와 현재의 헤게모니 중심권역을 이해하는 한편, 미래의 헤게모니 중심권역의 변동과 그것의 이동 방향까지도 예측 가능할 수 있다. 앞서 제1장에서 살펴보았던 유라시아 시대의 몽골이 지녔던 세계적 헤게모니가 사라진 이후, 서양의 지중해를 중심으로 형성된 15세기부터 태평양 시대의 2050년에 이르는 가까운 미래까지 헤게모니 중심권역을 유형별로 설명할 수 있다. 요컨대, 150년의 역사적 변동주기를 적용한 5개의 Braudel－Arrighi Model 유형을 다음과 같이 제시할 수 있음이다.

Braudel-Arrighi Model: I, II, III

[Model I]은 유라시아 시대의 몽골과 긴밀한 경제적 교류를 형성하면서 지중해 최고의 국부를 축적하면서 대서양 시대를 준비했던 베네치아공화국이다. 베네치아는 동로마의 콘스탄티노플을 정복했던 13세기부터 16세기까지 전성기를 누렸으며 지중해에서 경제적 중심권역을 형성했다. 비록 몽골의 세계적 헤게모니가 사라진 이후, 새롭게 등장한 오스만제국에 의하여 지중해의 해상권을 상실하면서 군사력이 약해졌지만, 상당한 기간에 걸쳐서 지중해를 중심으로 새롭게 헤게모니의 중심

권역 특성을 정확히 보여준 이른바 '지중해의 베네치아 Model'이다.

[Model II]는 약 150년의 중기적 역사 변동성을 거쳐서 지중해를 벗어나 대항해시대를 열어나간 1600년대의 17세기를 역사주기로 분류할 수 있다. 지중해의 인재와 자본이 대부분 동(東)대서양의 연안을 거쳐서 북유럽의 암스테르담으로 이동하면서 형성된 17세기의 네덜란드공화국을 그 예로 들 수 있다. 스페인제국과 벌인 치열한 독립전쟁을 통하여 새로운 근대적 문명을 탄생시키고 개인의 자유권과 재산권을 구체화한 '네덜란드의 암스테르담 Model'이라고 할 수 있다.

[Model III]은 18세기 중엽을 역사변동주기의 시작으로 본격화된 영국의 산업혁명과 함께 런던을 핵심도시로 보는 '영국의 런던 Model'이라고 할 수 있다. 그렇지만 영국의 Model은 제국주의에 의한 식민지시대를 열었고, 입헌군주제를 표방했지만, 공화국의 Model과는 차이가 있었다. 해양문화와 세계적인 산업혁명을 선도했지만, 이는 베네치아와 암스테르담보다는 몽골제국의 대도(大都, 지금의 베이징)와 비슷한 헤게모니를 지녔다고 볼 수 있다. 또한, 당시의 영국은 대영제국으로서 베네치아공화국이 독립전쟁을 했던 프랑크제국, 네덜란드공화국이 독립전쟁을 했던 스페인제국과 유사하며 더욱이 미연방공화국이 독립전쟁을 했던 대영제국이었기에 영국의 런던 Model은 여타 공화국의 그것과는 차이가 있다.

Braudel-Arrighi Model: IV, V

그리고 영국의 런던에 이은 [Model IV]는 1900년대 중반까지 제1차 세계대전과 제2차 세계대전을 승리로 이끌었던 그래서 현재의 대표적인 헤게모니 국가인 '미연방공화국의 뉴욕 Model'이다. 뉴욕을 핵심도시로 세계의 대부분 권역에서 강력한 헤게모니를 행사하고 있는 현재의 Model이다. 그리고 미래를 예시하기 위한 Braudel-Arrighi의 시각은 가까운 미래의 헤게모니 중심권역으로 (대서양에서) 미국을 건너서 태평양의 시대를 지목하고 있지만 아쉽게도 그 핵심도시를 정확히 예측하지는 못한 상황으로 남아있다. 따라서 미연방공화국의 뉴욕 Model에 이은 미래의 [Model V]는 '태평양의 어느 도시(?)'로써 우리의 연구가 찾아야 할 과제로 남아있다.

역사 변동성에 따른 헤게모니의 중심권역 이동

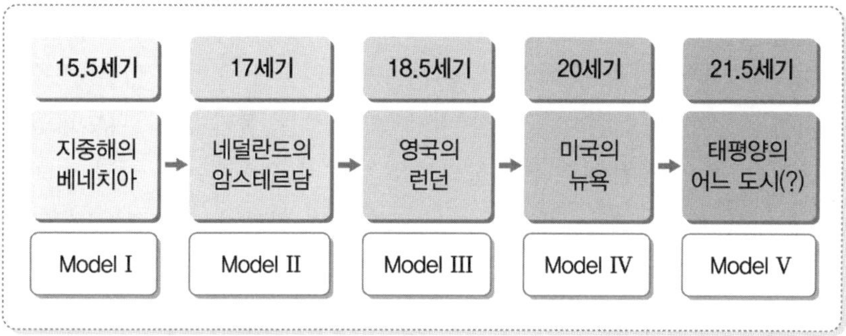

3. 세계적 헤게모니의 이동 경로

Braudel－Arrighi의 헤게모니 중심권역에 대하여 역사적 변동성(conjoncture)의 주기를 적용하면 시대별로 다음과 같은 흐름을 찾아볼 수 있다. 즉, 15세기 중엽의 베네치아공화국, 17세기의 네덜란드공화국, 18세기 중엽의 영국입헌군주국, 그리고 20세기 초의 미연방공화국으로 역사 변동성에 따라서 헤게모니 중심권역의 이동 경로를 추적하여 볼 수 있다.

대표적 공화국의 헤게모니 중심권역

오늘날의 기준에서 보면, 1450년대의 베네치아와 1600년대의 네덜란드는 귀족공화국, 1750년대의 영국은 입헌군주국으로 분류할 수 있다. 그렇지만 상대적으로 그들과 패권을 다투었던 15.5세기의 오스만제국, 17세기의 스페인제국, 그리고 18.5세기의 프랑스의 절대군주제와 비교한다면 베네치아와 네덜란드는 일반 시민들의 자유와 재산권이 보호되었던 공화국의 성격이 강했다. 이와 비교하면 영국은 입헌군주국이었지만 대영제국으로서 베네치아와 네덜란드의 공화국과는 구분되는 부분이 있었다. Braudel-Arrighi Model의 헤게모니 중심권역 가운데 베네치아, 네덜란드, 영국 그리고 미국을 살펴보면 군사적인 힘(hard power)보다 그 영향력이 더 큰 일종의 권력의 인플레이션(inflation of power)이 있어야 헤게모니가 형성되는 측면을 볼 수 있다.

이는 제1장에서 살펴본 몽골의 유라시아 시대의 특징에서도 잘 나타났던 부분이다. 불과 수백만에 불과한 몽골인들이 수억의 다른 민족을 통치하는 것에는 단순히 군사적 강제력만으로는 불가능한 부분이 있기 때문이다. 따라서 헤게모니 중심권역을 이루기 위해서는 군사력 이외에도 경제적 중심권역을 이룰 수 있는 수많은 다양한 힘(soft power)이 있어야 한다는 부분을 이해할 필요가 있다. 한편, 유라시아에서 분리된 이후로 15세기 중엽, 지중해를 사이에 두고 군사적 패권을 다투었던 베네치아공화국과 오스만제국, 17세기의 네덜란드공화국과 스페인제국을 놓고 누가 헤게모니 중심권역을 이루었는가를 비교하여도 중요한 의미를 추출하여 볼 수 있다. 군사력만 본다면 양측이 비슷했지만, 경제력에 있어서 베네치아, 네덜란드가 월등했고 그들은 공화국의 특성상 개인의 자유와 재산권이 상대적으로 잘 보호되는 나라였다. 이러한 이유에서 탁월한 세계적 인재라면 오스만제국보다 베네치아를, 스페인제국보다는 네덜란드를 선호할 수밖에 없었음을 간과해서는 안 된다.

물론 매우 예외적으로 어떤 특별한 애국심과 충성도를 언급할 수도 있지만, 일반적으로 세계적 인재는 자신의 능력을 충분히 발휘할 수 있는 자유로운 곳을 선호할 수밖에 없다. 또한, 그 자유로운 능력을 발휘하여 더 많은 재산을 얻었을 때 그것이 보호받을 곳을 선택하는 것은 매우 당연한 이치이기도 하다. 그러므로 자유롭게 선택할 수 있다면 세계인재는 절대적 왕권 국가보다는 자유롭고 안정되며 그래서 재산권을 보호받을 수 있는 강력한 공화국을 선호할 수밖에 없다. 15세기, 군사적으로는 베네치아공화국을 지중해에서 몰아냈던 오스만제국이었지만, 오스만제국은 세계적인 헤게모니를 얻을 수 없었고 오스만제국에는 베네치아를 넘어서는 금융인재가 부족했다. 권력의 인플레이션(power inflation)을 의미하는 헤게모니와 반대로 군사력에 비하여 경제력이 취약했기에 권력의 디플레이션(power deflation)을 당한 것이다. 또한, 16세기에 걸쳐서 군사적으로는 세계의 최강을 자랑했던 스페인제국이었지만, 빈번히 국가파산을 당했던 까닭에 스페인제국도 권력의 인플레이션이 아닌 디플레이션을 당한 국가로 분류될 수 있다. 그리고 그 배경에는 스페인이 도저히 넘어설 수 없는 수많은 세계인재가 네덜란드의 암스테르담에 집중적으로 거주했다는 사실이 있다.

누가 세상의 인재를 얻는가?

1750년의 유럽 상황에서 프랑스는 영국보다 더 많은 우수한 인재를 보유하고 있었다. 절대적 인구수가 많았던 프랑스는 농업의 측면에서 영국의 모든 측면을 압도할 수도 있었다. 그렇지만 프랑스의 인재는 프랑스의 절대군주제에서 그들의 능력을 충분히 발휘할 수 없었고 그들의 재산권도 보호받을 수 없었다. 그 대표적 예로 증기기관의 개발과정을 들 수 있는데 초기의 개발단계에서는 프랑스의 많은 인재가 영국의 인재들을 앞섰음이 분명했다. 그러나 프랑스의 인재들은 종교적 차별과 절대군주의 억압으로 그 능력을 충분히 발휘할 수 없었고 비슷한 시기의 영국은 종교적 차별이 적고 군주의 권력도 제도적으로 통제되었던 공화주의에 가까운 왕정이어서 인재의 성과와 업적이 그의 재산권으로 보호받을 수 있었다. 그리고 이와 같은 영국과 프랑스의 차이는 제임스 와트가 증기기관의 상용화를 가능하게 했고 그가 엄청난 부자가 될 수 있게 만들었으며 그 결과, 산업혁명은 프랑스가 아닌 영국을 배경으로 일어날 수 있었다.

국가의 형식적인 명칭이 무엇인가에 상관없이 능력 있는 인재를 끌어당기고 더 많은 인재가 모이는 곳에서 헤게모니 중심권역이 형성될 수 있다. 물론, 그것은 필요조건에 대한 것이고 완벽하게 충분한 모든 조건을 이룬다고는 말할 수 없다. 스페인제국의 공격으로 지중해의 인재들이 북쪽으로 이동하면서 브뤼헤와 안트베르펜이 세워놓은 부유한 도시들이 헤게모니의 중심권역이 될 수는 없었던 것을 사례로 예시하여 볼 수 있다. 제5장에서 살펴보겠지만, 브뤼헤는 자연적 재앙으로 쇠퇴하였고 안트베르펜은 스페인제국의 무력 때문에 인재들이 도망칠 수밖에 없었다. 네덜란드공화국이 만들어놓은 헤게모니 중심권역을 보면 세상의 인재가 모여들고 동시에 외적의 공격을 막으면서 강력한 군사력을 갖추어야 하는 것은 헤게모니 중심권역의 기본적 전제조건이라고 할 수 있다.

그렇지만 인재가 모이고 군사력이 강한 헤게모니 중심권역을 이루었다고 하여도 중기적 역사 변동성에 의하여 또는 시대적 상황이 바뀌면, 헤게모니의 중심권역도 서서히 이동할 수밖에 없다. 명예혁명 이후, 암스테르담의 많은 인재가 더 좋은 조건을 갖춘 런던으로 이동하는 과정은 이러한 상황을 잘 설명하여 준다. 스페인제국을 물리치고 완전한 독립을 쟁취하면서 전성기를 구가했던 네덜란드공화국이지만 군사적으로 우세한 프랑스가 많은 인구수를 앞세워 공격할 경우 암스테르담은 위험했다. 그런데 바다 건너편 영국의 런던에 암스테르담 출신의 왕이 정권을 잡고, 영국의 런던이 암스테르담보다 군사적으로 방어하기도 좋은 상황으로 변화되었다. 이와 같은 역사적 변동성에 따라서 암스테르담의 인재들은 기꺼이 도버해협을 넘어서 이동하고 그 결과, 헤게모니의 중심권역도 암스테르담에서 런던으로 이동했음을 이해할 필요가 있다. 이와 비슷한 상황은 제6장에서 자세히 살펴보겠지만, 19세기 말 유럽에서 독일제국이 부상하면서 20세기 초, 영국의 런던에서 대규모 자금이 인출되어 뉴욕으로 옮겨지는 상황도 비슷한 같은 맥락에서 이해될 부분이다.

헤게모니 중심권역의 역사주기별 이동 경로

이러한 논의를 정리하면 지중해의 베네치아(15.5세기)를 헤게모니 중심권역(Model I)으로 분류할 수 있고, 그 흐름을 이어받은 17세기의 네덜란드공화국의 암스테르담을 그 다음의 중심권역(Model II)으로 분류할 수 있다. 그런데 해양공화국 네덜란드의 흐름을 이은 연속된 헤게모니 중심권역을 영국으로 볼 것인가 아니면 미국으로 볼 것인가에 대해서는 약간의 논쟁 여지가 있을 수 있다. 영국은 18세기의 입헌군주국으로 발전하였고 특히 산업혁명으로 헤게모니 중심권역(Model III)을 형성했기에 이를 무시하기는 어렵다. 그렇지만 대영제국이라는 영국은 결국 미연방공화국이라는 새로운 공화국(Model IV)의 탄생을 막을 수 없었다. 역사적 변동성을 무시할 수 없는 그래서 그 이면에 흐르는 해양공화국의 특성을 중요하게 평가할 수밖에 없는 그 무엇이 있다는 것이다.

어쨌든, 20세기의 미연방공화국은 강력한 세계적 헤게모니 중심권역을 형성했고 이는 현대적인 Model로 이해된다. 시대별로 특징화된 Braudel－Arrighi Model이 제시한 헤게모니 중심권역과 그 이동 경로를 하나로 연결하면 수평축과 수직축으로 구성된 관계성을 그려볼 수 있다. 즉, 수평축에는 중기적 역사순환주기(역사 변동성)에 따라서 베네치아공화국(Model I), 네덜란드공화국(Model II), 영국(Model III), 미연방공화국(Model IV)을 나열할 수 있다. 여기에 수직축으로 그것의 경제적－공간적 중심권역을 적용하면 각각의 헤게모니 중심권역을 그리면서 일정한 방향성을 이루고 있음을 찾아볼 수 있다. 그것은 지중해에서 동(東)대서양을 거쳐서 서(西)대서양으로 그리고 태평양으로 향하는 이동 경로이다. 둥근 지구에서 헤게모니 중심권역이 서서히 150년의 중기적 역사순환주기를 타고 조금씩 서쪽으로 이동하고 있는데 그 궤적은 지중해에서 동대서양 연안을 타고 북유럽으로 이동했다가 도버해협을 거쳐 서대서양으로 건너가 북아메리카로 이어지고 있음이다. 그리고 그 궤적은 북아메리카의 동부 연안에서 서부 연안으로 이어지고 태평양을 건너 동아시아로 향하는 궤적을 그린다.

따라서 제2편에서는 대서양 시대와 헤게모니 중심권역의 이동이라는 시각에서 제4장 대서양 시대를 준비한 지중해의 베네치아공화국(Model I), 제5장 동대서양 시대의 네덜란드공화국(Model II), 그리고 제6장 서대서양시대의 미연방공화국(Model IV)을 중심으로 살펴보고자 한다.

역사 변동성에 따른 '헤게모니 중심권역'의 이동

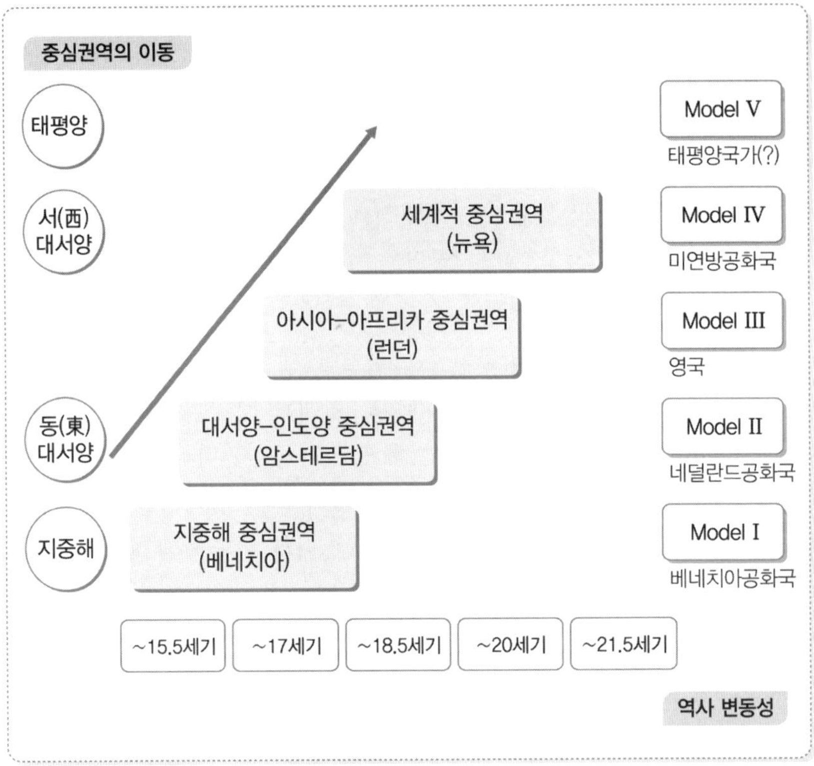

중간에 영국의 존재를 무시할 수는 없으나 네덜란드와 미국의 사이에 의하여 중복되는 부분이 많기에 본 연구에서는 영국의 런던 부분(Model III)은 대부분 생략했다. 그리고 이를 대신하여 Braudel-Arrighi Model에서는 제시되었으나 충분히 구체화하지 못했던 미래의 태평양 시대와 다음 세대가 맞이할 새로운 세계적 헤게모니 중심권역(Model V)에 대해서는 제3편에서 중점적으로 다루었다. 만약 Braudel과 Arrighi와 같은 학자들이 현재까지 생존하였다면, 그들도 분명 이와 비슷한 연구를 했을 것으로 생각된다.

뉴욕의 탄생

NY Tube 뉴욕의 탄생

평양과 뉴욕

+ 추가 공유 ••• 더보기 좋아요 싫어요

뉴욕(New York)하면, '세계의 중심지' 그리고 '맨해튼의 높은 건물'들이 떠오른다.

맨해튼(Manhattan)은 섬이지만, 단단한 돌섬이어서 높은 마천루와 거친 파도에도 끄떡없다. 맨해튼에서 대서양으로 향하면 곧바로 '자유의 여신상'을 만나볼 수 있다.

'뉴욕'에서 '자유의 여신상'을 빠뜨릴 수는 없다. 독립전쟁을 벌인 미국의 신생 공화국을 위해 프랑스가 선물한 것이기 때문이다. 그렇지만 '뉴욕의 탄생'에서는 17세기 네덜란드 공화국의 역할이 가장 결정적이었다. 특히, 암스테르담은 뉴욕의 본래 이름이 뉴 암스테르담(New Amsterdam)으로 "암스테르담이 뉴욕을 낳았다"고 해도 그 표현이 지나치지 않다. 왜 그럴까? 그 이유는 오랜 된 암스테르담의 구 도심지에서 찾아볼 수 있다.

네덜란드의 암스테르담 구도심에는 15세기에 세워진 자그마한 '눈물의 탑(Tower of Tear)'이 있다. 먼 항해를 떠나는 뱃사람을 배웅하면서 눈물을 흘렸던 곳인데 바로 이 작은 '눈물의 탑'에서 '뉴욕의 탄생' 이야기는 시작되었다.

'눈물의 탑'에는 두개의 기념 동판이 있고 '뉴욕의 탄생' 이야기를 소개하고 있다. 암스테르담 연합 동인도회사(VOC)의 탐험가, 허드슨(Henry Hudson)은 이곳 '눈물의 탑'을 출발하여 1609년 아메리카에 도착했는데 이때 뉴욕이 탄생되었다. 동판을 만든 곳은 '뉴욕 항만청'이고, '허드슨의 항해' 350주년(1959년)을 기념하여 암스테르담 시민에게 헌정되었다.

뉴욕의 탄생에 관한 이야기는 (1) 눈물의 탑 벽면 기념 동판, (2) 암스테르담 연합 동인도회사(VOC)의 헨리 허드슨 초상화, (3) 1609년 허드슨의 탐험선에서부터 시작하여 볼 수 있다.

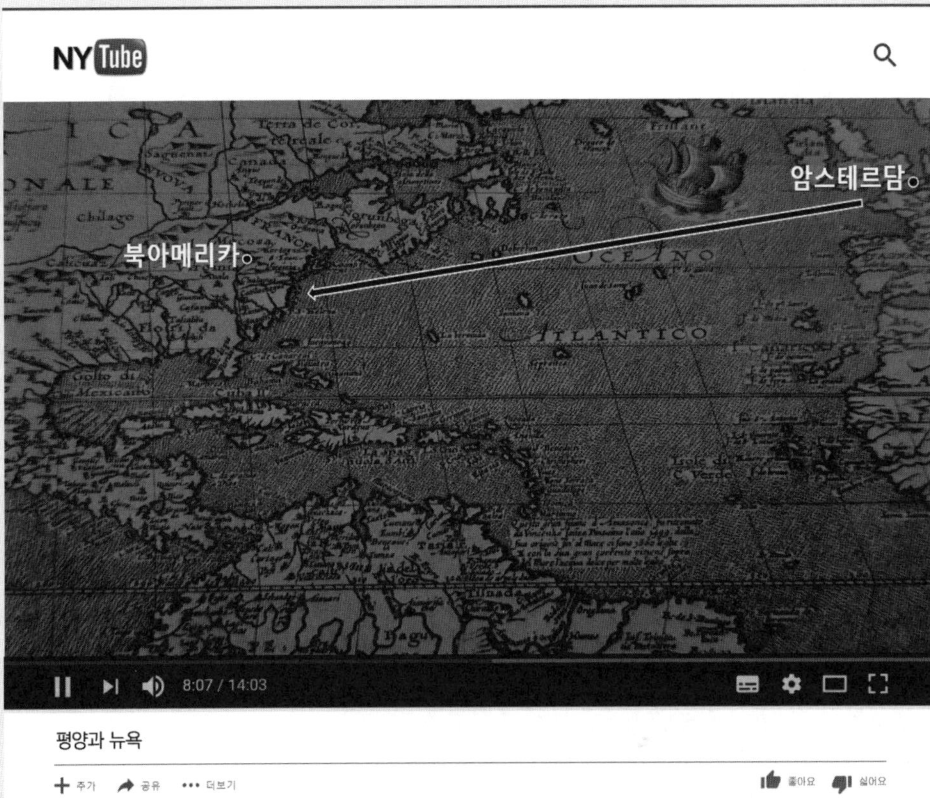

1609년 암스테르담을 떠나서 대서양을 횡단한 허드슨의 탐험대는 지금의 북미 대륙의 동해안을 탐사했다.

허드슨 탐험대는 북미대륙의 맨해튼 인근 주변을 탐사하기 시작했다.

허드슨은 암스테르담의 연합 동인도회사(VOC)에 허드슨 강유역을 새로운 식민지로 개발하면 좋겠다는 보고서를 상세히 기록하여 보냈다. 이를 계기로 네덜란드공화국에서는 VOC와 다른 별도의 서인도회사(WIC)를 1621년 출범시키게 되었다(아래쪽 사진은 암스테르담 설계도).

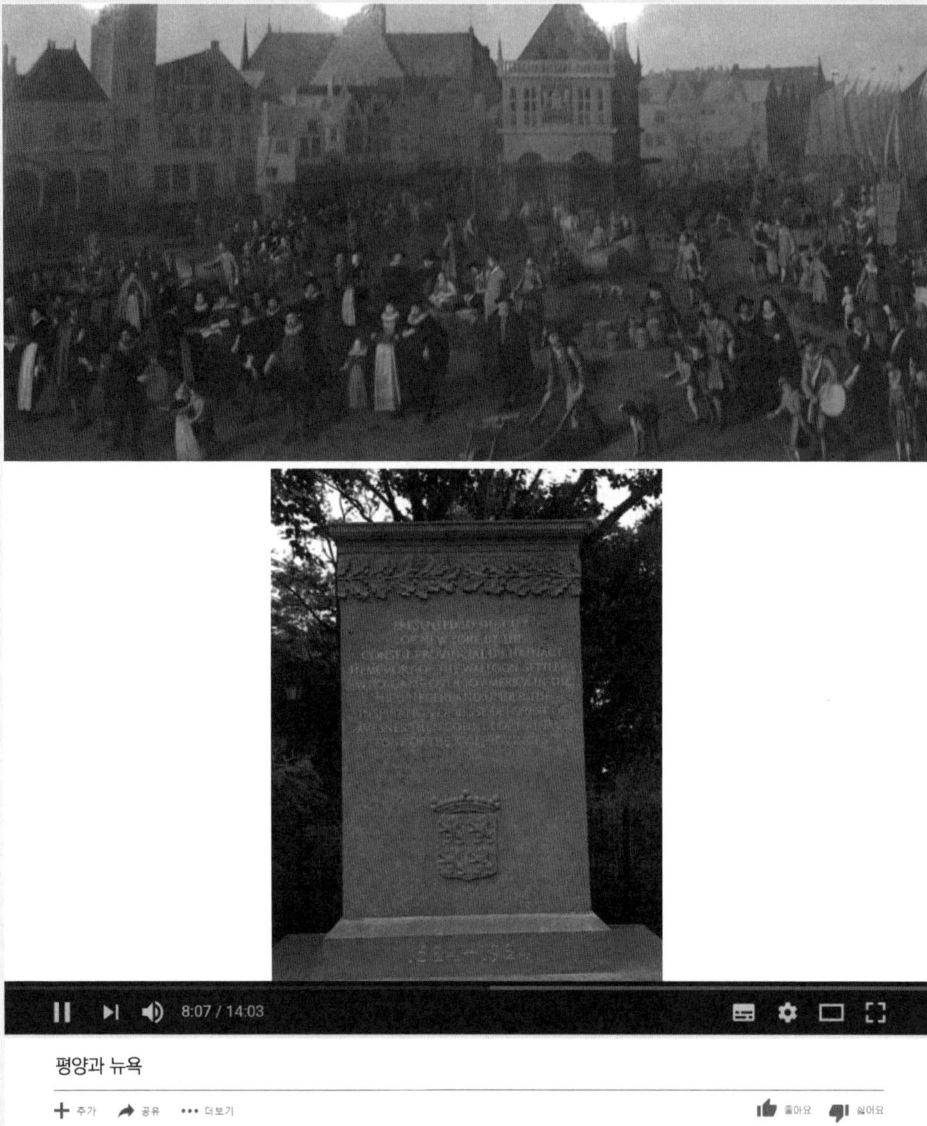

서인도회사(WIC)는 아메리카에서 농부가 되면, 농지를 받을 수 있다는 파격적인 조건을 내걸었고, 가난한 남부의 네덜란드 사람들은 내 땅을 얻기 위해서 대서양을 건너 아메리카로 이주했다(위쪽 사진, 암스테르담에 모인 사람들). 그들이 정착한 1624년에서 1924년까지 300주년(1624~1924)을 기념하여 남부 네덜란드의 돌로 만든 기념비가 맨해튼에 세워졌다(아래쪽 사진).

북아메리카에 새로운 뉴 네덜란드를 건설하면서 이주민을 정착시키던 서인도회사(WIC)는 1625년, 외부의 공격을 막기 위한 암스테르담 요새(Fort Amsterdam)의 건설이 시급하다고 결정했다. 그리고 다음해인 1626년, 인디언 추장으로부터 맨해튼 섬을 구매했는데 이를 시작점으로 오늘날의 뉴욕(뉴 암스테르담)이 공식적으로 탄생하게 되었다. 맨해튼 남쪽의 배터리 공원(Battery Park)에 세워진 기념비에는 인디언 추장과 네덜란드인 Peter Minuit의 모습이 조각되어 있다.

1626년에 세운 암스테르담 요새(Fort Amsterdam)를 영국이 점령하면서 이름이 바뀌어 조지 요새(Fort George)라고 불렸으나 미국이 독립하면서 옛 요새는 사라졌다. 이후, 1807년에 새로운 해안요새(Castle Clinton)가 근처에 건설되었고 옛 요새의 자리는 뉴욕의 탄생기념비가 지키고 있다.

17세기 중엽, 맨해튼에는 예쁜 암스테르담식 박공 지붕 장식의 연립주택들이 많이 세워졌다. 지금은 그 원형이 대부분 소실되었으나 남쪽 맨해튼의 뒷골목에는 암스테르담식으로 복각한 건물을 심심치 않게 찾아볼 수 있다(왼쪽은 암스테르담, 오른쪽은 뉴욕).

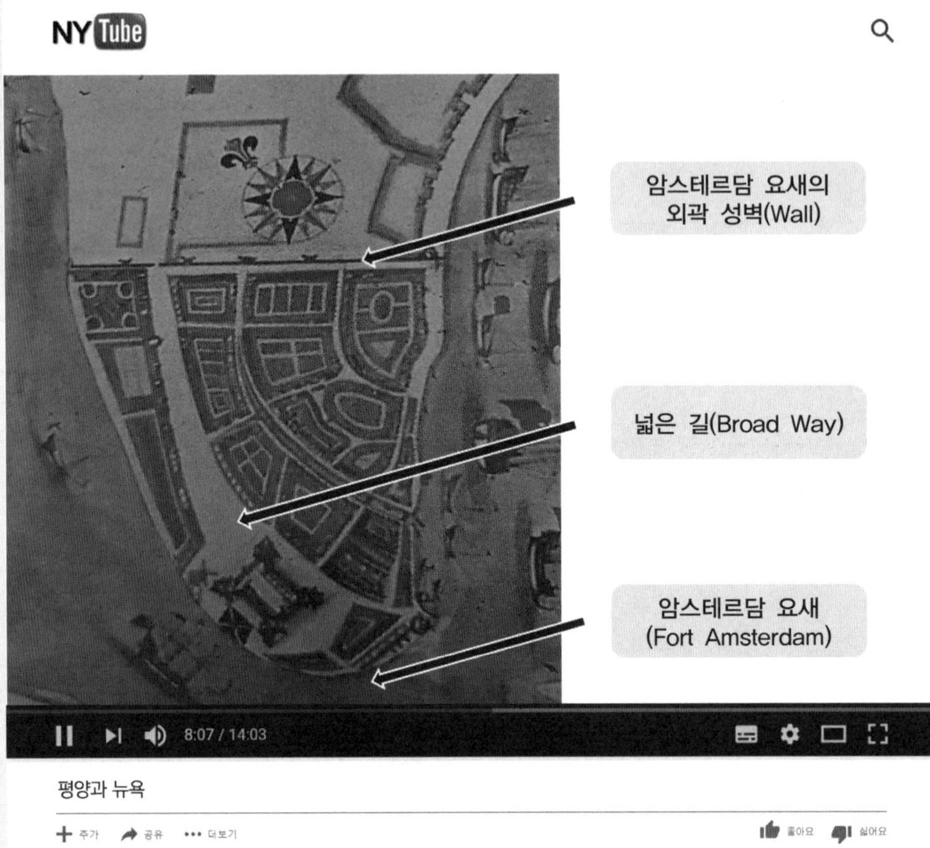

17세기에 건설된 맨해튼 섬 남쪽의 뉴 암스테르담은 크게 세 지역으로 나누어 살펴볼 수 있다. 즉, 암스테르담 요새(Fort Amsterdam)의 외곽 성벽(Wall), 넓은 길(Broad Way), 그리고 암스테르담 요새(Fort Amsterdam)로 구성되어 있다.

현재의 뉴욕과 17세기의 뉴암스테르담을 비교하여 보면 위의 그림과 같다. 왼쪽은 현재의 뉴욕이고, 오른쪽은 17세기의 뉴암스테르담이며 기본적 도시의 구조는 수백년 동안 그대로 유지되었음을 확인할 수 있다.

현재의 Wall Street(왼쪽의 뉴욕증권거래소와 오른쪽의 페더럴홀)는 세계금융의 핵심을 이루고 있다.

NY Tube

평양과 뉴욕

\+ 추가 공유 ••• 더보기 좋아요 싫어요

현재의 넓은 길(Broadway)에서 북쪽으로 올라가면 맨해튼의 유명한 극장들을 만날 수 있다.

뉴암스테르담의 외곽을 방어했던 큰 장벽(Wall)은 사라져 월스트리트가 되었고, 넓은 길은 브로드웨이가 되었으며, 암스테르담 요새가 있던 곳 근처에는 배터리 공원이 생겼다. 공원에서는 뉴욕의 탄생 기념비와 캐슬 클린턴(Castle Clinton)을 만나볼 수 있다.

뉴욕의 탄생과정에서 17세기의 암스테르담은 결정적 역할을 했다. 뉴욕의 지명에서도 암스테르담의 흔적은 그대로 남아있는데 뉴욕의 허드슨강은 암스테르담(VOC)의 탐험가 허드슨의 이름에서 따왔고, 뉴욕의 이스트강도 암스테르담의 에이(IJ)강에서 비롯되었다. 그리고 맨해튼의 월스트리트(Wall Street)와 브로드웨이(Broadway)도 뉴 암스테르담(New Amsterdam)의 지명에서 시작됐다. 이처럼 17세기의 암스테르담 사람들은 신대륙에 새로운 암스테르담, 오늘날의 뉴욕을 탄생시킨 것이다.

제 2 편

대서양 시대와 헤게모니 중심권역의 이동

제1편에서 살펴본 유라시아 시대의 몽골이 보여준 헤게모니의 일원화(一元化)는 몽골의 소멸과 함께 동양과 서양으로 나뉘어 이원화(二元化)되었다. 유라시아 시대의 중심이었던 동양의 대도(大都, 현재의 베이징)를 명나라가 점령하면서 동양은 서서히 몰락했다. 그런데 비슷한 시기, 동양과는 정반대로 서양은 전혀 다른 방향으로 흥기(興起)하였고 약 500년의 대서양 시대를 이끌어 나갔다. 대서양 시대를 준비한 베네치아공화국, 동(東)대서양 시대의 네덜란드공화국, 그리고 서(西)대서양 시대의 미연방공화국이 지녔던 헤게모니의 원천을 이해함으로써 그들은 어떻게 세계적인 중심권역을 이루었는가를 제2편에서 살펴보고자 한다.

(앞면 사진 : 18세기 서인도제도 출생의 뉴욕 이민자, 미연방공화국 건국의 아버지, Alexander Hamilton)

제 4 장

대서양 시대를 준비한 베네치아공화국

1. 베네치아의 독립전쟁

로마가 번영했던 시기에 베네치아의 존재감은 거의 없었다. 그런데 서쪽의 로마가 붕괴하면서 대륙의 이민족 공격을 피해서 지중해 갯벌에 난민들이 모이고 그 공간에서 새로운 시대를 만들어 나갈 해양공간이 형성되었다. 바닷가 갯벌에 수많은 인공섬이 만들어지고 그곳에 나라를 세운 베네치아공화국 역사는 9세기부터 본격화되었다.

베네치아와 프랑크제국의 갈등

베네치아는 서기 6세기경, 인구가 늘어나고 규모도 커지자 자신들의 정체성을 분명히 하고자 했다. 그들은 자신들이 북방의 게르만족이 아닌 로마의 문명인이라고 생각했고 멸망한 서로마 대신에 동로마에 편입되어야 한다고 생각했다. 베네치아인들은 자청해서 동로마의 황제에게 지역 사령관인 둑스(Dux)를 파견해 달라고 요청했지만, 당시의 동로마는 서유럽의 베네치아를 관리할 여력이 없었다. 베네치아 사람들은 오지 않는 동로마의 지역 사령관을 대신해서 자신들이 스스로 둑스를 선출했고(서기 687년), 그 이름이 점차 베네치아식으로 바뀌면서 도제(Doge)라는 명칭으로 바뀌었다. 베네치아의 최고지도자 명칭이 로마식 '둑스'에서 베네치아식 '도제'로 바뀐 것처럼 어느 사이엔가 베네치아 사람들은 스스로 서유럽의 로마인이며 자유로운 시민이라는 생각을 하게 되었다.

베네치아의 인구가 늘고 소금 생산량도 증가하면서 교회도 세워졌다. 그런데 베네치아 교회의 관할권이 누구에게 있는가를 두고 다툼이 벌어지기 시작했다. 서유럽을 관장하는 로마교황의 관할권에 있다고 주장하는 쪽과 베네치아는 동로마의 영역이니 베네치아의 교회도 동로마의 황제 관할권에 있다고 주장하는 쪽이 격돌했다. 서기 800년, 교황으로부터 서로마 황제관을 수여 받은 프랑크제국의 카롤루스(Carolus) 대제는 교회의 권한 분쟁에 더는 침묵할 수 없었다. 베네치아는 이탈리아 반도의 포(Po)강 유역의 서유럽에 있고, 카롤루스 대제가 서로마제국의 황제관도 받았으니 베네치아 교회의 관할권도 당연히 로마교황에 있다는 프랑크제국의 결정이 있었다. 이러한 프랑크제국(카롤루스)의 결정에 대하여 베네치아 사람들은 프랑크제국의 지배는 물론이고 로마교황의 교회관할권도 인정할 수 없다고 저항했다. 당대 최강의 국가인 프랑크제국에 대하여 베네치아 사람들은 독립운동을 벌였고, 이는 베네치아와 프랑크제국의 전면전을 예고했다.

베네치아는 육지에 있던 모든 기득권을 포기하고 자유를 얻고자 바다의 갯벌로 도망쳐 나와서 인공섬을 만들었던 자유인들의 공간이었다. 바닷가 갯벌에 말뚝을 깊게 박고 그 위에 피난처를 만들면서 베네치아 사람들은 자유로운 도시를 만들어 나갔다. 누가 어떤 인공섬을 가장 먼저 세웠는지 정확히 알 수 없을 정도로 수많은 인공 군도가 세워지면서 탄생한 해양도시, 그 베네치아에서 제국을 향하여 독립전쟁을 개시한 것도 무리는 아니었다. 교황으로부터 서로마제국의 황제관까지 받은 프랑크제국의 카롤루스는 자신의 권력에 도전한 베네치아를 철저히 파괴하고 복종시켜야 했다. 서기 9세기 초, 베네치아의 오합지졸에 가까운 자유 민병대들이 카롤루스 대제의 아들 피핀 황태자가 이끄는 제국의 군대에 맞서서 전쟁을 벌이는 것은 사실 무모한 일이었다. 그렇지만 베네치아의 자유인들은 프랑크제국의 노예가 되는 것을 거부했고 최악의 조건이지만 힘겨운 독립전쟁에서 결코 물러설 수 없었다.

베네치아 민병대의 활약

베네치아 사람들이 카롤루스 대제에 대한 불복종을 외친 배경에는 그들의 기질과 밀접한 관련성이 있었다. 베네치아 사람들은 자유를 찾아서 바다로 도망쳐 나온 사람들이었다. 그들은 자유의지가 강하고 폭력에 의한 강제를 거부하는 성향이 강했던 사람들이고 그래서 자신들의 공동체를 지키려는 신념도 확고했다. 특히, 뱃사람이 대부분이었던 베네치아 사람들은 왕의 권위나 귀족들의 위협에 무작정 굴복하는 사람들도 아니었다. 바다의 뱃사람들에게는 어떤 강력한 왕이라도 거친 자연앞에 서면 그저 하찮은 존재라는 것을 경험적으로 터득하고 알고 있었기 때문이었다. 막강한 프랑크제국의 군대와 맞서서 굴복을 거부하고 용감하게 대항한 베네치아 민병대는 대부분 뱃사람이었고 적은 수에 불과했지만, 결코 만만한 상대는 아니었다.

그러나 정규군과 비정규군 간의 전쟁이었고 베네치아의 민병대는 게릴라전을 펼치면서 제국의 군대를 괴롭히는 수준에 불과했다. 단지 제국의 군대에 약점이 있다면 바다에서는 미숙한 부분이 있었다는 것이다. 이와 비교할 때, 베네치아의 민병대는 노련한 뱃사람들로 구성되어 주변의 바다 상황에 익숙했고 그래서 바다에서는 약간의 전과도 올릴 수 있었다. 시간이 흐를수록 프랑크제국의 군대는 더욱 우세해지는 상황이었고 베네치아의 외곽지역은 대부분 장악되었다. 결국, 베네치아 민병대는 최후의 결전을 치러야 하는 상황에 직면했다고 판단했다. 제국의 군대가 총공격을 준비했고 민병대는 최후의 방어선을 지금의 리알토 다리 인근에 구축하였다.

베네치아 민병대의 승리

프랑크제국의 카롤루스 대제는 전쟁터로 직접 나가기에 너무 나이가 많았다. 카롤루스는 사랑하는 자신의 후계자, 피핀 황태자를 베네치아 정복의 선봉에 서게 했고 이를 계기로 피핀 황태자는 사실상 프랑크제국의 황제직에 오른 것이나 다름없었다. 피핀 황태자의 제국군대는 파죽지세로 길쭉한 리도섬의 남쪽 말라모코를 점령했고, 격렬히 저항하는 베네치아 민병대를 차례로 제거했다.[1] 베네치아 민병대는 군사적 지원도 하지 못하면서 간섭만 했던 동로마의 지원이 끊긴 최악의 상황에서 몰살직전의 상황에 직면한 것이다. 그리고 베네치아 민병대는 마지막 남은 잔여 세력을 모두 모아서 베네치아 군도 가운데 약간 솟아있는 리보 알토(지금의 리알토)를 근거지로 마지막 항전에 나서게 되었다.

오늘날의 리알토 다리와 산마르코 광장 사이에 펼쳐진 바닷가 갯벌에서 베네치아 민병대는 최후의 방어선을 쳤다. 압도적으로 우세한 피핀 황태자의 제국군대는 베네치아 민병대의 전멸을 눈앞에 두었고, 피핀 황태자는 프랑크제국의 차기 황제로 등극할 수 있었다. 그런데 그 순간, 매복해 있던 베네치아 민병대의 불화살 세례가 시작되었다. 급습에 놀라 멈칫한 순간, 프랑크제국의 함선들은 검은 갯벌에 틀어박혀 꼼짝달싹할 수 없었다. 썰물의 시간대를 정확히 계산한 뱃사람들, 베네치아의 민병대는 리보 알토의 바닷가 뻘밭에 박힌 제국의 함선들을 향하여 불화살을 날렸고 바닷가 화형식은 장시간 끝나지 않았다. 베네치아 민병대는 몰살의 순간에 기사회생했고, 프랑크제국의 수많은 함대는 불탔으며 카롤루스 대제의 후계자이며 제국을 승계할 피핀 황태자는 바다에서 불태워졌다.

---

1) 베네치아 본섬을 외곽에서 보호하듯 길게 형성된 리도섬은 오늘날, 베네치아 영화제가 개최되는 지역이다. 영화제 행사가 열리는 때마다 축제 분위기가 연출되곤 한다. 그밖에도 베네치아와 관련된 상세한 내용은 <평양과 베네치아>(2018)에서 언급한 바 있다.

베네치아는 절체절명의 위기상황에서 극적으로 제국의 군대를 격퇴했다. 전쟁에서 패배하여 퇴각한 제국의 군대는 더는 베네치아를 재공격할 엄두를 내지 못했다. 베네치아의 용맹한 민병대뿐만 아니라 베네치아를 보호하는 바다를 이겨낼 수 없다는 두려움 때문이었다. 한반도 서해안의 김포와 강화도 섬 사이 바다를 연상케 하는, 그리 넓지도 않은 베네치아의 바닷길이지만 결코 쉽게 넘볼 수 없는 천혜의 난공불락이 된 것이다. 그 난공불락의 바다 위에서 베네치아의 해양공화국은 우뚝 세워졌다. 북이탈리아의 베로나(예컨대 김포)와 베네치아(예컨대 강화도)는 거리상으로 매우 가깝지만, 지금도 바다에 표시된 부표만 제거하면 배를 타고 베네치아를 침입하기가 쉽지 않다. 프랑크제국의 군대를 패퇴시킨 베네치아는 이로써 거의 천 년 동안 베네치아의 본섬에 대한 외부공격을 허용치 않았다.

2. 베네치아공화국의 탄생과 서유럽의 분열

베네치아가 프랑크제국을 패퇴시킨 사건은 베네치아공화국의 탄생을 낳았고 동시에 서유럽의 분열을 초래했다. 카롤루스 대제의 계승자인 피핀 황태자가 사망(810년)하면서 제국의 후계구도는 붕괴했고 서유럽은 계속하여 분열되었다. 카롤루스는 곧 사망했으며(814년), 제국은 무력한 루이 1세에게 넘겨졌으나 오래가지 못했고, 베르됭조약(843년), 메르센조약(870년)을 거쳐 작은 나라로 해체되었다.

바다의 공화국, 베네치아

한편, 베네치아의 민병대가 독립전쟁에서 승리하면서 종주국임을 내세웠던 동로마(비잔틴)제국이 전쟁 이후에 다시 등장하여 프랑크제국과 평화조약(Pax Nicephori)을 체결하였다. 이 조약에서 프랑크제국은 동로마제국의 베네치아에 대한 종주권을 인정했고, 동로마제국은 베네치아에 독립공국(Dukedom) 지위를 부여했다. 이를 계기로 베네치아는 사실상의 독립공화국으로 지중해 역사에 등장했고, 서유럽과 동유럽 사이에서 가교역할을 하게 되었다. 베네치아공화국은 고대 아테네와 비슷한 독립적인 폴리스 정치체제로서 지중해의 중앙, 아드리아해의 북쪽에 세워진 것이며 서유럽과 동유럽 사이에서 완충 역할을 할 수 있었다.

베네치아공화국은 평화조약 이후, 프랑크제국의 후예들(프랑스, 독일, 이탈리아)과 교류했지만, 로마교황청을 비롯한 유럽의 어떤 왕도 베네치아공화국에 명령할 수 없었다. 베네치아공화국은 지정학적으로는 서유럽에 있었지만, 결코 서유럽의 중세시대를 살지 않았고 오히려 고대의 아테네인과 로마인들이 지녔던 가치관을 지니고 있었다. 자신들을 로마인이라고 생각했던 베네치아 사람들은 멀리 떨어져 간섭만 하고 군사력도 취약했던 동로마(비잔틴)였지만 콘스탄티노플을 중요시하면서 동지중해를 중심으로 활동했다. 베네치아공화국은 실리적 이유에서 동로마와의 긴밀한 관계를 계속 유지하고자 노력했다. 또한, 전성기의 베네치아공화국은 지중해의 패권을 장악하면서 로마의 전성기 해양패권을 회복하기도 했으며 육상의 서유럽 왕국들과 동로마의 비잔틴제국을 압도하는 국력을 갖기도 했다.

특히, 베네치아공화국은 수백 년에 걸친 십자군 전쟁 시기에 최고의 전성기를 누리면서 지중해를 베네치아의 내해로 삼았다. 예컨대, 13세기의 제4차 십자군 전쟁에서는 프랑스의 기사단과 연합하여 콘스탄티노플을 정복하고 지중해의 향료(후추)무역을 독점하면서 유럽에서 가장 많은 황금을 보유한 최고의 부자나라가 되었다. 비슷한 시기에 활동했던 베네치아의 상인이었던 마르코 폴로는 몽골의 유라시아제국을 여행하고 몽골제국의 앞선 문물을 상세히 기록에 남겼다. 베네치아 상인과 뱃사람들은 서유럽인들이 대서양으로 나갈 수 있는 개방적 사고를 갖게 해주었고 이는 서양의 대항해시대로 이어졌다. 실제로 모스토(A. Mosto)를 비롯한 수많은 베네치아 뱃사람들이 포르투갈의 대서양 탐험에 참여했고 베네치아의 상인이었던 마르코 폴로의 책을 탐독한 콜럼버스도 대서양을 건너 신대륙을 발견하였다.

베네치아의 공화국 정신

베네치아는 지중해 패권을 사이에 두고 최강의 제국들과 전쟁을 벌였던 공화국이었다. 베네치아는 당대의 어느 나라보다 자유 의식이 강했고 신분의 차별도 거의 없었다. 그래서 베네치아공화국의 사람들은 어떤 제국에 대해서도 복종을 거부했고 자유와 독립을 위하여 기꺼이 전쟁을 벌였다. 베네치아는 스스로 제국이 되어서 헤게모니의 중심권역을 형성할 수 있는 시기에도 공화국이 제국으로 변질되는 것을 원치 않았고 그런 이유에서 제국의 황제관도 거부했다. 실제로 13세기, 제4차 십자군 전쟁에서 베네치아는 동유럽의 콘스탄티노플을 정복하면서 라틴제국을 세웠지만, 라틴제국의 황제 자리만큼은 프랑스 제후에게 양보하였다. 베네치아 사람들은 로마공화국이 로마제국으로 변질되었던 과거의 비극을 피하면서 결코, 자신들은 공화국을 버리고 제국으로 전락하지 않겠다는 공화주의 의식이 강했다.

베네치아공화국은 동부의 지중해, 레판토 지역을 자신의 본거지로 삼았으며, 유라시아와 교역하면서 엄청난 국부를 축적했다. 13세기부터 14세기 중엽까지 유라시아를 평정했던 몽골의 세계적 헤게모니(팍스 몽골리카)는 약 150년 동안 계속되었고, 같은 시기에 베네치아공화국도 지중해에서 최고의 전성기를 누렸다. 베네치아는 몽골의 헤게모니 중심권역에서는 벗어나 있었지만, 유라시아 서쪽의 지중해에서는 가장 부유한 도시였다. 몽골의 헤게모니 중심권역은 대도(지금의 베이징)를 중심으로 형성되었지만, 지중해에는 차순위의 베네치아가 있었던 셈이다. 몽골의 핵심도시, 대도(베이징)에서 서쪽의 지중해에 베네치아가 있었다면 동양의 황해 유역에는 고려의 개경이 있었다. 앞서 제1장에서 언급된 바와 같이 몽골의 대도 황실과 결혼동맹으로 맺어진 개경황실은 황해에서 대도보다는 못하지만, 차순위의 개경을 풍요롭게 운영했던 셈이다. 실제로 몽골 황실의 황족들 가운데 개경에서 생활하는 사례도 많았고 대도에서 벗어나 개경에서 자랐던 황족 가운데 몽골 황제로 즉위했던 인물도 있다.

14세기 중엽, 몽골제국이 소멸하면서 서양(지중해)의 베네치아공화국과 동양(황해)의 고려(개경 황실)는 모두 위기를 맞았다. 몽골의 헤게모니 중심권역이 사라지면서 베네치아는 안정적이던 유라시아 교역권을 잃었고, 고려의 개경 황실은 고려의 무신들에게 정권을 잃었으며 농업국, 조선으로 정치체제도 바뀌었다. 몽골의 대도를 한족의 명나라가 점령하면서 몽골의 헤게모니 중심권역은 소멸되었고, 동양의 국가들도 해금 정책을 펼치며 폐쇄적으로 바뀌었는데 특히, 명과 조선은 중앙집권화된 농업 왕국이 되었다. 지중해의 베네치아공화국도 귀족제 성격이 강한 공화국으로 바뀌었지만, 주변의 어떤 왕국들보다 개방적이고 진취적이며 상업적인 공화국으로서 다음의 대서양 시대를 준비할 수 있었다는 측면에서 고려의 개경과 분명한 차이를 보였다.

대서양 시대를 준비한 베네치아

몽골의 유라시아 시대가 저물고 몽골의 세력이 북쪽으로 쫓기면서 유라시아의 국가들도 새롭게 바뀌었다. 특히, 세계제국 몽골이 해체되면서 유라시아 초원에서는 소아시아로 이주해 들어온 유목민의 여러 일족 가운데 오스만 투르크족이 세력을 키웠다. 비슷한 시기에 먼저 들어왔던 셀주크 투르크족은 약해졌지만, 상대적으로 오스만 투르크족은 몇 차례의 위기를 극복하면서 소아시아를 넘어 15세기, 동유럽에 진출하는 강성한 오스만제국으로 발전했다. 1453년, 오스만제국은 동로마의 수도 콘스탄티노플을 정복하면서 비잔틴을 완전히 흡수했고 동유럽의 대부분 지역을 통치했다. 이슬람국가인 오스만제국은 기독교의 성지인 콘스탄티노플에 이어 로마까지 정복할 계획을 세웠고 지중해 전역을 이슬람화하고자 했다.

오스만제국의 침공에 대항하기 위하여 베네치아공화국은 레판토해전(1571년)을 치열하게 벌였고 가까스로 로마의 이슬람화는 막아냈지만, 지중해에서 누렸던 수백 년의 패권은 오스만제국에 양보해야 했다. 역사에서는 레판토해전을 가리켜 스페인제국과 오스만제국이 지중해에서 싸워서 스페인이 승리한 것으로 기록했지만, 이는 스페인(합스부르크 가문)의 역사일 뿐이다. 지중해에서는 베네치아공화국의 해군이 로마교황과 스페인(합스부르크) 해군의 도움을 받아서 기독교의 마지막 보루인 로마를 지키고자 전쟁을 벌인 것이기 때문이다. 그리스반도(동로마)의 콘스탄티노플 정복에 이어서 이탈리아반도의 로마를 정복하고자 했던 오스만제국을 막아선 베네치아공화국의 갤리선은 잘 싸웠지만, 대세를 거스를 수는 없었다. 오스만제국의 로마정복은 막았지만, 오랜 기간 지중해에서 누렸던 베네치아의 우월적 패권은 오스만제국에 넘어갔고 베네치아는 아드리아해만을 자신의 영역으로 보장받았다. 이에 비하여 오스만제국은 서유럽의 땅과 아드리아해를 제외한 모든 지중해의 연안 즉, 동유럽과 소아시아 그리고 북아프리카를 모두 석권한 패권국으로 등장했다.

사실상 베네치아공화국이 이끌었던 서유럽 연합군은 로마를 지키는 대신에 지중해를 오스만제국에 내놓을 수밖에 없었다. 베네치아는 상당한 자금을 오스만제국에 헌납하면서 항해의 자유를 보장받았지만, 지중해에서 누렸던 그들의 독점적 상권은 잃어버렸다. 어찌 보면 이와 같은 상황은 이미 오래전에 예견되었고 베네치아의 많은 인재와 뱃사람들은 지중해를 떠나고 있었다. 앞서 언급된 모스토와 같은 베네치아의 인재는 이베리아반도의 포르투갈이 인도로 가는 신항로를 개척하는 데 선구자적 역할을 담당했고, 그밖에도 많은 베네치아의 뱃사람들이 스페인의 신대륙 발견에 결정적 역할을 하면서 지중해보다 더 큰 대서양의 시대를 열어나갔다.

3. 베네치아공화국의 개방적 바다 문명

베네치아공화국은 성벽이 없는 개방적 도시국가였다. 바닷물로 운하길이 만들어지고 소금물이 닿을수록 더욱 단단해지는 나무 골조를 기본으로 갯벌 위에 세워진 수백 개의 인공 군도(群島)로 구성된 도시국가였다. 그런 바다의 공화국, 베네치아는 고대의 아테네와 로마의 공화국

전통을 접목한 개방적 바다 문명을 간직하고 있었다.

베네치아의 바다 정신

육상에서만 살았다면 이해하기 어렵지만, 바닷가에 살았던 경험이 있다면 베네치아의 특별한 해양 구조를 어렵지 않게 이해할 수 있다. 베네치아는 한반도 서해안의 갯벌과 비슷한 지형에 세워진 인공도시이기 때문이다. 이탈리아반도 북쪽의 동해안은 한반도의 서해안 갯벌과 비슷한 특성이 있다. 알프스산맥에서 흘러나온 포(Po)강을 따라서 아드리아해(Adriatic Sea) 연안에 형성된 자연적인 라군(lagoon), 이른바 석호(潟湖) 가운데에 있다고 볼 수 있다. 전문적 설명으로만 들으면 잘 이해가 안 갈 수도 있지만, 이탈리아의 포강을 한반도의 한강으로, 아드리아해를 황해(서해)로 생각하면 비슷한 자연환경 조건이다. 한반도의 한강 하구에서 황해를 바라보면 갯벌과 갯벌 사이, 크고 작은 석호가 많이 있기 때문이다. 예컨대, 경기도 파주의 오두산 통일전망대에서 보면 한강과 임진강 그리고 예성강과 서해가 만나는 넓은 갯벌 지역이 보이는데 이런 곳에 자연적으로 만들어진 갯벌 웅덩이에 인공섬이 만들어졌다고 보면 거의 비슷하다.

육지에서는 강물이 흘러들어오고, 바다에서는 해수가 밀려오는 완만한 갯벌 지대에 베네치아 인공섬을 만든 이유는 침략을 피하고자 함이었다. 지금도 비행기와 기찻길이 없다면 그래서 배로만 베네치아의 본섬을 가려면 능숙한 뱃사람이라도 수시로 바뀌는 물길 때문에 진입하기가 쉽지 않다. 그래서 베네치아 뱃길을 잘 아는 첩자만 없다면, 외적의 침입을 막아내기에 베네치아공화국만큼 좋은 입지조건도 없다고 할 정도이다. 물론, 베네치아의 자연환경은 좋은 점과 나쁜 점의 양면성을 극단적으로 모두 갖고 있었다. 외적 침입에 대한 방어 측면에서 보면 매우 유리하지만, 자연의 악조건으로 높은 파도와 해일, 밀려드는 토사와 퇴적물들은 베네치아공화국의 생존을 심각하게 위협했기 때문이다. 베네치아공화국이 사라진 현재의 베네치아 군도 주변에는 사방에서 밀려드는 토사와 퇴적물로 안전한 통행이 어렵고, 높은 파도와 해일로 베네치아 본섬조차 바닷물에 잠기는 경우가 빈번하다.

이처럼 바다가 생활터전인 베네치아에서 프랑크제국의 막강한 함선들을 바닷가 갯벌에서 불태우고 독립을 쟁취하면서 베네치아공화국은 시작되었다. 비록 오합지졸에 가까운 얼마 안 되는 베네치아 민병대로 싸웠지만, 베네치아의 승리는 지중해의 해상강국으로 베네치아가 떠오를 기회도 되었다. 또한, 베네치아 사람들의 의식 속에도 베네치아의 자유인들이 제국의 군대를 자력으로 격퇴했다는 자부심과 함께 베네치아공화국은 자유국가라는 의식도 확고해졌다. 베네치아공화국의 독립전쟁 승리는 대륙세력과 해양세력간 충돌에서 해양의 승리를 의미했으며 고대의 지중해 문명을 다시 복원할 수 있는 계기도 마련되었다. 베네치아공화국은 서기 9세기부터 18세기까지 약 천 년 동안, 바다의 공화국으로서 그리고 15세기 중엽까지 지중해 최고의 부국이라는 명성을 누렸다.

베네치아의 해양기업문화

전성기의 베네치아공화국 사람들은 젊은 시절, 무조건 바다로 나가야 했다. 젊은 남자가 베네치아 거리에서 두 다리로 어슬렁거리며 돌아다니는 것은 수치에 가까웠다. 베네치아공화국의 기본 정신은 뱃사람 정신이고, 언제라도 전투에 임할 준비가 되어있었지만, 평화 시기에는 항구의 시장에서 장사하면서 돈을 버는 것이 그들의 일상이었다. 나이가 들어 외지에서 바다 생활을 하기 힘든 중년이 되면 그때야 비로소 고향으로 돌아왔고 공화국에서 맡기는 다양한 공직생활에 종사하면서 생애를 마무리하는 것이 그들의 명예였다. 은퇴한 베네치아 뱃사람들은 배의 안전을 위한 검사관이 되기도 했고, 학식이 높고 정치적 경험이 많다면 공화국의 고위 공직자로 발탁되어 봉사하여야 했다. 그렇지만 베네치아공화국의 최고 공직자(도제)가 되기 위한 첫 번째 조건은 그의 뱃사람 경력이었고, 세상 각지를 돌아다니며 최고의 상인으로 돈을 많이 벌어야 공화국의 지도자가 될 수 있었다.

바다에서 프랑크제국을 상대로 독립전쟁을 벌여 승리를 쟁취했던 베네치아의 뱃사람들은 어느새 지중해 바닷가에서 돈을 가장 잘 버는 장사꾼들이 되어갔다. 지중해의 항로와 지리정보에 밝았던 베네치아 뱃사람들은 누가 어떤 물건을 어디에서 원하고 누가 그 물건을 가장 잘 공급할 수 있는가를 꿰뚫고 있었다. 13세기, 유라시아에 대한 국제적 정보를 가장 잘 알려준 인물도 베네치아의 상인이었던 마르코 폴로인 것처럼, 그들은 세계정보에 밝았던 해양기업인들이었다. 수많은 마르코 폴로와 같은 상인들로 구성된 베네치아공화국이었기에 아직 밖의 세상에 눈을 뜨지 못했던 중세의 서양에서 베네치아는 가장 강력한 해상무역국이 될 수밖에 없었다.

베네치아 사람들은 어릴 때부터 바다에 나가서 허드렛일을 하면서 노를 잡았고, 거친 풍랑을 헤치면서 생존법을 터득했다. 마치 몽골 소년들이 초원의 말 위에서 놀았듯이 베네치아의 소년들은 바다를 놀이터로 삼았다. 지금도 베네치아의 대중교통인 바포레토(vaporetto, 수상 버스)를 모는 베네치아 뱃사람의 후예들을 보면 배를 모는 기술이 예사롭지 않다. 마치 육상의 도로에서 자동차를 운전하는 것보다 더 능숙하게 배를 모는 것을 보면 옛 베네치아의 뱃사람을 떠올리게 한다. 힘든 바다 생활을 마치고 중년이 되어서 돈도 모으고 경험도 쌓은 베네치아 사람들이 바다에서 은퇴하면 그 누구도 따라올 수 없는 능숙함으로 선착장에서 배를 고치고 점검했다고 한다. 기록에 의하면 등대지기, 세관원, 선박검사관들은 대부분 은퇴한 뱃사람이었다고 하는데 항구에 문제가 생기는 순간, 물살을 헤치며 능숙하게 배를 몰아 신속히 항구의 문제를 해결하곤 했다. 번잡했던 베네치아의 선착장에서 중세시대의 어느 항구보다 가장 빠르고 효율적으로 화물선적과 하역작업이 가능했던 이유였다.

베네치아의 대표기업, 콜레간자

베네치아 역사상 가장 유명한 상인을 한 명만 소개하라면 마르코 폴로보다 엔리코 단돌로(E. Dàndolo)를 들 수 있다. 단돌로는 베네치아를 대표하는 최고지도자인 동시에 상인이었고, 외교관이면서 전장의 사령관으로서 베네치아를 최고의 부국으로 만드는 데 결정적 역할을 했기 때문이다. 그는 젊은 시절부터 무역업에 종사한 까닭에 바다를 잘 알았고 바다의 각 항구에 대한 풍부한 지식과 경험을 쌓았던 뱃사람 상인이었다. 그는 베네치아 사람들이 가장 존경하는 최고지도자로 평가받았음에도 불구하고 자신을 기념하는 조각상을 하나도 만들지 않았다. 인간을 우상화하여 왕을 만드는 것을 거부했던 베네치아의 철저한 공화주의에서 비롯된 까닭이었다.

이와 같은 베네치아의 공화주의 정신과 개방적인 해양문화 속에서 등장한 초기형태의 주식회사 또는 현대판 벤처회사가 콜레간자(colleganza)라고 할 수 있다. 콜레간자는 자본을 가진 자(투자자)와 열정을 가진 자(젊은 상인) 사이에 계약을 체결하면서 시작되었는데 지극히 상업적인 거래를 기반으로 맺어진 비즈니스 파트너십이었다. 투자자는 일정액을 젊은 상인에게 투자하여 항해에 따르는 위험성을 회피하는 대신, 젊은 상인은 투자금을 받아서 선박과 상품을 구매하였고 바다 밖에 나가서 열심히 상품을 팔아서 돈을 벌어왔다. 외국에 나가서 무역하는 긴 여정에서 안전하게 귀국하여 돌아온다면 큰 이익을 낼 수 있지만, 배가 난파하거나 해적을 만나서 상품을 약탈당하면 돈을 모두 잃을 수도 있었다. 오늘날 미국 서부 연안의 실리콘 밸리에서 활발히 행해지는 벤처투자처럼 투자자는 고수익, 고위험을 감수해야 했고 자본이 없는 젊은 뱃사람도 큰돈을 벌 기회를 잡을 수 있었다. 통상적으로 콜레간자 계약에서는 투자자가 수익금의 3/4, 젊은 상인은 수익금의 1/4을 얻는 것으로 계약되었는데 만일, 배가 난파되거나 해적들에게 약탈당하면 투자자의 돈은 모두 날릴 수 있었다. 따라서 베네치아의 콜레간자에서 투자자는 하나의 콜레간자에 전 재산을 투자하는 것이 아니라 여러 개의 콜레간자에 분산투자하는 것이 일반적이었다.

셰익스피어가 1596년에 쓴 <베니스의 상인>에 나오는 주인공 안토니오도 베네치아 상인 출신의 콜레간자 투자자였다. 직접 배를 타고 나가서 상품을 파는 상인이었다가 자본을 축적하면서 콜레간자 몇 개에 자본을 투자하고 운용하는 상인이었다. 그는 자신의 사업을 설명하면서 "한 척의 상선이나 한 곳에만 나의 모든 운을 걸고 모험하진 않으며, 한 해의 운수에 내 모든 재산을 모두 거는 것도 아니라네."라고 말하는 제1막 1장의 내용은 이를 뒷받침해준다. 여러 개의 콜레간자가 있기에 위험성을 분산할 수 있다고 말한 것인데 이는 오늘날로 치면 주식회사 또는 벤처회사를 합친 것과 비슷한 콜레간자를 몇 개 운영하면서 위험성을 분산하는 방식으로 볼 수 있다. 이러한 베네치아의 콜레간자 방식을 16세기의 영국인 극작가 셰익스피어가 글로 썼다는 것은 신기할 수도 있지만, 베네치아공화국의 콜레간자 방식은 이미 유럽의 변방이었던 영국에도 잘 알려진 투자회사방식이었고 그런 콜레간자에 영향받아 17세기에는 네덜란드와 영국에서도 비슷한 회사가 만들어졌다.[2)]

4. 베네치아의 실용적 상업주의

중세시대는 군주의 세속적 권력과 교회의 종교적 권위가 복합적으로 작용했지만, 프랑크제국의 침공을 격퇴한 베네치아공화국은 어떤 왕의 명령이나 어느 교황의 파문도 두렵지 않았다. 베네치아는 공화국이었고 시민들의 권리가 법으로 보호되었으며 상업적 실용주의를 국가의 이념으로 삼은 나라였다. 베네치아에 있어서 중요한 것은 명분보다는 실리였으며 그들은 공화국의 공동체 이익을 중시했다.

---

2) 베네치아의 국제무역회사 형태였던 콜레간자(colleganza)는 훗날 17세기, 북네덜란드의 암스테르담을 중심으로 만들어진 연합 동인도회사(VOC)와 잉글랜드 동인도회사(EIC)의 모태였다. 이와 관련된 상세한 내용은 <국가의 부와 복지>(2019)에 소개되어 있다.

베네치아의 실용주의

로마교황청의 가톨릭, 동로마(비잔틴)제국의 정교회, 중동지역과 북아프리카의 이슬람 국가들은 모두 하나님을 향한 비슷한 종교적 믿음에 기반을 두고 있었다. 단지 신앙의 방향이 조금씩 달라서 서로가 반목했던 까닭에 각기 필요한 것이 상대 지역에 있어도 자유롭게 갈 수도 없고 교류하기도 어려웠다. 이런 틈바구니에서 베네치아는 서유럽, 동유럽, 그리고 중동지역과 북아프리카를 자유롭게 오가면서 물건을 사고팔면서 돈을 벌었다. 베네치아 하면 '베니스의 상인'을 떠올릴 정도로 베네치아는 지중해의 거의 모든 나라와 지역들을 오가면서 상거래를 했고 상업으로 이익을 창출했다. 이처럼 무역상이면서 뱃사람이었던 베네치아 사람들은 농업 활동은 거의 하지 않았지만, 당대 최고의 상인들로서 많은 돈을 벌고 있었다.

그런데 그런 베네치아 상인들이 떼돈을 벌 기회가 열렸다. 11세기, 지중해에서 대규모의 십자군 전쟁이 계속 일어났고 이로 인하여 엄청난 전쟁 특수가 발생한 것이다. 서유럽의 십자군은 지중해를 거쳐 북아프리카와 중동의 예루살렘으로 향했는데 이때, 십자군을 수송할 대규모의 선박과 많은 뱃사람이 필요했으며 동시에 엄청난 규모의 식량과 전쟁 장비들도 필요로 했다. 베네치아공화국은 마치 십자군 전쟁을 미리 대비한 나라처럼 십자군 활동에 필요한 거의 모든 것을 다 갖추어 조달하였다. 일찍이 베네치아는 로마교황청과 비잔틴제국의 반대에도 불구하고 아프리카와 중동지역의 국가들과 빈번히 교류했기 때문에 예루살렘으로 가는 바닷길을 그 누구보다 잘 알고 있었다. 베네치아 사람들은 대부분 기독교인이었지만, 로마 가톨릭교회, 그리스 정교회의 어느 쪽에도 속하지 않았다. 그런 베네치아 사람들에게 십자군 전쟁은 지중해의 돈을 모두 쓸어 담을 최고의 기회였다.

베네치아공화국은 유럽왕국의 다국적 군대인 십자군에게 무기 및 식료품 등을 공급해주는 조건으로 자국의 상인들이 현지에서 활동할 상업적 거점을 요구했다. 안티오키아, 베이루트, 트리폴리, 예루살렘, 키프로스, 알레포, 콘스탄티노플, 이집트 그리고 북아프리카의 여러 도시에 중요한 무역거점을 세우거나 시장을 관리할 권한을 받아낸 것이었다. 베네치아의 공화국 정부가 베네치아의 상인들을 위하여 활동 터전(시장)을 만들어 주었다면, 상인들은 그 터전을 기반으로 돈을 벌었고 그 가운데 상당한 액수를 떼어내어 시장을 만들어 준 공화국 정부를 위하여 세금을 냈다. 상인들이 낸 막대한 세금은 공화국을 부자로 만드는 종잣돈이 되었고 이것이 베네치아 국부론의 출발점이었다. 베네치아의 공화국 정부와 베네치아의 상인들은 마치 한 몸처럼 일사불란하게 움직였다. 그런데 십자군 전쟁의 어느 시점에선가 베네치아 상인들은 그 누구도 예상치 못했던 엄청난 잠재력을 지닌 동양에서 온 작은 상품을 발견하였다. 십자군 전쟁을 통해서 베네치아 상인들이 찾아낸 최고의 히트상품은 바로 검은 후추(black pepper)였다.

베네치아의 후추 독점사업

후추는 베네치아공화국의 국운을 바꾼 상품이었다. 십자군 전쟁을 통해서 중동지역에 파병되었던 서유럽의 중세인들이 동양에서 온 후추와 향신료의 맛을 보았다. 육류를 주식으로 삼았던 서유럽인들에게 동양의 후추와 향신료는 신기한 맛이었다. 후추는 육류 고기의 맛을 더욱 풍미 있게 만들어 주었고 고기의 보관과 유통기간도 늘려주는 놀라운 상품이었다. 십자군 전쟁을 통하여 알게 된 후추와 향신료는 십자군들이 자신의 고향으로 돌아간 이후 결코 잊을 수 없는 맛이 되었고 그들은 비싼 값을 내더라도 기꺼이 동양에서 수입한 후추를 구매했다. 후추의 맛을 안다는 것은 자신이 십자군이었음을 증명하는 것이고 이는 그들의 종교적 헌신에 대한 과시와 허영심을 충족시키는 역할도 했다. 말레이-인도네시아 지역에서 인도와 중동을 거쳐 지중해에 다다르면 작고 까만 후추의 값은 금값보다 비쌀 정도로 가치가 뛰었다. 검은 황금으로 불렸던 후추의 상품적 가치는 엄청났으며 베네치아의 상인들이 베네치아공화국 정부의 철저한 보호를 받으면서 지중해의 후추구매에 대한 독점권을 확보하였다. 베네치아공화국과 공화국의 상인들은 15세기 중엽까지 후추(향료) 무역에서 독점적 지위를 누렸고 이를 통하여 엄청난 이익을 냈으며 막대한 국부를 축적할 수 있었다.

베네치아공화국은 십자군 전쟁과 후추의 독점판매 사업으로 국부를 축적했지만, 누구도 예상치 못했던 더 큰 기회와 위기가 동시에 발생했던 적도 있었다. 그것은 13세기 초에 일어났던 제4차 십자군 전쟁에서 비롯되었다. 당시의 상황은 십자군 전쟁이 3차까지 진행된 상황에서 뚜렷한 성과도 없었던 신앙적으로 회의감이 일었던 혼미한 상황이었다. 서유럽 왕국들은 내부적 상황도 혼란스러워 대외적인 십자군 활동에 관심을 기울일 수가 없었다. 그래서 로마교황은 왕이 아닌 봉건영주인 귀족들에게 십자군의 사명을 부여하면서 그들의 신앙적 충성을 요청하기 시작했다. 그리고는 로마교황이 직접 베네치아에 특사를 파견하여 프랑스의 봉건영주들이 이끄는 대규모의 십자군들을 예루살렘이 있는 중동 지역까지 수송해 줄 수 있는가를 문의하였다. 교황의 요청을 받은 베네치아공화국은 실리적 측면에서 매우 좋은 기회라고 판단했다. 암암리에 중동지역과 교역하면서 로마교황과 베네치아공화국이 긴장 관계에 있었는데 이를 해소할 수 있는 좋은 계기가 될 수 있었기 때문이었다.

베네치아공화국이 중동무역에 대하여 공식적인 허가를 요청하자 로마의 교황은 당혹스러워했지만 어쩔 수 없이 베네치아의 중동무역을 승인할 수밖에 없었다. 교황의 중동무역승인 이후, 교황의 십자군 수송을 공식적으로 요청하는 교지를 들고 프랑스기사단이 1201년 베네치아공화국을 방문했고 대규모의 십자군 수송계약은 성사되었다.[3] 그런데 십자군들은 약정했던 군자금과 수송비는 내지 않고 서유럽 각지에서 몰려든 군인들만 베네치아 항구 앞에 모여서 때만 기다리고 있었다. 자칫하

3) 프랑스의 샹파뉴 지역 영주인 보두앵을 중심으로 구성된 프랑스기사단들이 제4차 십자군 육군의 주력부대를 담당했다. 제4차 십자군을 주창했던 로마교황(이노첸시오 3세)은 보두앵 영주를 비롯한 서유럽의 귀족들이 참전하도록 독려했고 그들은 베네치아공화국의 함대와 함께 출병하게 되었다. 그렇지만 제4차 십자군은 중동지역으로 향하지 않았고 여러 우여곡절을 겪은 후에 동로마의 수도, 콘스탄티노플을 정복하게 되었다.

면 굶주린 십자군들이 난동을 부리며 베네치아를 약탈할 위험성까지 보일 정도였다. 난감한 상황에서 베네치아공화국은 프랑스기사단 수뇌부에게 은밀한 상업적 거래를 제시하면서 위기를 모면할 기회를 만들고자 했다. 베네치아공화국은 부족한 군자금과 수송비를 대신하여 헝가리 왕이 빼앗아간 자라(Zara) 항구를 재탈환하는 작전에 십자군이 동참할 것을 요구했고, 채무자(십자군)는 어쩔 수 없이 채권자(베네치아)의 요구에 응하였다. 헝가리왕국에서 자라 항구를 탈환하면서 자연스럽게 대규모의 십자군 병사들도 베네치아 항구를 떠나 다른 항구로 이동하게 되었다.

제4차 십자군 전쟁과 베네치아

제4차 십자군이 기독교 국가인 헝가리왕국을 공격했다는 소식에 로마교황은 격노했고 베네치아는 물론이고 십자군 전체를 파문하는 사건이 벌어졌다. 아무리 실리를 추구하는 베네치아공화국이라 하여도 교황의 파문을 공개하는 것은 향후의 사태 진전에 도움이 되지 않는다고 판단했다. 베네치아의 고위급인사들은 교황의 파문 사실을 교묘히 감추었으며 자국의 시민은 물론이고 십자군에게도 당분간 비밀로 하였다. 이런 혼란한 와중에 동로마의 비잔틴제국에서 탈출해 온 제국의 황태자가 십자군 지휘함선을 은밀히 방문했다. 황태자는 삼촌이 아버지를 몰아내고 황위를 찬탈했는데 자신의 황제권을 되찾아준다면 이집트(알렉산드리아) 원정에 필요한 모든 군자금과 수송비 일체를 제공하겠다고 약속했다. 돈이 없어서 십자군 원정을 떠나지 못하는 상황에서 그 제안은 뿌리칠 수 없는 유혹이었다. 헝가리도 공격했던 제4차 십자군이 비잔틴제국이라고 공격 못 할 이유는 없었다. 기독교 문화권의 성지이며 동로마(비잔틴)제국의 수도인 콘스탄티노플을 향한 제4차 십자군 공격은 이렇게 감행되었다.

1203년 6월, 베네치아의 대규모 함선에는 베네치아 해병들과 함께, 프랑스기사단의 수뇌부와 더불어 제4차 십자군의 많은 병력이 올라탔다. 베네치아 함대는 아드리아해를 빠져 나와서 그리스로 접어들었고,

거대하고 아름다운 콘스탄티노플 성곽 앞에 조용히 접근하여 정박하였다. 십자군이 예루살렘으로 가는 도중에 잠시 정박한 정도로 알고 있던 동로마(비잔틴)제국의 황제는 다소 의아하게 생각했지만, 자신을 향해서 십자군이 공격할 것으로는 꿈에도 생각하지 못했다. 얼마후, 십자군이 예루살렘으로 가는 것이 아니라 제국의 황위 쟁탈전에 끼어들어 콘스탄티노플을 공격할 준비를 하고 있다는 사실을 안 순간, 제국의 황제는 코웃음을 쳤다. 노쇠하고 쓰러져가는 제국의 콘스탄티노플이었지만, 오합지졸의 십자군 정도는 충분히 막아낼 수 있었기 때문이었다. 사실, 제4차 십자군을 구성했던 서유럽 출신의 병사들은 화려하고 웅장한 콘스탄티노플 대성곽을 바라보면서 도저히 싸울 엄두를 내지 못하고 있었다. 용맹하다는 프랑스기사단도 성스러운 도시, 콘스탄티노플을 어떻게 공격할지 주저하고 있었을 뿐이었다.

그렇지만 90세의 베네치아 최고지도자, 단돌로가 이끄는 베네치아공화국의 해군들은 십자군들과 달랐다. 앞서 설명하였지만, 베네치아공화국의 해병들은 대부분 뱃사람 출신의 상인들이었다. 콘스탄티노플에서 장사했던 경험이 있었고 동로마(비잔틴)제국의 강점과 약점을 누구보다 가장 잘 알고 있던 공화국의 뱃사람들이었다. 한때는 베네치아가 자청하여 제국을 종주국으로 모시고자 공을 들였지만, 그들은 제국의 황제를 우스운 상대로 볼 수 있는 자유인이었다. 난공불락처럼 보이는 거대한 콘스탄티노플의 성곽 앞에서 어떻게 제국을 정복할 수 있는가를 그들은 알고 있었고, 단돌로의 지휘하에 거대한 성을 정복할 수 있었다. 제4차 십자군 전쟁에서 베네치아공화국은 프랑스의 귀족들과 함께 콘스탄티노플을 공격한 파렴치한으로 비난받았지만, 사실은 십자군에게 약탈당할 베네치아가 위기를 기회로 만든 것일 수도 있었다. 어쨌든 서유럽의 프랑크제국에 이어서 동유럽의 동로마(비잔틴)제국까지 패퇴시킨 베네치아공화국은 지중해의 해양패권을 차지할 수 있었다. 더욱이 동로마의 수도, 콘스탄티노플에 보관되어 있던 모든 황금 보물과 서적들은 단돌로 도제의 은밀한 지령을 받으면서 공화국의 함선으로 옮겨졌고 그 이후, 수백 년 동안 베네치아는 가장 많은 황금을 보유한 핵심도시로 지중해의 중심권역을 형성할 수 있었다.

5. 베네치아식 은행의 탄생

베네치아의 실용적 상업주의는 베네치아를 지중해 최고의 부국으로 만들었고 베네치아의 부는 근대적 의미의 은행을 탄생시킬 수 있었다. 14세기의 베네치아 리알토 지역에서 활동하던 자코모 교회당 주변의 환전상과 대부업자들, <베니스의 상인>에 등장했던 샤일록 같은 사람들이 돈과 신용을 창출하는 은행을 만든 것이다.

근대적 의미의 은행 탄생

대규모 국제무역을 하기 위해서는 국제적 금융지원업무가 필수적으로 요청된다. 그런데 이와 같은 국제적 금융지원기능이 언제 어디에서 어떻게 개발되었는가를 묻는다면, 그 해답 가운데 하나는 베네치아의 리알토 상점 거리에서 찾을 수 있다. 베네치아가 국제무역항으로 발전하면서 리알토 인근에는 수많은 나라에서 온 사람들이 자기네 물건을 팔기 위한 상점을 열었고 온갖 종류의 화폐로 가격을 흥정했다. 그렇지만 각 지역의 화폐는 그 가치가 제각각이어서 정상적인 상거래를 하려면 화폐의 값어치를 정확히 알아야 했다. 그 다양한 화폐의 가치를 독보적으로 정확히 알고 있던 사람들은 단연 유대인들이었다. 지중해의 각 지역에 퍼져 살았던 유대인은 여러 지역의 사정을 그 누구보다 잘 알고 있었고 각종 화폐의 가치도 정확히 평가했다.

십자군 전쟁을 계기로 많은 유대인이 베네치아공화국으로 이주해왔고, 그들은 자신이 가장 잘 할 수 있는 직업으로 돈으로 할 수 있는 환전상을 택했다. 로마제국에 의하여 팔레스타인에서 쫓겨난 유대인은 서양에서 토지[不動産]를 소유하거나 경작할 수 없었지만, 세상을 떠돌며 각 지역의 화폐[動産]와 귀금속은 소유하고 교환할 수 있었다. 유대인은 화폐를 이용하여 가치 있는 무엇인가를 생산하려면 어찌해야 하는가를 누구보다 절실하게 잘 아는 민족이 되었다. 가장 초보적인 단계로 다양한 화폐를 이용하여 가치를 생산하는 방법은 환전업무였다. 베네치아가 지중해의 중심권역을 형성하면서 유대인의 환전업무도 날개를 달았으며 각 지역에서 몰려온 상인들은 서로 다른 화폐를 유대인의 환전상 탁자에 내밀었다. 유대인은 화폐들의 적정 가치를 객관적으로 평가한 이후, 원하는 화폐로 교환해주면서 일정한 수수료를 받았는데 이는 오늘날의 은행 환전업무와 크게 다르지 않았다.

오늘날에는 미국의 달러가 여러 화폐를 평가하는 기준통화로써 세계의 기축통화 역할을 하지만 13세기부터 18세기까지는 베네치아공화국의 금화였던 두카토(ducat)가 미국 달러와 비슷한 역할을 했다. 일단 두카토는 가장 신뢰할 수 있는 순금으로 만들어진 금화였고 신뢰를 중시하는 베네치아공화국에서 국가보증의 화폐로 유통되었기에 가장 믿을만한 화폐였던 셈이다. 두카토를 기준으로 다양한 화폐 가치를 평가, 교환해주는 유대인의 환전소도 이익을 많이 냈는데 특히, 금화를 맡아주고 금(화) 보관증을 발행하여 주는 금융서비스도 제공하기 시작했다. 무게가 많이 나가는 금화를 직접 지니고 다니면서 값을 치르는 것보다 금(화) 보관증을 주고 물건을 사는 것이 훨씬 안전하고 편리했기 때문이었다. 그런데 이 과정에서 유대계 환전상들이 발행해 주었던 금(화) 보관증은 어느새 지폐(은행권)처럼 사용되기 시작했고 환전상은 그런 금(화) 보관증을 통하여 엄청난 가치를 창출할 수 있는 혁신적 아이디어를 찾아냈다. 금화를 보관해주면서 발급해주는 금(화) 보관증을 이용하면, 새롭게 추가적인 신용을 창출할 수 있고, 이 과정에서 생겨난 추가적 신용으로 더 큰 이익을 얻을 수 있음을 발견한 것이다.

베네치아 유대인의 금융업

좋게 표현하면 금융업이지만 어쨌든 돈놀이하는 대부업자에 유대인이 많았던 것에는 이유가 있었다. 앞서 언급한 것처럼 유대인은 토지를 소유하거나 경작할 수 없었고, 기독교사회에서 천시하거나 금기시했던 환전상, 대부업자 정도만 할 수 있었기 때문이었다.[4] 농업이 기본 직업이었던 시대에 가해진 유대인에 대한 가혹한 처벌이었지만, 유대인은 그 굴레를 거꾸로 이용하여 이익을 낼 방법을 찾아내곤 했다. 십자군 전쟁을 계기로 지중해에서 상업 활동이 활발해지고 화폐 사용량도 증가하면서 중동지역과 북아프리카에 흩어져 있던 유대계 인재들이 베네치아의 리알토 상업지구로 몰려들었다. 그들은 다양한 유대 족속 가운데에서도 교육수준이 높고 이재에 밝았던 인재집단이었는데 북아프리카의 알렉산드리아, 중동의 시리아, 그리고 이베리아의 지중해 연안에 분포되어 살다가 베네치아공화국으로 몰려온 것이다.

지중해의 각 지역에서 모여든 유대인은 무역업, 수공업, 그리고 금융업에 종사했는데 그 가운데에서도 금융업은 독보적이었다. 금융업과 관련해서는 로마의 교황청까지 나서서 대부업을 해서는 안 된다고 규제했기 때문에 금융업 분야에는 길드(조합)도 없었고, 그래서 자연스럽게 유대인의 영역이 될 수 있었다. 본래의 의도는 아니었겠지만, 결과적으로 로마교황청은 유대인에서 금융업을 할 수 있도록 특권을 부여한 셈이었다. 지금도 베네치아의 리알토 다리 근처에 가면 당시의 유대인이 환전과 대부업을 했던 공간들을 찾아볼 수 있는데 큰 시계가 붙어있는 자코모 교회 옆 작은 점포도 대표적 장소 가운데 하나였다. 자코모 교회당은 12세기경에 지어졌다고 하니 천년의 세월을 간직한 오래된 교회

---

4) 12세기 서양의 기독교도 사이에서는 돈을 빌려주고 이자 받는 것을 금기시했다. 로마교황청의 1179년 결정(제3차 라테란 공의회)은 이러한 상황을 증명하는 데 이는 비슷한 시기의 동양 즉, 고려와 송의 그것과 큰 대비를 이룬다. 13세기에 들어서서 유라시아 대륙을 평정한 몽골제국은 국제무역을 원활히 하기 위한 교통망을 정비했을 뿐만 아니라 상업 활동을 편리하게 하는 지폐를 보편적으로 사용할 수 있게 하여 금융업도 크게 활성화했다. 그러나 14세기, 동양의 조선과 명은 유교를 숭상하고 농업을 나라의 근간으로 삼았으며 상업을 경시하여 화폐의 유통 자체를 줄이게 되었다. 시대에 따라서 동양과 서양은 서로 다른 가치관을 가졌는데 15세기에 들어오면, 서양은 종교적 이데올로기에서 벗어나 점차 개방화되고 상업을 중시하는 사회로 바뀐 데 비하여 동양은 종교적 이데올로기를 강화하고 상업을 멸시하면서 쇠락의 길을 걷게 된다. 16세기를 맞이하면서 서양은 대항해 시대로 국부를 축적했지만, 동양은 중앙집권적 전제군주의 권한만 강화된 상황에서 빈곤의 악순환을 겪었다. 그 결과, 19세기의 동양은 서세동점(西勢東漸)의 치명적 상처를 입게 되었다.

당이지만, 크기가 작아서 자코메토 성당이라는 별칭이 있다. 교회의 정면에는 큰 원형 시계가 달려있고 그 아래 가운데에는 교회 입구가 있으며 오른쪽 옆에는 특이하게도 작은 상점 하나가 붙어있다.

자코모 교회당의 옆에 붙어있는 작은 상점은 햇빛과 비를 피하기 위한 차양을 쳐 놓고 그 아래에서 현재는, 아이스크림과 와플이 팔리고 있다. 상점 주인은 자신의 가게가 어떤 중요한 의미를 지니고 있는지 전혀 모르는 눈치이지만, 어쨌든 이 가게가 오늘날의 근대식 은행의 출발지점이라는 증거는 여기저기에 남아있다.[5] 무심결에 지나칠 수 있지만, 대부분의 은행에 들어가면 정면의 잘 보이는 곳에 시계가 달려 있는 것을 볼 수 있는데 이는 자코모 교회당의 커다란 원형 시계에서 유래되었다는 주장도 있다. 작은 교회당의 큰 시계, 그 옆의 작은 가게 천막 아래에서 테이블보를 싼 책상을 사이에 두고 상담하는 것은 현대식 은행에서도 그런 것처럼 창구를 사이에 두고 은행직원과 손님이 대화하는 모습과 비슷하다. 시간을 잘 지키는 은행의 영업시간, 환전소가 있는 은행, 그리고 깨끗한 복장으로 창구에서 손님을 대면하는 은행원의 일상 등은 자코모 교회당 옆의 작은 상점, 아니 작은 은행에서 비롯됐다는 것과 밀접한 연관성을 지니고 있다.

유대계 금융인이 선보인 다양한 은행 기능

은행의 화폐적 신용업무를 일찍부터 발견했던 환전상 출신의 베네치아 금융인들은 이전에 볼 수 없었던 다양한 은행 업무를 선보이기 시작했다. 베네치아의 환전상이 은행으로 변모하면서 지로(GIRO)를 이용한 업무도 활성화된 것이다. 지로는 대차관계를 결제하거나 공공요금을 낼 때, 직접 현금이나 수표를 이용하지 않고 금융기관의 예금계좌를 통

5) 알렉산드로 마뇨(A. Magno)의 연구(2013: 348~357)에서는 중세 이탈리아 작가 프란체스코 산소비노의 현장 설명과 당시의 경관을 묘사한 그의 그림을 근거로 활발했던 리알토 다리 인근의 자코모 성당과 그 앞에 펼쳐진 자코모 광장의 금융가 거리를 설명하고 있다. 그 가운데 근대적 은행의 모태가 되는 자코모 성당에 붙어있는 가게와 광장의 방코 지로 가게에 대한 묘사는 매우 흥미롭다(<뉴욕 갤러리 2>(본서 181페이지)의 관련 사진 참조).

해서 편리하게 결제하는 방식이었다. 은행은 자신들의 금융연계망을 이용하여 지급자 예금계좌에 있는 돈을 수취인 예금계좌에 입금하는 편리한 금융서비스를 제공했던 셈이다. 오늘날의 우리에게는 익숙한 지로제도이지만, 그 기원을 살펴보면 오래전 중세시대의 베네치아 은행거래에서도 발견된다. 동지중해의 상업대금 지급방식에서 시작되어 베네치아식 용어로 지로(GIRO)로 불렸고, 점차 서유럽에 보편적으로 적용된 근대적 금융서비스 업무라고 볼 수 있다.

베네치아 은행에서는 지로 업무를 비롯하여 당좌대월과 수표업무를 포함한 환어음(Bill of Exchange)까지 폭넓게 개발하여 활용했다. 환어음은 일정한 장소에서 해당 어음을 제시한 사람에게 돈을 지급할 것을 위탁하는 증권으로서 원거리 무역에서 주로 사용되었다. 오늘날과 같이 통신과 인터넷이 발달하지 않았던 당시에 어떻게 이런 지로 업무와 환어음이 사용 가능했는지 상상하기 어려울 수도 있다. 그렇지만 무역을 담당하는 상대방 원격지점에 믿을만한 인적 네트워크(agent)가 있다면 가능한 일이었다고 한다. 지중해 연안에서 유목민처럼 떠돌았던 유대인들은 언제든지 상황이 변하면 떠나야 했고 그래서 유대인들은 각 지역의 정치적 경제적 상황에 민감하게 반응했으며 서로 도울 수 있는 인적자산이 끈끈하게 형성되어 있었다. 유대인은 언제라도 자신의 자산을 유동화할 수 있어야 했기에 금화, 은화와 같은 경화(硬貨)를 중요시했고, 동시에 돈을 보내고 받는 기능을 중요시할 수밖에 없었다. 이런 배경에서 유대계 은행은 베네치아 상인이 원격지에서 상품을 구매하고 매각할 때, 금융적으로 무역업무를 편리하게 지원할 수 있는 인적 네트워크를 갖출 수 있었다.

높은 교육수준과 화폐를 다루는 기술을 갖고 있지만, 떠돌이 생활을 할 수밖에 없었던 유대인들은 그들의 직업으로 금융업에 최적화되어 있었다. 팔레스타인에서 쫓겨난 유대민족이 각지에 흩어져 살면서 그들은 민족적 유대감과 신앙생활을 같이 하면서 끈끈한 공동체로 연결되었고, 그것은 각국의 이해관계와 국경선을 초월하는 것이었다. 세속적 국가권력에 의하여 정권이 바뀌면 언제든지 추방될 수도 있었던 유대인이어서 오히려 유대공동체의 내부적 연계성과 개인적 신뢰는 매우 중요시되었고 그 결과, 원거리 무역을 지원하는 국제금융 업무에서도 큰 역할을 할 수 있었다. 경화(금화)가 없어도 종이에 기록된 내용을 상호 믿고 상품을 매매할 수 있는 신뢰할 수 있는 금융 관계를 형성하면서 유대계 금융인들은 베네치아 상인들의 무역 범위를 더욱 넓게 확장해 주었다. 베네치아에서 발전한 국영은행의 관행도 그 근저에는 유대계 금융인들의 역할이 있었기에 가능했고 그들의 후손들은 17세기 암스테르담의 외환은행, 18세기 영국의 잉글랜드은행 설립에도 큰 영향을 주었다.[6)]

6. 근대공화국의 설계자, 베네치아의 3대 특성

중세 유럽의 공화국이었지만 베네치아는 네덜란드의 근대적 공화국을 탄생시키는 과정에서도 결정적 역할을 했다. 마치, 부모가 자식에게 유산을 물려주듯이 엄청난 금융 지원을 했지만, 그것보다 더 큰 것은 부모의 유훈을 전달하는 것이 공화국의 특성을 고스란히 이전하였다. 중세의 어느 국가보다 민주적이고 보편적이었던 베네치아는 효율적 관리주의와 정치적 반독점주의를 공화국의 특성으로 남겼다.

---

6) 1164년 베네치아의 치아니(S. Ziani)는 많은 액수의 돈을 국가에 빌려주고, 그 대가로 11년 동안 리알토 시장의 조세수입을 배당받은 사례가 있다. 이와 비슷한 사례는 앞서 제1장에서 살펴본 바와 같이 아라비아 대상인과 몽골제국의 대도 황실 사이에서도 긴밀히 이루어진 바 있었다. 13세기와 14세기를 전후로 베네치아의 공화국 정부는 전쟁에 드는 막대한 전비를 조달하기 위하여 연 5%의 공공채권을 발행하여 전쟁비용을 충당한 적도 있었는데 이는 영국에서 근대적 은행이 출범하는 배경과 비슷한 선행 사례였다. 한편, 16세기에 접어들어 중소상인들이 파산하면서 베네치아의 공화국 정부는 부실한 개인은행을 해산시키고 안전한 공공은행의 설립 필요성을 인식하게 되었는데 그 결과, 1587년에 국영은행인 리알토 은행(Banco della Piazza di Rialto)을 세우게 되었다(2013년의 A. Magno의 연구 참고). 베네치아의 국영은행은 몇 차례의 변화를 겪으면서 17세기 초, 하나밖에 없는 유일한 국영은행인 지로은행(Banco Giro)으로 발전했는데 이런 국영은행의 설립 사례는 곧이어 암스테르담의 외환은행(Amsterdam Exchange Bank)과 영국의 잉글랜드은행(Bank of England)의 설립에 결정적인 영향을 주었던 것으로 평가된다.

민주적 보편주의

베네치아공화국은 중세시대의 나라였지만 어떤 중세국가에서도 찾기 어려운 민주적 보편주의를 지녔다. 해양폴리스였던 고대 아테네의 특성도 닮았지만, 베네치아의 민주적 보편주의는 거친 바다라는 자연적 악조건과 깊은 관련성을 갖고 있었다. 자유를 열망하면서 자발적으로 모여든 베네치아 공동체는 거친 바다 위에서 생존해야 했기에 자연의 순리를 담은 합리적 법리라는 자연법이 베네치아의 기본 원칙이었다. 자연의 이치를 거스른다면, 바다의 공동체는 공멸할 수밖에 없었고, 엄청난 자연이라는 악조건 앞에서 그 누구도 특권적 지위와 특별한 대우를 요구할 수 없었기 때문이었다. 인위적인 권력 관계가 아닌 자연적 질서 측면에서 베네치아는 자연스럽게 자연법적 사고를 터득하였고, 이는 베네치아공화국의 기본법이기도 했다.

이러한 베네치아공화국의 자연법적 특성에 대해서 잘 이해하고 있던 대표적 인물로 마키아벨리를 들 수 있다. 16세기 초, 피렌체 사람이었던 마키아벨리는 그가 저술한 <로마사 논고>에서 과거의 로마공화국뿐만 아니라 자신이 살고 있던 동시대의 베네치아공화국에 대해서 매우 상세한 기록을 남긴 바 있다. 그는 피렌체공화국과 달리 바다의 공화국인 베네치아는 빈번히 직면하는 혹독한 자연환경을 극복하기 위한 자연법적 질서가 매우 강한 공동체라고 평가했다. 또한, 다양한 이주민으로 구성된 베네치아공화국이지만, 그들은 어떤 나라의 어느 시민보다 자기 나라에 대한 주인의식이 매우 뚜렷했다고도 언급한 바 있다. 국가에 대한 인식이 거의 없었던 중세시기에 마키아벨리는 베네치아공화국이 지니고 있었던 시민의 주인의식을 간파하면서 베네치아가 강대국이 될 수 있었던 중요 원인이라고 지목한 것이다.

베네치아 갯벌의 인공섬으로 유입된 이방인들에게 애당초 신분 계급의 존재 여부는 큰 의미가 없었고, 모든 이방인은 평등한 자유인이었을 뿐이었다. 베네치아 갯벌에서 기득권을 주장할 수 있는 토착민은 거의 없었고, 바다 위에 만들어진 인공섬에서 모두 평등하게 서로 협력하여야 극한적 자연을 함께 극복할 수 있고 함께 생존할 수 있었다. 누구도 자신을 왕으로 칭할 수 없었고 누구도 자신을 특권적 지위를 지닌 특별한 자라고 할 수 없었다. 그것이 민주적 보편주의를 지닌 베네치아공화국의 특성이었고 중세시대에 근대시대를 준비했던 인재들을 향하여 베네치아가 전달했던 강력한 메시지였다. 베네치아에서는 "우리는 자유롭지만, 동시에 우리는 함께 한다."라는 의식이 강했고 베네치아의 자유주의, 자연법사상, 공동체주의는 공화국을 형성하는 기본 토대였다.

정부의 효율적 관리주의

중세의 왕국과 구분되는 베네치아공화국이 지녔던 근대적 요소는 어떤 지도자나 영웅도 근본적으로 신뢰하지 않는 것에서 비롯되었다. 베네치아공화국은 정부를 조직하고 운영하는 데 있어서 일반적인 공무원은 물론이고 최고위급 지도자까지도 그의 역량과 능력을 신뢰하지 않는다는 전제조건에서 조직을 만들었다. 공화국에서 어떤 인물에게 어느 직책에서 일하도록 지명할 경우, 그 개인은 자신의 능력을 발휘할 수 있도록 상당한 권한을 위임받지만, 동시에 자의적으로 권력을 행사할 수 없도록 여러 제도적 장치를 치밀하게 마련해두었다는 것이다. 특히, 조직 구조의 상호 견제시스템에 의하여 조직은 자율적으로 운영되지만, 서로를 조심스럽게 통제하면서 조직에 문제가 발생하지 않도록 사전예방하는 관리체계가 매우 잘 갖추어져 있었다고 평가된다. 베네치아의 공화국 정부는 마치 근대 또는 현대의 공화국 정부조직에서나 볼 수 있는 것처럼 각 부처의 기능과 권한을 명확히 정하고, 권력자 개인의 선호에 따라 정부조직과 그 권한을 자의적으로 뒤바뀌는 일이 없도록 엄격히 제한하기도 했다.

비슷한 맥락에서 베네치아의 정부조직은 1인의 결정에 전적으로 의존하는 것보다는 조직의 구성원이 서로 의논하면서 상호 견제, 통제하는 위원회 유형의 조직으로 구성되는 경우가 대부분이었다. 그 결과, 베네치아의 정부조직에는 단독제보다는 합의제 위원회가 상대적으로 많았는데 상명하복(上命下服)의 수직적 성격이 강했던 로마교황청의 조직 특성과 비교할 때, 베네치아의 정부조직은 상호협의(相互協議)하는 수평적 성격이 훨씬 강했다. 이는 베네치아의 공화국 정부가 동시대의 교황청 조직과 비교하여 보아도 내부조직의 특성에서 상대적으로 훨씬 민주적으로 운영된 조직이었다는 평가를 받게 한다. 베네치아공화국에서는 정부의 집행조직뿐만 아니라 법원의 운영에서도 단독심 판결보다는 복수의 합의제에 의한 판결을 더욱 선호하는 경향이 강했고 시민들의 권리가 공공조직에 의하여 훼손되는 것을 방지하기 위한 신중한 조치들이 었다고 평가할 수 있다.

이처럼 베네치아공화국의 정부는 민주적 성향이 강하면서 동시에 상호 협력과 견제 그리고 균형성을 갖고 정부 기능을 효율적으로 작동시켰다고 볼 수 있다. 현대의 행정이라는 시각에서도 가장 바람직한 두 가지 측면, 민주성과 효율성을 동시에 달성하려고 했던 여러 가지 사례들을 베네치아공화국의 효율적 관리주의에서 발견하는 것이다. 그런데 이렇게 민주성과 효율성이 동시에 작동할 수 있는 그 어려운 과제를 성공적으로 수행할 수 있었던 배경에는 베네치아공화국에 뛰어난 인재가 많았기에 가능했음을 간과해서는 안 된다. 공화국이 보여주었던 개방적이고 공정한 인사정책이 있었고 그것이 가능한 공동체였기 때문에 세계적 인재들이 공화국으로 몰려들었고, 그들의 역량이 하나로 결합하면서 베네치아공화국의 정부도 어려운 과정들을 효율적으로 수행할 수 있었다는 것이다. 베네치아공화국은 최고의 인재에게 최고의 대우를 하는 것에 인색하지 않았으며 종교와 인종, 가문 등과 같은 온갖 주변적 요인들은 인재의 실력을 평가하는 과정에서 중요 변수가 될 수 없었다. 이는 중세시대의 시각에서 보면 매우 파격적인 것이지만, 몽골의 유라시아 시대에서 나타났던 세계적 인재관리 시스템과 맥락을 같이하는 것으로 평가된다.[7]

---

7) 베네치아는 아테네처럼 민주적 가치를 중시했지만, 아테네보다 훨씬 보편적이고 개방적이었으며, 베네치아는 로마공화국처럼 각 개인의 능력을 중시했지만, 로마보다 훨씬

베네치아공화국의 정부조직도

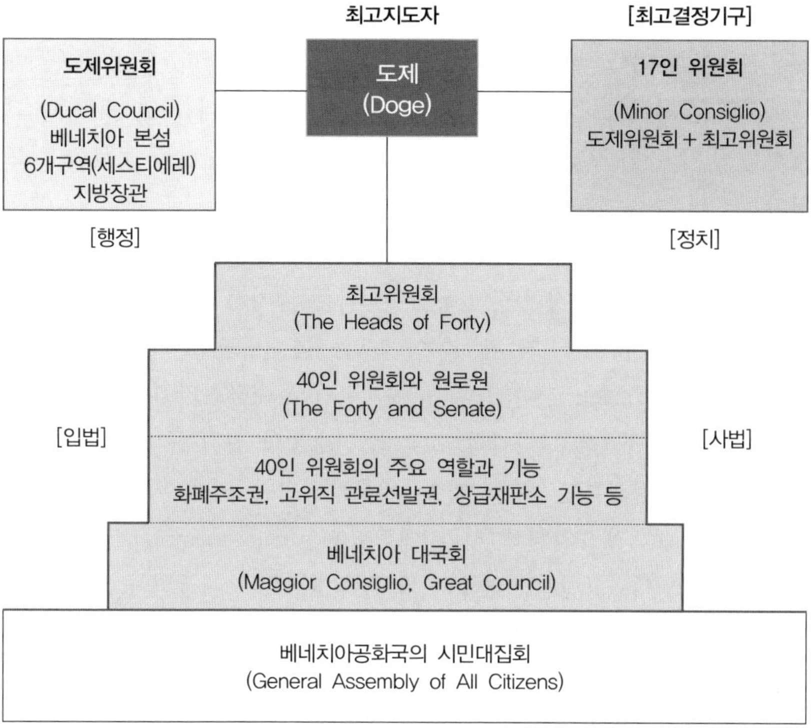

정치적 반독점주의

베네치아공화국에서는 시민대집회를 통하여 베네치아의 최고지도자 도제(Doge)를 선출하던 관행이 점차 약해지면서 이를 대신하여 복잡한 절차에 의한 간접선거방식으로 도제를 선출하기 시작했다. 베네치아공화국의 시민대집회 기능은 13세기 말부터 급속히 약해졌고, 상대적으로 대국회 중심에 의한 간접민주주의(대의제) 방식이 강하게 적용된 것이다. 그러나 이와 같은 정치체제의 변동은 베네치아가 공화국에서 왕국으로 변질될 위험성을 사전에 차단하기 위한 것이었다. 즉, 많은 수의

더 상업적이었고 실용주의적이었다. 베네치아공화국이 발전하고 전성기를 누렸던 시기, 지중해의 세계적 인재들은 베네치아로 몰렸고, 여기에는 재능이 뛰어난 이슬람교도뿐만 아니라 다수의 유대인도 포함되었다.

정치 귀족들을 앞장세워서 1명의 군주가 등장할 수 있는 위험성을 예방적으로 막기 위한 안전장치였을 뿐, 그들에게 정치적 특권을 부여한 것은 아니었음이다. 베네치아의 공동체는 새로이 등장한 정치 귀족들에 대해서도 끊임없이 견제했으며 정치 귀족이 부당 이익을 얻는 경우, 그 처벌은 일반 시민보다 혹독하여 역차별을 당한다고 불만을 토로할 정도였다.

베네치아는 공화제도를 고수하면서 왕국으로 변질되지 않으려고 노력했고, 이를 위하여 정치적 반독점주의라는 정치적 혼합정체의 권력분립 구조를 형성했다. 먼저 베네치아에서는 군주제의 요소를 지닌 집정관이었던 도제(Dose), 귀족제의 특성이 반영된 대국회의 40인 위원회와 원로원(Senate) 및 각종 위원회, 그리고 민주정의 장점을 반영하면서 동시에 군주가 등장하는 것을 막기 위한 약 2천 명에 달하는 대국회(Great Council) 세습의원과 시민 대집회(General Assembly)가 상호 견제하는 구조였다. 그렇지만 앞서 언급된 바와 같이 대국회와 시민 대집회의 관계는 초기 직접민주주의에서 점차 간접민주주의로 바뀌면서 대국회의 권한이 강해지고 세습의원들의 귀족적 요소가 반영되면서 귀족제 공화국이라는 특성도 보였다. 왕국이 되는 것은 현실적으로 막았지만, 직접민주주의의 측면에서 보면 베네치아의 민주주의가 퇴보했다는 비판도 감수해야 했다.

어쨌든, 13세기 말부터 18세기까지 베네치아공화국은 정치적 반독점주의를 표방하면서 왕의 등장 가능성을 강력히 차단했고 동시에 일반 대중의 정치적 참여 활동도 크게 위축시켰다. 권력의 독점화를 막고 공화국을 지키려는 의도에서 시작되었지만, 공화국의 진취성과 역동성을 낮추는 부작용도 있었다. 그러나 16세기를 전후로 이탈리아 전역에서 벌어진 혼란한 전쟁과정에서 대부분의 공화국(피렌체 공화정 등)이 사라지고 왕국이 등장한 것과 달리 베네치아는 여전히 강력한 공화국을 유지할 수 있었다. 1508년에 결성된 유럽의 캉부레 동맹군(프랑스, 스페인, 신성로마제국, 로마교황)과 벌인 전쟁에서도 베네치아공화국은 일시적으로 어려움을 겪었지만, 곧바로 국력을 회복하여 서양의 왕국들 사이에서 공화국의 주도권을 잃지 않았다.

제 5 장

동(東)대서양 시대의 네덜란드공화국

1. 네덜란드의 독립전쟁

지중해의 중심권역을 형성했던 베네치아공화국은 16세기, 급속히 쇠퇴하기 시작했다. 수많은 인재가 지중해를 떠나 대서양 연안의 포르투갈, 남부 네덜란드(플랑드르)의 브뤼헤, 안트베르펜으로 이동했으며 북부 네덜란드의 암스테르담에까지 이동했다. 스페인제국은 신교도가 몰려있는 네덜란드에서 그들의 부유함을 빼앗고자 했고, 암스테르담에 결집한 신교도들은 제국에 맞서서 독립전쟁을 벌였다.

지중해 인재의 이동

일찍이 베네치아의 상인들은 대서양 연안에 가까운 브뤼헤를 무역거점으로 삼았다. 유럽의 낮은 땅, 네덜란드의 서남부 플랑드르 지방에 있는 브뤼헤는 13세기부터 서유럽의 모직물 생산과 교환의 중심지로 발전했다. 그런데 번영했던 브뤼헤가 자연환경의 급격한 변화로 뱃길이 막히고 항구의 기능이 떨어지면서 16세기 무렵, 인접 도시인 안트베르펜으로 상인과 자본가들이 이동하게 되었다. 브뤼헤의 인재들과 지중해에서 몰려온 인재들까지 안트베르펜에 모이면서 안트베르펜은 순식간에 서유럽을 대표하는 상업 도시로 확장되었다. 안트베르펜은 지리적으로 스페인제국의 군대에서 멀리 떨어져 있었고, 개인의 종교적 자유와 재산권도 안정적으로 보호받을 수 있어서 상인과 자본가들이 집결하기에 좋은 조건을 갖추었다.

안트베르펜에는 뛰어난 지중해의 무역상인들과 베네치아를 비롯한 북이탈리아의 은행업자들도 정주하기 시작했고, 어느새 안트베르펜은 서유럽의 경제적 중심권역을 형성할 수도 있었다. 포르투갈이나 스페인이 아닌 안트베르펜이 새로운 중심권역으로 등장하게 된 배경에는 포르투갈과 스페인은 없었던 우수 인재들이 안트베르펜에는 많이 있었기 때문이었다. 포르투갈은 인도로 가는 신항로를 개척하면서 동양의 상품을 유럽까지 곧바로 가져 왔지만, 포르투갈의 뱃사람들이 무역상인의 도움 없이 곧바로 상품을 팔 수는 없었다. 스페인도 많은 양의 은괴를 아메리카 신대륙에서 가져왔지만, 은괴를 은화로 주조하여 유통할 수 있는 금융인재가 스페인에는 거의 없었다. 신대륙의 막대한 은광석을 배로 실어 온 것은 스페인이지만, 그 은덩이를 은화로 주조하여 유통하게 할 수 있었던 것은 안트베르펜으로 이주한 베네치아와 북이탈리아 은행가들의 몫이었기 때문이다.

스페인제국의 간섭과 위협을 피하여 남부 네덜란드(안트베르펜)에 모여든 상인과 은행가들은 포르투갈의 뱃사람처럼 원거리 항해를 하지도 않았고, 스페인 정복자들처럼 원주민을 착취하여 대량의 은괴를 채굴하지도 않았다. 그렇지만 안트베르펜의 상인들은 포르투갈 뱃사람이 동양에서 가져온 후추와 향료를 어떻게 팔아서 제값을 받을 수 있는가를 잘 알고 있었다. 또한, 안트베르펜의 은행가들은 언제 얼마큼의 은화를 주조하여 유통할 수 있게 하는 것이 좋은가를 잘 알고 있었다. 16세기를 전후로 지중해의 상인과 은행가들은 어느새 북유럽에 모여들었고,

그들은 안트베르펜을 중심으로 포르투갈과 스페인의 국부를 원격관리하고 있었다. 스페인과 포르투갈은 어렵게 대항해를 했지만, 그 결실의 대부분은 안트베르펜의 상인과 은행가들의 몫이었다.

강압적 조세정책과 안트베르펜의 비극

그러나 스페인제국의 국왕은 안트베르펜의 상인들과 은행가들을 단칼에 억압할 수 있는 강력한 군사력을 거머쥐고 있었다. 스페인의 펠리페 2세는 1557년, 프랑스와의 전쟁(생캉탱)에서 승리한 직후, 네덜란드의 종교문제에 깊이 관여하면서 안트베르펜의 비극은 싹트기 시작했다. 브뤼헤, 안트베르펜이 있던 지역은 칼뱅주의자들이 많이 있던 신교도 지역이었고 그들은 대부분 상인과 은행가여서 스페인제국의 봉건적 가톨릭주의에 매우 비판적이었다. 신교도들은 교육수준도 높고 상당한 교양을 지닌 지식인이어서 가톨릭(구교도)의 우상숭배 관행에 순응하지 않았고, 펠리페 2세에게 종교의 자유를 허락해달라고 청원했지만, 국왕은 단호히 거절했다.

1567년, 네덜란드 지역의 상인과 은행가들을 잡아 들이고 가톨릭으로 신앙을 통일하려 했던 스페인제국은 악명높은 알바(Alvarez) 공작을 현지로 파견했다. 알바 공작은 프랑스와 벌인 전쟁에서 용맹함과 잔인함을 동시에 떨쳤던 인물이었다. 네덜란드에 파견된 직후, 알바 공작은 영향력이 컸던 네덜란드 귀족들을 불러 모았으며 그들 대부분을 빠르게 처단했다. 1567년부터 1573년까지 7년 동안 벌인 공포통치에서 생존하여 살아남은 귀족은 오렌지(Oranje) 가문이 거의 유일했을 정도였다. 오렌지 공 빌럼(Willem)은 본래 스페인제국의 충실한 신하로서 홀란트, 젤란트, 유트레히트 지역의 스타트하우더(총독)를 역임했던 인물이었다. 그는 알바 공작이 던져놓은 죽음의 함정을 피하여 몰래 국외로 탈출했고, 목숨을 건진 빌럼 공은 스페인제국에 저항할 반격의 준비를 하게 되었다. 공포정치에 더해 알바 공작의 무리한 조세정책으로 스페인제국에 대한 저항의식은 급속히 확산되었고 그 결과, 빌럼공을 중심으로 네덜란드는 결속할 수 있었다.

그러나 네덜란드의 여러 지역주 가운데 북부의 홀란트주 특히, 암스테르담 시민들은 스페인제국과 결별하는 것에 끝까지 주저하고 있었다. 암스테르담은 본래 스페인제국에 충성하는 왕당파가 많이 거주하는 보수적인 성향의 어촌항구였기 때문이기도 했다. 그런 보수적인 암스테르담이 완전히 뒤바뀐 계기는 1576년의 대사건 때문이었다. '스페인의 광기'(Spanish Fury)로 불리는 이 사건에서 스페인제국의 군대는 번영했던 안트베르펜을 약탈하면서 수천 명을 살해했고 도시를 완전히 폐허로 만들었다. 온건했던 암스테르담조차 광기 어린 스페인제국의 살육에 분노하였고, 암스테르담의 시민들도 태도를 바꾸어 독립전쟁에 적극적으로 참여하였다. 더욱이 안트베르펜의 수많은 인재도 반제국주의화로 변모한 암스테르담으로 대부분 도망쳐 들어왔다. 스페인의 광기 사건을 계기로 암스테르담은 네덜란드 독립전쟁의 중심지가 되었으며 스페인제국에 충성을 맹세했던 신민의 숫자는 줄고, 스페인제국을 증오하는 자유민의 숫자는 넘쳐났다. 1578년의 알테라치(Alteratie) 사건을 계기로 스페인은 적, 오렌지 공 빌럼은 동지라는 구조가 형성되면서 암스테르담은 네덜란드 독립전쟁의 선봉에 서기 시작했다.[1)]

암스테르담의 결정

홀란트의 중심도시, 암스테르담은 16세기 말부터 스페인제국에 대항하는 네덜란드의 반제국주의자, 독립주의자들이 모인 중심지가 되었다. 청어잡이의 중심지, 암스테르담으로 외부의 수많은 인재가 몰려 들어오면서 암스테르담은 홀란트의 중심을 넘어서 네덜란드의 중심지가 되었다. 암스테르담은 신교도가 대부분인 상인, 무역상, 은행가들이 집결한

1) 1578년의 알테라치(Alteratie) 대변혁을 기점으로 칼뱅교의 국교화, 로마가톨릭의 금지, 스페인으로부터의 독립이 적극적으로 추진되었다. 신교도가 암스테르담을 장악하면서 암스테르담은 독립운동의 핵심적 중앙본부가 되었다(nl.wikipedia.org/wiki/Alteratie 참조). 그밖에도 네덜란드와 암스테르담에 관련된 내용은 <국가의 부와 복지>에서 자세히 소개한 바 있다.

도시가 되었으며 브뤼헤와 안트베르펜을 능가하는 북유럽의 중심지로 도약했다. 스페인제국의 평화안(Pacification of Ghent)에 잠시 고민한 시기도 있지만, 네덜란드의 북부는 네덜란드의 남부와는 다른 분명한 결정을 내렸다. 1579년의 남부 네덜란드(10주)는 아라스 동맹(Union of Arras)을 체결했고 가톨릭교도로서 스페인 국왕에 충성한다고 다짐했다.[2] 그러나 북부 네덜란드의 7개 주는 유트레히트 동맹(Union of Utrecht)을 맺고 7주 연합체로서 스페인제국에서 완전히 독립할 것을 약속한 것이다. 남부와 결별한 북부 네덜란드의 7주는 1581년, 하나의 공화국으로서 독립선언을 하면서 네덜란드공화국(Dutch Republic, Republic of the Seven United Netherlands. 1581~1795)을 세우고 독립전쟁을 본격화했다.

그러나 현실적으로 네덜란드공화국의 7주 연합체는 군사적 동맹의 성격만을 갖고 있었을 뿐이었다. 각 주는 독립적 정치체제로 귀족대표와 도시대표로 구성된 주의회를 중심으로 제각각 행정권을 행사했기 때문이다. 북부의 네덜란드 7주를 대표하는 연합의회는 있었지만, 느슨한 형태의 연합의회는 전국적인 세금징수권을 행사할 수도 없었고, 만장일치제로 운영되었기 때문에 강력한 국가정책도 펼칠 수 없었다. 이렇게 느슨한 형태의 네덜란드공화국이었지만, 공화국을 실질적으로 이끌었던 강력한 세력은 암스테르담에 집중되어 있었다. 다수의 상인과 은행가들이 단합하여 암스테르담을 중심으로 강력한 독립군 지원세력을 형성했으며 그들은 오렌지 가문의 빌럼공과 그의 후계자들을 적극적으로 지원

---

2) 유럽에서 네덜란드라고 하면 낮은 지역의 땅이란 의미로 지금의 베네룩스 3국의 전체 지역을 가리킨다. 낮은 지역의 땅은 북부 네덜란드와 남부 네덜란드로 나누어볼 수 있는데 북부가 청어잡이로 유명했다면 남부는 모직물로 유명했다. 플랑드르로 불렸던 남부 네덜란드 지역은 지금의 벨기에이며 사용하는 언어는 프랑스어에 가깝고 가톨릭교도가 상대적으로 많다. 19세기 初, 나폴레옹의 통치에서 벗어난 네덜란드는 공화국이 아닌 오렌지 가문이 국왕을 맡는 왕국으로 재건되었고, 오랜 기간 숙원이었던 하나의 나라 즉, 북부와 남부의 네덜란드를 하나로 통합한 네덜란드왕국이 되었다. 그러나 끊임없는 갈등과 내전 속에서 마침내 남부 네덜란드는 별도의 벨기에왕국으로 분리되어 오늘에 이르고 있다. 지역적으로는 인접했지만, 언어와 종교 그리고 가치관이 달랐기 때문에 네덜란드는 북부 네덜란드(홀란트), 남부 네덜란드(벨기에)로 나뉘었지만, 지금은 사실상 국경선이 없는 하나의 유럽(EU)으로 공동번영을 누리고 있다.

하면서 상호 결속력을 강화시켜 나갔다.

이러한 과정을 거치면서 네덜란드공화국의 독립전쟁은 부르주아계층(상인, 금융인)이 주도하는 홀란트와 가장 부유하고 강력했던 도시, 암스테르담을 중심으로 추진되었다. 독립전쟁 자금은 암스테르담의 부자상인과 은행가들이 모았는데, 그 규모는 스페인제국의 재정 수준을 넘어설 정도로 막강했다. 암스테르담에서 펼쳐진 독립전쟁은 암스테르담에 새로운 근대정신을 꽃피울 수 있는 자유를 선사했고, 세상을 바꿀 사상가들이 자유도시 암스테르담에 집결하였다. 암스테르담의 인재들은 스페인제국의 군대가 지닌 무자비한 폭력에 대한 혐오감과 복수심을 갖고 국왕의 폭력에 대항했으며 개인의 자유와 재산을 지키고자 하는 의식을 분명히 표출했다. 암스테르담의 사상가들은 자유를 외치면서 구교에 대한 불신, 구질서에 대한 거부감을 감추지 않았고, 구교에 대항하는 저항자(프로테스탄트)로서 부르주아적 종교관을 지닌 칼뱅주의와 비슷한 맥락을 형성했다. 바야흐로 북네덜란드의 암스테르담에는 신교도의 다양성과 관용성을 설파하는 새로운 사상가들이 모여들었고, 그 속에서 근대(近代)의 문명을 꽃피우는 시기는 도래하기 시작했다.[3)]

2. 네덜란드 독립전쟁과 오렌지 가문

암스테르담은 마지막까지 혁명을 주저했던 북부 네덜란드의 전통적

---

3) 16세기 말, 암스테르담에 모여든 세계인재들의 특징은 스콜라식 교부철학이 제시한 신성한 자연관을 격렬히 비판하고, 객관적 사실에 입각한 증명 가능한 과학주의를 선호했다. 그들은 훗날, 데카르트식 수학적 가치관과 함께 스피노자의 범신론적 자연관도 동시에 이해할 수 있는 포용력 있는 집단지성으로 빠르게 성장했다. 암스테르담의 세계인재들이 지닌 새로운 가치관은 중세 유럽인들의 그것과는 분명히 구분되는 가치관이었고, 이것은 근대적 사고의 탄생을 의미했다. 새로운 생각과 사건의 연속 선상에서 사고(思考)의 패러다임 혁신이 일어난 것과 비슷했다고 볼 수 있다. 15세기, 신대륙과 신항로를 발견하면서 16세기, 성경과 함께 수많은 고대 서적들이 출판되었고 종교개혁도 급격히 추진되었다. 이 같은 시대적 상황을 대표하는 이탈리아의 갈릴레오 갈릴레이(Galileo Galilei, 1564~1642), 영국의 프랜시스 베이컨(Francis Bacon, 1561~1626), 프랑스의 데카르트(René Descartes, 1596~1650)의 과학적이고 경험적이며 합리적인 사고는 암스테르담이라는 새로운 토양에 튤립 알뿌리처럼 고스란히 심어졌고, 17세기의 네덜란드공화국에서 근대(近代)라는 새로운 꽃을 피울 수 있게 했다.

도시였다. 그러나 스페인의 광기 이후, 안트베르펜에서 몰려온 인재와 자본으로 암스테르담의 주류세력은 바뀌었고 독립전쟁의 중심지로 탈바꿈하였다. 암스테르담의 상인과 은행가들은 긴밀히 오렌지 가문과 협력하면서 80년의 독립전쟁을 승리로 몰아갔다.

네덜란드의 오렌지 가문

오렌지 가문의 빌럼 1세(Willem Ⅰ, 1533~1584)는 네덜란드의 초대 세습 총독이면서 스페인제국의 압제에 저항하여 네덜란드의 독립전쟁(1568~1648)을 이끌었던 지도자였다.[4] 오렌지 가문의 빌럼 1세는 1568년, 헤일리게레 전투에서 스페인의 제국군대와 싸워 승리했고 이는 네덜란드의 80년 독립전쟁에서 첫 번째 전투로 기록되었다. 빌럼 1세는 자신의 모든 재산을 털어서 독립전쟁을 시작했고, 자금이 바닥나면서 후퇴를 거듭했으나 암스테르담의 상인과 은행가들이 빌럼 1세를 적극적으로 지원하면서 상황은 크게 바뀌었다. 빌럼 1세가 북부 네덜란드의 델프트와 홀란트에 주둔해 있던 스페인의 제국군대를 몰아낼 수 있었던 배경에는 암스테르담의 상인과 은행가들이 오렌지 공 빌럼을 적극적으로 지원했기에 가능했다.

한편, 빌럼 1세의 후손이며 17세기 네덜란드공화국의 황금시대(The Golden Age)를 이끌었던 오렌지 공(빌럼 3세)은 영어로 윌리엄 3세(William III)라고 불렸다. 그는 명예혁명을 통하여 자신의 장인이었던 영국왕 제임스 2세를 조용히 몰아냈으며 부인인 메리와 함께 영국의 국왕에 올랐다. 윌리엄 3세도 그의 조부였던 빌럼 1세처럼 암스테르담

---

4) 스페인의 국왕 펠리페 2세와 친밀한 관계였던 빌럼 1세는 공포통치를 일삼는 알바공을 퇴진시키고, 자신의 영지를 되찾으면 된다고 탄원했다. 실제로 펠리페 2세와 빌럼 1세는 서로 형제같이 성장했기 때문에 스페인의 국왕이 된 펠리페 2세가 자신의 친구는 빌럼 1세밖에 없다고 말할 정도였다. 그런 스페인 국왕과 네덜란드 영주가 서로 다른 종교와 서로 다른 이해관계로 충돌한 것이다. 스페인은 경제적으로 번영하고 있는 네덜란드에서 더 많은 세금을 징수하려 했고, 네덜란드의 상인들은 그런 스페인 국왕의 과도한 조세정책에 강력히 저항했다. 결국, 네덜란드의 이익을 대변하는 빌럼은 펠리페에게 저항할 수밖에 없었고, 네덜란드의 상인들은 국왕(펠리페 2세)이 아닌 영주(빌럼 1세)를 지원하기 시작했다.

의 상인들과 은행가의 지속적인 지원을 받았고 영국의 런던에서 왕권을 차지할 수 있었다. 스페인의 제국군대보다 군사적으로 열세였던 네덜란드의 독립군이 80년 전쟁에서 승리할 수 있었던 배경에서 암스테르담의 인재는 물론이고 튼튼한 재정적 지원이 결정적이었다. 또한, 네덜란드의 공화국 군대가 명예혁명을 통하여 영국의 런던에 입성할 수 있었던 배경에서도 암스테르담 상인과 자본가들의 적극적인 재정적 지원은 빠뜨릴 수 없는 성공 요인이었다. 16세기 말부터 17세기에 걸쳐서 전쟁을 벌였던 스페인제국뿐만 아니라 프랑스와 영국을 물리친 암스테르담의 인재와 자본력은 네덜란드공화국을 세계의 중심권역으로 만드는데 커다란 역할을 했다.

네덜란드공화국은 오렌지 공 윌리엄 3세가 이끌었던 17세기의 황금시대를 거쳐서 18세기 중엽부터 급격히 쇠퇴하였다. 약 150년에 걸친 네덜란드공화국의 황금시대는 대서양 시대의 헤게모니 중심권역을 형성하였으나 그 이후, 프랑스의 나폴레옹에게 주권을 빼앗기는 비운도 겪는다. 나폴레옹이 몰락했던 19세기 초, 네덜란드는 다시금 주권을 회복했으며 영국과 비슷한 입헌군주국의 정치체제를 채택하여 왕국이 되었다. 네덜란드공화국에서 네덜란드왕국으로 바뀌었으며 왕국의 국왕은 계속해서 오렌지 가문에서 배출되었다. 네덜란드의 여왕으로부터 2013년, 왕위를 계승한 빌럼 알렉산드르 국왕도 오렌지 가문의 후손이다. 이처럼 오렌지 가문은 네덜란드 독립전쟁에서부터 네덜란드공화국의 황금시대, 그리고 현재의 네덜란드왕국에 이르기까지 네덜란드와 계속 함께했던 유럽의 대표적 왕가라고 할 수 있다.

네덜란드의 독립과 분단

16세기 스페인제국과 네덜란드 사이에 갈등이 시작되었을 무렵, 스페인제국은 지중해에서 오스만제국과 전쟁을 벌이고 있었다. 강력한 오스만제국과 벌인 전쟁 가운데 가장 대표적인 전쟁은 1571년의 레판토해전이었다. 서유럽을 오스만제국에서 지키기 위해 수많은 갤리선이 동원되었고 베네치아공화국, 로마교황청, 그리고 스페인제국의 연합 함대가 모처럼 단합하여 오스만제국과 대규모 해전을 벌였다. 그리스반도의 콘스탄티노플에 이어서 이탈리아반도의 로마를 정복하고자 했던 오스만제국(이슬람)의 침공을 서양의 연합군(기독교)이 단결하여 막아낸 것이다. 그렇지만 내부적 갈등이라는 측면에서 가톨릭(구교)에 대한 프로테스탄트(신교)의 저항을 막지는 못했다. 더욱이 베네치아공화국은 기독교국이지만 가톨릭국가는 아니었고, 오히려 같은 공화국인 네덜란드를 은밀히 지원하고 있었다. 이런 상황에서 스페인제국도 네덜란드에 평화적 유화책을 썼고, 그런 전략은 상당한 효과를 보이기도 했다. 결국, 네덜란드의 남부와 북부는 구교와 신교로 나뉘어 갈등하면서 남부 네덜란드(구교)와 북부 네덜란드(신교)로 갈라지게 되었다.

역사는 반복된다는 표현이 무색할 정도로 네덜란드의 너무나 독립전쟁은 200년 후에 일어났던 미국의 독립전쟁을 미리 보는 듯이 비슷한 측면이 너무나 많았다. 앞서 언급한 바와 같이 16세기의 네덜란드는 북부 7개 주가 유트레히트 동맹(1579)을 결성하여 스페인제국과 싸웠는데 18세기의 미국은 13개 식민주가 함께 모여 독립선언(1776)을 하면서 대영제국과 독립전쟁을 벌였다. 네덜란드는 스페인 통치에 잔류한 남네덜란드(벨기에)와 분리되었고, 미국은 영국 통치에 잔류한 북부 아메리카(캐나다)와 분리되었다. 또한, 네덜란드와 미국은 당대의 최고의 군사적 패권을 자랑했던 스페인제국과 대영제국을 상대로 독립전쟁을 벌인 공화국이었다.[5] 그 밖에도 미국의 초대 대통령 워싱턴(George Washington, 1732~1799)은 프랑스를 상대로 싸웠던 영국 왕의

---

5) 1581년, 북부 네덜란드의 7개 주는 연합의회를 통하여 철회령(Act of Abjuration)을 공표하였다. 이는 미국의 연방헌법과 비슷한 성격을 지니고 있는데 네덜란드의 각주는 주권을 가지며 주의 통치자는 주가 부여한 권한만을 행사한다고 규정하고 있다. 특히 철회령에는 스페인 국왕에 대한 충성을 철회하고 네덜란드(United Netherlands)에 대한 충성을 맹세하면서 인민들의 군주(또는 국가)에 대한 선택권과 함께 자유권으로서의 자연법적 근거도 제시하고 있다. 네덜란드의 철회령에 나타난 새로운 국가관은 사회계약론의 모태를 보여주었으며 훗날, 토머스 홉스의 <리바이어던>과 존 로크의 <시민정부론>에도 많은 영감을 제공했다고 볼 수 있다.

군인이었고, 네덜란드의 독립군을 이끌며 네덜란드의 국부로 추앙받는 오렌지 공 빌럼 1세도 본래는 스페인 왕의 신하였다.

네덜란드는 80년의 전쟁을 통하여 스페인에서 완전히 독립했지만, 남부 네덜란드(벨기에)와는 분단되어 남북으로 나뉘었다. 그렇지만 이것으로 모든 것이 마무리된 것은 아니었다. 19세기 초, 나폴레옹이 축출되고 네덜란드왕국이 세워지는 과정에서 분리되었던 남부 네덜란드와 재통합이 추진되면서 실제로 네덜란드 연합왕국(1815~1831)이 일시적으로 세워지기도 하였다. 그러나 남북의 네덜란드는 상호 잦은 충돌이 불가피했고, 이미 네덜란드의 북부와 남부는 너무도 달라서 내전까지 발생하면서 북부와 남부는 다시 분리되었다. 남부 네덜란드는 북부 네덜란드와 다른 왕국을 세웠으며 1830년 벨기에혁명을 통하여 '벨기에왕국'을 수립하였다. 한편, 비슷한 시기에 북미대륙에서도 미연방공화국은 1812년, 영국과 전쟁을 벌이면서 영국령 캐나다까지 미국에 통합시키고자 했으나 어쩔 수 없이 실패한 사례도 있다.[6)]

영국 국왕이 된 오렌지 공(윌리엄 3세)

앞서 언급된 바와 같이 네덜란드에는 오렌지 가문이라는 전통적인 귀족 가문이 존재했고, 오렌지 가문은 네덜란드의 정치지형에서 16세기부터 현재까지 약 500년 동안 계속해서 중요한 위치를 차지했다. 특히, 17세기의 네덜란드공화국은 스페인과 포르투갈을 제치고 강력한 해양공화국으로서 전 세계의 바다를 누비며 국부를 축적했고 중심권역을 형성하는 데 성공했다. 여러 우여곡절을 거치면서 대서양의 패권을 장악

---

6) 1783년, 미국도 영국에서 완전히 독립은 했지만, 영국령 아메리카(캐나다)와는 분리되었다. 미국은 나폴레옹의 등장으로 유럽에 묶여있던 영국의 군사적 상황을 이용하여 1812년, 영국에 전쟁을 선포하고 북부의 캐나다를 영국에서 독립시키려 하였다. 그렇지만 예상 외로 나폴레옹 군대가 조기에 해체되고 다시금 영국의 군사력이 강화되면서 아메리카에 병력이 파견되자 미국의 수도인 워싱턴이 영국군의 공격을 받아서 불타는 상황까지 벌어졌다. 우여곡절 끝에 미국은 영국과 화의했고 오리건 협상 등으로 북위 49도 선에서 미국과 캐나다의 국경선이 정해지면서 양국의 관계는 안정이 될 수 있었다.

한 네덜란드공화국이었지만, 사실상의 왕가로 칭송되던 오렌지 가문은 공화파 정부의 첫 번째 경계대상이었다. 그러나 공화파 정부의 지속적인 경계에도 불구하고 네덜란드를 둘러싼 국제정세는 위기로 치닫고 네덜란드공화국에 위기가 발생하면서 오렌지 가문은 다시금 권력의 중심에 설 수 있었다.

17세기에 들어와서는 네덜란드공화국에 대한 스페인제국의 침략 가능성이 대부분 사라졌지만, 스페인보다 더 강력한 프랑스가 왕권을 강화하면서 네덜란드를 노리고 있었다. 태양왕으로 불렸던 프랑스의 절대군주, 루이 14세는 네덜란드공화국을 침공할 준비를 빠르게 진행하였고 넓은 영토를 기반으로 많은 인구를 지닌 프랑스왕국은 인접한 네덜란드공화국을 육상에서 빈번히 공격하면서 위협을 가하였다. 더욱이, 루이 14세는 영국(잉글랜드)의 국왕, 찰스 2세와 비밀 조약을 체결했고, 북쪽의 스웨덴까지 동맹에 끌어들여 해상에서도 네덜란드공화국을 완전히 포위했다. 드디어 1672년, 영국이 선제적으로 네덜란드를 공격했고, 곧이어 프랑스가 육상에서 네덜란드를 침략했다. 해상과 육상에서 동시에 공격받는 위기상황에서 네덜란드공화국의 연합의회는 오렌지 가문의 젊은 청년, 빌럼 3세에게 공화국의 모든 군사적 권한을 부여할 것을 결정했다.

절체절명의 위기상황에서 다시 등장할 수 있었던 오렌지 가문의 빌럼 3세는 중부유럽의 독일 세력과 먼저 연대했다. 신성로마제국의 레오폴트 1세 황제, 브란덴부르크의 프리드리히 빌헬름 1세 선제후 등과 동맹 관계를 수립하면서 프랑스를 역으로 포위한 것이다. 이어서 1674년, 네덜란드는 도버해협 건너편의 영국과 평화조약을 체결함으로써 외교적으로 프랑스의 공격포위망을 뚫었고 더욱이 1677년에는 영국의 요크공작(제임스 2세)의 딸(메리)과 오렌지 공 빌럼 3세의 결혼도 성사되었다. 그 결과, 프랑스 군대는 어쩔 수 없이 네덜란드에서 철수했고, 네덜란드의 수호자로 오렌지 가문은 전면에 다시 등장할 수 있었다. 그런데 곧이어 빌럼 3세에게 엄청난 제안이 들어왔다. 1688년, 영국의 국왕 제임스 2세가 종교문제로 영국의회와 대립하면서 영국의회가 은밀히 빌럼 3세와 그의 부인 메리에게 영국의 공동 국왕 자리를 제안한 것이다. 네덜란드공화국의 세습 스타트하우더였던 빌럼 3세는 기회를 놓치지 않았고, 영국에 강력한 무력시위를 행사하면서 공포에 질린 제임스 2세가 조용히 도망치도록 만들었다. 비교적 평화롭게 영국의 국왕에 즉위한 네덜란드의 지도자 빌럼 3세의 이름은 영국식으로 바뀌어 윌리엄 3세가 되었고, 훗날 영국에서는 이를 명예혁명이라고 했지만, 사실상 네덜란드의 암스테르담이 영국의 런던을 점령한 사건이었다.

3. 암스테르담의 유대계 상인과 신용창출

역사에 기록된 국가의 통치세력 즉, 정치적-군사적 권력을 잡은 세력과 경제적-사회적 영향력을 가진 세력의 역학관계는 대부분 은밀히 연결되어 있다. 이와 비교할 때, 상대적으로 암스테르담의 정치적-군사적 권력을 가진 오렌지 가문의 스타트하우더, 그리고 암스테르담의 유대계 상인과 자본가들이 보여주었던 상호 관계는 밖으로 공공연히 드러날 정도로 매우 공고하였다.

명예혁명과 유대계 자본

네덜란드공화국의 오렌지 공 빌럼 3세가 영국의 제임스 2세를 무력시위로 몰아내는 과정에서는 많은 재정이 필요했다. 빌럼 3세가 영국의회의 지지를 받더라도 제임스 2세의 왕위를 빼앗으려면 막강한 군대가 동원되어야 했고 많은 군인을 중무장하려면 엄청난 군자금이 필수적이었기 때문이다. 빌럼 3세는 사방에서 자신을 지원해줄 재정적 후원자를 찾고자 했지만, 영국에서 재정을 모금할 수는 없었다. 영국의회가 오렌지공 빌럼 3세에게 같은 신교도로서 부인 메리와 함께 영국의 국왕이 되어줄 수 있는가를 타진했던 것은 사실이지만, 그렇다고 영국의회가 빌럼 3세에게 재정적으로 돕겠다고 한 것은 없었다. 그런데 이 부분에서 명예혁명과 유대계 자본의 연관성을 보여주는 대표적 인물들이 분명하게 등장한다. 그 가운데 유대계 자본가였던 프란시스코 수아소(Francisco Suasso)는 빌럼 3세를 지원한 대표적인 재정적 후견인으로서 그가 지원한 군자금 규모는 오늘날까지도 정확하게 알려져 있다.

암스테르담의 은행가였던 수아소는 빌럼 3세를 위하여 막대한 군자금인 200만 길더(guilder)를 조건 없이 지원한 것으로 유명하다. 관련 내용은 암스테르담 현지의 유대인 박물관에도 잘 보관되어 기록되어 있는데 수아소가 지원한 군자금 규모는 오늘날의 가치로 환산하여 보아도 엄청난 액수였다. 17세기 말, 작은 배 한 척을 사는데 약 500길더의 돈이 필요했다는 자료를 근거로 200만 길더의 가치를 환산하여 보면 약 4,000척의 작은 배를 구매할 수 있는 액수였다. 명예혁명 당시 출병한 군사력 동원에 지출된 총 군자금액수가 700만 길더였고, 그 가운데 400만 길더는 국채로 발행되었기 때문에 현금 300만 길더 가운데 대부분(75%)은 수아소가 지원한 유대계 자본이었던 것으로 파악된다.

유대계 상인이었던 아버지 안토니오 수아소(Antonio Suasso)에 이어서 아들 프란시스코 수아소도 상인에서 출발했지만, 그는 대자본가로서 역할변신을 하면서 암스테르담의 대표적인 은행가로 활약했다. 수아소 가문의 조상들은 대부분 이베리아(스페인과 포르투갈) 출신의 세파르딕 유대인(Sephardic Jews)이었던 것으로 알려져 있다. 수아소는 빌럼 3세에게 차용증도 받지 않고 엄청난 현금을 빌려주었지만, 그는 결코 손해나는 투자를 하지 않았다는 것을 입증받았다. 명예혁명을 성공시키고 영국의 국왕이 된 윌리엄 3세는 다각적으로 은밀히 수와소를 지원했다. 영국의회에서 재정적 지원은 받지 못했던 암스테르담 출신의 영국 왕은 계속해서 수와소와 깊은 관계를 맺을 수밖에 없었던 것이다. 이를 계기로 암스테르담 출신의 유대계 자본가들은 런던에서 새롭게 금융시장을 개척할 수 있었고, 런던을 세계적인 금융 도시로 만들 수 있는 거대한 세력을 형성하였다. 윌리엄 3세와 암스테르담 출신의 자본가들의 만들어낸 대표적인 합작품으로는 우리가 잘 알고 있는 영란은행(英蘭銀行)이라고도 불리는 잉글랜드은행(Bank of England)이 있다.

네덜란드은행과 유대계 자본

유럽에서 근대적 은행제도가 시작한 곳은 지중해의 베네치아였지만, 꽃을 피운 곳은 암스테르담 외환은행(Amsterdam Exchange Bank)에서였다. 암스테르담 외환은행은 도버해협을 건너 런던의 잉글랜드은행(Bank of England)을 탄생시킨 모태가 되었고, 훗날 미국의 연방준비제도(Federal Reserve System) 설립에도 결정적 영향을 주었다. 그런데 이와 같은 베네치아–암스테르담–런던–뉴욕으로 이어지는 근대적 은행의 역사에서 하나의 공통점으로 등장하는 것이 바로 유대계 자본이다. 그 흐름은 수백 년에 걸쳐서 이어졌고 지금도 큰 흐름은 바뀌지 않았다고 볼 수 있다.

1608년, 암스테르담에 증권거래소가 설립되었고 다음 해인 1609년에는 암스테르담 외환은행이 탄생했다. 특히, 베네치아 출신의 은행가와 안트베르펜의 금융인재가 암스테르담으로 움직인 것은 결정적 흐름을 만들었다. 당시의 암스테르담은 무역의 중심지로서 유럽 각 지역의 돈이 쏟아져 들어왔는데 약 1천 종 이상의 주화가 거래되었다고 할 정도로 국제금융의 중심지가 되고 있었다. 이런 상황에서 네덜란드공화국 정부는 상거래 활동을 보호하고 무역의 편의를 증진하기 위해서 표준통화를 만들어 교환가치를 안정시키는 조치를 했다. 아직 중앙은행이라는 개념이 등장하기 이전 단계였고 그래서 베네치아의 국영은행과 비슷한 성격을 지닌 암스테르담의 공공은행, 암스테르담 외환은행이 등장할 수 있었다.

17세기의 암스테르담 외환은행은 과거의 베네치아 국영은행보다 훨씬 발전된 금융서비스를 제공하였다. 예컨대, 은행에서 계좌를 개설하고 은괴 또는 귀금속을 맡기면 은행은 그것을 정확히 평가하여 은행에서 발행한 은행권으로 바꾸어주었다. 남미에서 은덩이를 채굴하여 가져온 사람도 암스테르담 외환은행에서는 편리하게 은행권으로 바꾸어 필요한 상품을 살 수 있었다. 더욱이 암스테르담 정부가 암스테르담 외환은행의 은행권을 지급보증해주면서 금융시장에서 확실하게 신뢰성을 얻은 은행권의 유통량은 획기적으로 증가했다. 베네치아의 은행들이 개발했던 금융방식을 개선하고 신뢰성까지 높이면서 암스테르담 외환은행은 수표, 은행권, 당좌거래와 같은 근대적 은행 업무를 대부분 하였고, 자동이체(GIRO)와 같은 기능까지 실행할 수 있는 유럽 최고수준의 선진 은행이 될 수 있었다.

은행권(지폐) 사용과 신용창출

17세기 초까지 남미에서 반입된 대량의 은덩이를 유통하는 과정에서 세공인들은 은화주조비로 5%의 비용을 받았다. 그런데 암스테르담 외환은행이 화폐주조 비용을 받지 않고 훨씬 더 편리하게 금융서비스를 제공하기 시작한 것이다. 암스테르담 외환은행은 고객들이 가져온 귀금속의 가치와 똑같이 암스테르담 길더 주화 또는 암스테르담 은행권으로 바꾸어 준 것이다. 당시의 상황에서 보면, 이런 서비스는 매우 획기적인 것이었는데 그 결과, 세상의 모든 금과 은들이 암스테르담 외환은행으로 몰려드는 것 같은 상황이 벌어졌다. 어느새 세상 사람들은 은괴는 물론이고 심지어 금화나 은화보다 더 편리하고 신뢰도가 높은 암스테르담 외환은행의 은행권을 선호하게 되었다. 실물 화폐 또는 상품화폐(commodity money)보다 신용화폐(credit money)인 은행권을 더욱 선호하는 상황이 암스테르담 외환은행에 의하여 17세기의 암스테르담 금융가에서 보편화된 것이다.

한편, 암스테르담 외환은행을 중심으로 네덜란드의 전역에서 적용되었던 대출 금리는 약 4% 정도였다. 도버해협 건너편의 영국은 10%를 훨씬 웃돌았고 결국, 세상 사람들은 돈을 벌기 위하여 네덜란드로 갈 수밖에 없는 구조였다. 암스테르담 은행도 초기에는 예금만 받았지만, 암스테르담 정부와 연합 동인도회사(VOC)에 대규모 대출을 하면서 일반 상인들에게도 대출업무를 본격화한 것이다. 특히 담보 없이 신용만으로도 신용대출을 하는 경우가 늘어나면서 자본 없는 젊은 상인도 돈을 벌 기회를 좀 더 쉽게 얻을 수 있었다. 대출이 늘면서 은행의 이자

수입도 폭발적으로 증가했는데 예금자에게서 받은 신규예금액이 발생하면 이를 근거(일종의 지급준비금)로 은행은 몇 배로 더 많은 은행권을 발권, 대출을 할 수 있었다. 이러한 과정을 통하여 '은행의 신용창출'은 계속되었고, 늘어난 화폐량으로 이자율은 낮아졌으며 더 많은 대출을 할 수 있게 된 은행은 큰 수익을 올리면서 대자본을 축적할 수 있었다.

베네치아와 유대계 자본이 낳은 암스테르담 외환은행은 투자와 대출활동을 적극적으로 벌였고 그 결과, 암스테르담 증권거래소의 활동도 크게 활성화했다. 더욱이, 연합 동인도회사(VOC)의 출범을 계기로 17세기 네덜란드공화국은 암스테르담을 핵심도시로 대서양과 인도양에서 중심권역을 확장할 수 있었다. 1611년부터 배당을 시작한 연합 동인도회사(VOC)는 회사의 이익을 주주들에게 환원하였고, 1632년, 주주의 배당률을 12.5%로 정하면서 주주의 만족도를 크게 높이기도 했다. 당시의 채권이나 연합 동인도회사(VOC)의 차입이자율보다 몇 배 이상 높은 수준이었고 그래서 VOC의 주가는 더욱 상승할 수 있었다. 1650년까지의 총 배당금은 본원 투자금의 800% 이상이었으며 연 수익률은 약 27%에 달하였다. 물가상승률이 거의 없었던 당시의 경제 상황에서 이와 같은 놀라운 수익률 달성은 네덜란드공화국의 폭발적인 국부 증대로 이어졌다.

4. 네덜란드공화국의 연합 동인도회사(VOC)

암스테르담의 상인을 중심으로 주식회사 연합 동인도회사(VOC)가 출범하면서 헤게모니 중심권역이 바뀌기 시작했다. 17세기 동(東)대서양의 핵심도시로 부상한 암스테르담은 스페인제국에 맞서서 네덜란드공화국의 독립전쟁을 주도했고, 근대(近代)라는 씨앗을 전 세계에 퍼트렸기 때문이다. 그런데 그것은 위기에서 시작되었다.

암스테르담 상인의 위기

스페인과 포르투갈이 대항해의 주역으로 식민지를 개척할 때, 네덜란드의 암스테르담은 북해에서 청어잡이에 몰두하고 있었다. 그러나 17세기를 전후로 암스테르담이 독립전쟁의 중심지가 되면서 암스테르담으로 몰려온 인재와 자본은 상황을 급격히 바꾸어 놓았다. 특히, 동양의 후추(향료) 무역에 문제가 발생하면서 결정적인 변화가 시작되었다. 일찍이 포르투갈은 오스만제국이 장악하고 있는 동지중해를 피하여 인도로 갈 수 있는 신항로를 개척하였고 포르투갈은 16세기부터 동양의 후추(향신료) 무역을 위한 거점도시를 인도의 해안지역과 인도네시아의 주요 지점에 만들었다. 베네치아의 독점적 후추무역권이 포르투갈로 넘어간 상황에서 베네치아의 무역업은 축소되었고, 지중해의 무역상인들은 포르투갈(리스본)이나 플랑드르(브뤼헤, 안트베르펜)로 이동하게 되었다. 후추 무역로를 확보한 포르투갈은 막대한 수익을 올렸고, 그 수익을 지키기 위하여 다른 나라의 신항로 진입을 강력히 봉쇄하였다.

막대한 이권이 오고 갈 수 있다는 배경 때문에 포르투갈 선박이 다니는 신항로의 존재는 극비사항이었다. 따라서 포르투갈 선박이 동양에서 후추를 가져오면 그 판매사업은 포르투갈 왕실의 독점사업으로 규정되어 리스본과 브뤼헤, 안트베르펜 등 특정 도시에서만 판매하도록 했다. 유럽의 대부분 상인도 포르투갈의 독점적인 후추 무역에 순응했는데 브뤼헤나 안트베르펜에서 후추를 재판매하여도 충분한 이익이 남았기 때문에 큰 갈등은 없었다.[7)] 그런데 16세기 후반부터 심각한 문제가 발생했다. 1580년, 포르투갈의 왕위가 스페인에 넘어가면서 포르투갈과 스페인이 합병된 것이다. 스페인제국과 독립전쟁을 벌이던 네덜란드의

---

7) 교황의 중재로 이루어진 토르데시야스(Tordesillas) 조약으로 카보베르데 섬 서쪽(서경 43도 37분)을 기준으로 동쪽으로는 포르투갈이, 서쪽으로는 스페인이 차지하기로 약정하였다. 예외적으로 남미의 브라질은 포르투갈, 아시아의 필리핀은 스페인의 영향하에 두었지만, 로마교황청이 1506년 조약을 공식 승인했기 때문에 대부분의 유럽 국가들도 포르투갈의 아시아 후추 교역독점에 순응했다. 그러나 1580년, 스페인이 포르투갈을 합병하면서 토르데시야스 조약은 유명무실해졌고, 영국과 네덜란드의 반발은 본격화되었다.

상인으로서는 포르투갈이 스페인에게 합병되면서 끔찍한 상황이 벌어질 수 있었고 후추 무역에서 불이익을 받을 수밖에 없었다. 특히 유럽 최고의 대상인이었던 독일계 푸거(Fugger) 가문은 주변 세력을 규합하여 네덜란드의 상인들을 고사 직전까지 몰고 갔다. 한자동맹 세력을 규합한 푸거 가문은 후추 무역을 독점하려 했고, 후추의 판매처를 플랑드르의 안트베르펜에서 독일의 함부르크로 옮기고자 했다. 그런데 만일 이런 시도가 성공한다면 네덜란드의 상인들 전체가 몰락할 처지였다.

스페인제국에 대항했던 네덜란드의 독립전쟁은 정치적 권력과 경제 상권이 충돌하면서 본격적인 대규모 전쟁으로 이어졌다. '스페인제국과 푸거의 독일계 상인' 그리고 '네덜란드공화국과 네덜란드계 상인'의 격렬한 투쟁은 1588년, 스페인의 무적함대가 패퇴하고 독일계 푸거 가문이 망하면서 판세가 결정되었다. 누구도 예상치 못했던 무적함대의 패배는 베네치아의 민병대가 프랑크제국의 함대를 불태운 사건에 비유될 정도로 엄청난 파장을 대서양 전역에서 일으켰다. 스페인의 제국군대가 퇴각하면서 푸거의 독일계 상인들은 막대한 손실을 보았고, 이와는 반대로 위기에서 탈출한 네덜란드공화국과 암스테르담의 상인들은 큰 이익을 보았다. 이제 17세기의 대서양에서 강력한 세력으로 헤게모니를 획득할 기회는 스페인제국이 아닌 네덜란드공화국에게 넘겨졌기 때문이었다.

하우트만의 아시아탐험대 출항

16세기가 끝나기 직전인 1596년에 '네덜란드의 마르코 폴로'라고 일컬어지는 린스호턴(Linschoten)의 신항로(인도항로) 안내서가 발간되었고 책을 읽은 암스테르담의 상인들은 흥분했다. 그의 안내서는 포르투갈만 알고 있던 비밀스러운 인도항로를 정확히 파악할 수 있도록 자세하게 설명이 되어있었기 때문이었다. 암스테르담의 상인들은 재빨리 동양탐험대를 조직했으며 네 척의 상선으로 구성된 하우트만(Houtman) 선발대를 출항시켰다. 린스호턴의 책이 발간된 같은 해에 그 책을 항해지도

삼아 선발대를 조직하여 곧바로 출항한 것이다. 사실, 하우트만은 전문적인 탐험가도 아니었고 노련한 뱃사람도 아니었다. 하우트만은 포르투갈의 리스본에서 해양정보를 수집하다가 암스테르담으로 돌아왔는데 마침 사업가 오스(Os)가 동양탐험대 사업설명회를 개최했을 때, 여기에 참가하면서 인연이 되었을 뿐이었다.

급조된 동양탐험대의 출범 과정에서 암스테르담의 상인, 오스의 역할은 결정적이었다. 그는 얼마 전 스페인의 공격을 피하여 안트베르펜을 탈출, 암스테르담으로 도망쳐 왔는데 암스테르담에 오자마자 북러시아 관련 무역업을 재개하면서 곡물과 소금유통업으로 상당한 이익을 남겼다. 뛰어난 상인이면서 동시에 사업수완가였던 오스가 동양에서 벌어질 새로운 사업기회를 결코 놓칠 리 없었다. 오스는 재빨리 암스테르담의 유력 상인과 자본가들을 불러 모았고, 먼 곳으로 가서 돈을 버는 회사라는 의미로 '원거리 회사'(Compagnie van Verre)라는 이름도 붙였다. 그는 원거리 회사라는 동양탐험대의 설립에 대해서 매우 매력적인 사업으로 홍보했고, 순식간에 큰 투자금(29만 길더)을 모았다.[8] 이렇게 정신없이 회사가 만들어지고 탐험대가 조직되는 과정에서 사업설명회에 참석했던 하우트만은 얼떨결에 네덜란드 최초의 동양탐험대 선발 대장이라는 행운의 직함을 받아들게 되었다.

이미 예상은 되었지만 하우트만 동양탐험대는 온갖 우여곡절을 겪었다. 단시간에 급조된 탐험대였고, 하우트만은 유능한 선장도 아니어서 249명으로 출발한 탐험대는 대다수가 사망하고 불과 89명만 살아 돌아왔다. 그러나 하우트만의 탐험대가 많은 어려움에도 불구하고 인도항로를 찾았고, 약간의 후추와 향신료를 동양에서 챙겨 올 수 있었다. 그

8) 네덜란드의 길더(네덜란드어: gulden, 영어: guilder)는 1279년부터 2002년까지 통용된 네덜란드의 통화로서 금(gold)을 의미한다. 2002년 유럽연합의 통화로 유로화가 통용되면서 네덜란드의 2.2길더를 1유로로 평가하였고 현재는 유로화에 완전히 통합되어 길더는 사용되지 않고 있다. 17세기 전후의 화폐 가치를 평가하기 위하여 문헌에 기록된 바를 보면, 암스테르담에서 팔리는 돼지 한 마리의 가격은 약 20길더였던 것으로 파악된다. 암스테르담의 최초 아시아원정단을 꾸리면서 불과 며칠 사이에 모인 29만 길더라는 투자금은 돼지 14,500마리를 살 수 있는 큰 액수였다.

약간의 후추와 향신료에 암스테르담 사람들은 거의 열광의 도가니에 빠져들었다. 적은 양의 후추였지만 투자금 대부분을 충분히 회수할 정도로 가치가 있었고 그들의 미래는 장밋빛으로 가득 찬 것으로 보였다. 오스가 주도했던 첫 번째 벤처회사는 당시의 관례대로 한 차례의 원정을 마친 이후, 회사를 해체하고 새로운 벤처회사로 다시 재출범했다. 새로운 선단을 만들어 선원을 모집했으며 더 능력 있고 노련한 선장을 동양탐험대의 대장으로 임명했다. 당시의 암스테르담 사람들은 "암스테르담, 암스테르담, 우리는 모두 부자가 되길 열망한다."라고 외쳤고 그것은 곧 현실이 되었다.

주식회사 연합 동인도회사(VOC)의 탄생

17세기 대서양 시대의 새로운 중심권역을 형성했던 네덜란드공화국의 핵심도시 암스테르담의 꿈은 연합 동인도회사(VOC)를 통하여 실현되었다. 네덜란드공화국의 주식회사 VOC는 이전에 없었던 새로운 형태의 회사로 출범했다.[9] 민간자금을 투자하고 수익성을 중시하는 벤처형 주식회사의 성격이 강했으며 동시에 국가기업의 기능도 맡고 있었다. VOC는 공화국 정부(연합의회)의 관리와 통제를 받으면서 전쟁 수행권한과 의무도 지닌 공화국의 군사조직인 측면도 있었기 때문이다. 외국에 나가서 군사 요새를 건설하고 관리할 포괄적 권한을 가졌으며, VOC의 직원들은 네덜란드공화국에서 파견된 외교관과 군인의 역할을 필요에 따라서 모두 행사할 수도 있었다. VOC의 원정대 총지휘관은

---

9) 베네치아의 벤처회사였던 콜레간자(colleganza)는 지중해의 항로가 안전하게 바뀌면서 점차 사라졌고, 많은 자본을 축적한 대상인들에 의하여 연속성이 있는 정주식 무역회사(베네치아식 종합상사)가 등장한 바 있다. 네덜란드공화국의 연합 동인도회사(VOC)는 벤처식 콜레간자보다 정주식 무역회사와 비슷한 부분이 많은데 그런 정주식 무역회사를 한 단계 더 진보시킨 것이 VOC라고 볼 수 있다. VOC는 많은 주식투자자를 공개적으로 모집하여 큰 자금을 손쉽게 모을 수 있었지만 투자자의 위험부담은 획기적으로 줄여주었다. 투자금에 따라서 이익은 배당하지만, 투자자의 위험을 줄이기 위하여 투자한 액수에 대해서만 유한책임을 지는 주식회사의 특징을 적용했기 때문이다. 17세기까지 회사 형태도 [벤처식 콜레간자 → 정주식 무역회사 → 주식회사 VOC]로 발전된 것도 주목할 부분이다.

회사의 직원이면서 동시에 네덜란드 해군의 사령관 지위도 보유하고 있는 셈이었다. 또한, VOC는 네덜란드의 6개 도시에 사무소를 분산하여 설립, 운영되는 연합회사이며 각 도시의 영향권 하에서 자체적인 선단을 보유할 수 있었다.

네덜란드는 스페인제국과 벌인 80년의 독립전쟁과정을 통하여 봉건적 정치체제에서 벗어나 전혀 다른 공화국을 탄생시켰다. 로마의 가톨릭 교황과 연결된 교회부문이 약해지면서 네덜란드는 종교의 자유뿐만 아니라 사상의 자유도 허용되었고, 그 자유로운 공백에 공화주의자와 신교도(프로테스탄트)가 들어와 새로운 시대와 새로운 공화국을 만들었다. 특히, 포르투갈이 스페인에 합병되면서 후추 무역에서 암스테르담의 상인이 배척당했던 위기상황에서는 오히려 이를 역으로 이용하여 암스테르담 상인들이 약해진 포르투갈 세력을 몰아내고 동양의 후추(향료) 시장에 직접 진출했고 큰 이익을 내기 시작했다. 더욱이, 암스테르담의 상인과 은행가를 중심으로 공화국 정부의 전폭적인 지원을 받아서 출범한 매우 혁신적인 기업, VOC는 가장 주목할 부분이었다.

이처럼 암스테르담의 VOC는 이전에 볼 수 없었던 독특한 정치적-상업적 조직체로서 네덜란드공화국의 느슨한 연합정부를 대신하여 강력한 해양세력을 만들 수 있었다. 스페인제국에 대한 독립은 선언했지만, 네덜란드는 7개 주(홀란트, 젤란트, 유트레히트, 헬더란트, 오버레이셀, 흐로닝엔, 프리즈란트)가 수평적 관계에서 약하게 연결된 연합공화국이었다. 따라서 대도시의 선단이 모여서 형성된 VOC는 네덜란드공화국의 해군력을 집약할 수 있는 단일한 군사조직체로서 공화국의 취약한 연합정부 역할을 대신할 수 있었다.[10)] VOC가 단순한 기업이 아니라 공화국의 힘을 집약시킨 특별한 공공조직체였다고 평가받는 이유이다. VOC는

10) 네덜란드공화국은 1602년, VOC에 인허장(Charter)을 주면서 독점적 무역 권한을 20년 동안 보장하는 한편, 네덜란드의 6개 도시에 반드시 VOC 사무소를 설치하도록 규정하였다. 그 도시는 Amsterdam, Middlebrug(Zeeland), Rotterdam, Delft, Hoorn, Enkhuizen이었다.(Paul Brood. The Dutch East India Company Book. Wbooks. 2017 참조)

네덜란드의 7개 주와 주요 도시의 이해관계를 대변하는 주식회사이면서 동시에 공화국 전체의 단합된 국익을 추구하는 군사적 힘을 갖춘 국가기관이었던 셈이다.

5. 연합 동인도회사(VOC)의 주요조직과 자본금

17세기 암스테르담의 황금시대는 VOC의 국제적 해상활동과 함께 본격화되었다. 따라서 동(東)대서양 시대의 헤게모니 중심권역을 이해하기 위해서는 네덜란드공화국의 연합의회를 살펴보는 것보다 VOC의 주요조직과 자본금을 정확히 이해하는 것이 더 합당하다고 할 수 있다.

연합 동인도회사(VOC)의 조직

VOC는 공화국의 6개 주요 도시(지역)에 VOC의 지역 사무소를 설치하여 전국단위로 운영되었다. 출범 초기부터 암스테르담의 상인과 은행가의 영향력이 워낙 커서 선박의 신규 건조를 비롯한 회사의 주요 사항을 다룰 때, 암스테르담이 모든 것을 결정하지 못하도록 분권화 조직을 만든 것이다. 우후죽순으로 만들어져 경쟁력을 잃고 있었던 각양각색의 동양탐험대와 무역회사를 통폐합하면서 그 전제 조건으로 약정된 사항이기도 했다. VOC는 공화국의 연합의회로부터 많은 권한을 부여받았으나 내부적으로는 암스테르담의 독주를 막기 위하여 6개 도시가 권한을 서로 나눈 것이다. 그렇지만 VOC의 각종 비용부담과 자본력 확충에서 암스테르담의 VOC사무소는 전체의 반(50%) 이상을 차지했다. 네덜란드에서 암스테르담 다음으로 강력한 지위를 가졌던 젤란트(Zeeland)의 미델뷔르흐(Middlebrug)의 비용분담은 25%에 못 미쳤고 나머지 사무소를 모두 합쳐도 25% 이하였다.

VOC는 동양탐험대 또는 프리컴퍼니(precompany)로 불리며 난립했던 무역회사들을 하나로 통폐합해서 만들어진 회사였다. 이런 배경에서 기존의 회사들에서 일했던 회사 임원 대부분을 VOC의 6개 지역 사무소(chamber) 이사로 취임하도록 하여 통폐합에 따른 내부적 반발을 줄였다. 한편, 전체 VOC의 이사는 총 60명 정도였는데 그들 가운데 최고 의사결정기구인 '17인 위원회'에 참여할 수 있는 대표위원 숫자는 지역별 사무소(chamber)의 역량에 따라서 차이를 두기도 했다. '헤렌(Heren)17'이라고도 불렸던 VOC의 '17인 위원회'는 17인의 주인이라는 의미를 지닐 정도로 VOC의 최상위조직이었다. 그런데 암스테르담의 독주를 견제하기 위하여 '17인 위원회'의 대표위원으로 암스테르담 사무소에 보낼 수 있는 대표위원의 최대수는 8명으로 제한되어 있었다. 17명 가운데 8명으로는 결코 절반을 넘을 수 없는 숫자였고 '17인 위원회'의 위원장도 암스테르담 출신이면 안 된다는 규정까지 있었다.

어쨌든, 헤렌17의 '17인 위원회' 대표위원은 네덜란드의 6개 지역을 대표하는 성격을 갖고 있었다. 암스테르담 8명, 미델뷔르흐 4명, 로테르담 1명, 델프트 1명, 호른 1명, 엥크하위젠 1명으로 구성되었고, 대표위원장은 (암스테르담을 제외하고) 돌아가면서 선출되었다. '17인 위원회'는 네덜란드공화국 전체의 이해관계를 고려하여 구성되었지만, VOC가 실제로 운영되면 될수록 암스테르담의 영향력은 커질 수밖에 없는 상황이었다. 참고로 VOC의 '17인 위원회'와 6개 지역별 사무소는 훗날 영국과 미국의 여러 조직에도 많은 영향을 주었는데 그 구성도를 간략히 도식화하면 다음과 같다.[11]

---

11) 영국의 BOE(Bank of England)도 설립 초기에는 VOC의 '17인 위원회'와 비슷한 위원회조직으로 운영되었고, 영국의 동인도회사도 18세기 초엽부터는 VOC의 위원회와 비슷한 방식으로 조직이 운영되었다. 미국의 연방준비제도(Federal Reserve System)뿐만 아니라 미국의 상공회의소(U.S. Chamber of Commerce)의 명칭에서도 VOC의 전통은 남아있다. 사무실(Office)이 아닌 회의소(Chamber)로 표기하고 있는 이유는 VOC의 지역 사무소(Chamber)의 영향을 받았기 때문이다. 우리의 대한상공회의소(Korea Chamber of Commerce and Industry)에서도 VOC의 흔적이 발견되는 이유이다.

네덜란드공화국의 연합 동인도회사(VOC)
(Verenigde Oost-Indische Compagnie)

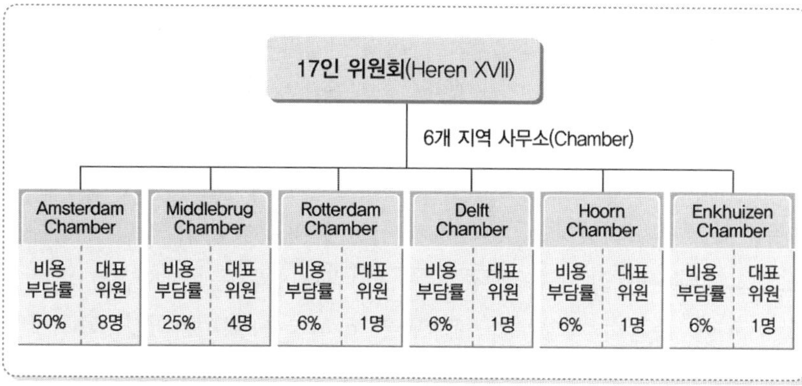

* VOC의 '17인 위원회'의 지역별 대표위원 구성비율: 대표위원(16인)은 지역별(8 : 4 : 1 : 1 : 1 : 1)의 구성이며 대표위원장에서 암스테르담은 제외.

헤렌17과 연합 동인도회사(VOC)의 특허장

VOC의 최고의사결정조직인 헤렌17 즉, '17인 위원회'는 앞서 살펴보았던 베네치아공화국 정부의 '17인 위원회'와 공통점을 많이 갖고 있었다. VOC가 6개 지역을 대표하는 사무소로 이루어진 것처럼 베네치아 본섬도 6개 구역(6개의 Sestiere)으로 나뉘고 이를 대표하는 6인 위원회가 있었다. 베네치아공화국 정부의 핵심적 의사결정을 담당하는 최고위원회도 '17인 위원회'였는데 그 구성원을 보면, 지역을 대표하는 6인 위원회가 중추적 기능을 담당하면서 대국회를 대표하는 10인, 최고지도자 도제(Dose) 1인을 포함하여 '17인 위원회'로 운영되었다. 베네치아공화국 정부의 '17인 위원회'는 지중해를 관리하면서 효율적으로 정부를 운영했는데 여기에는 17이라는 숫자가 지닌 균형성과 관련이 깊었다. 짝수가 아닌 홀수이면서 너무 작지도 크지도 않은 규모의 위원회였기 때문이다. 네덜란드의 VOC도 '17인 위원회'를 통하여 희망봉에서 마젤란해협(태평양)까지 매우 효율적으로 VOC를 운영한 것으로 유명하지만, 그 내부에서 이루어진 회의내용은 기록에 남기지 않았다.

한편, 17세기의 VOC는 이전의 무역회사들과 비교하여 볼 때, 여러 가지 차이를 보였는데 그 가운데 가장 특징적인 것은 자본금을 모으는 방식이었다. 물론 VOC의 특별한 자본금 충당방식을 가능하게 만들었던 배경에는 VOC가 네덜란드공화국 정부(연합의회)로부터 부여받은 독점적 특허장이 있었기에 가능했다. 하우트만의 동양탐험대가 출범했던 1595년부터 VOC가 세워진 1602년까지 약 7년 동안 장거리회사, 오래된 장거리회사, 새 브래반트회사 등 크고 작은 다양한 프리컴퍼니가 우후죽순으로 설립되었지만, 부작용이 심했기 때문이었다. 이런 배경에서 1602년, 네덜란드의 공화국 정부는 프리컴퍼니를 통폐합하면서 만들어진 VOC에 독점적 동양무역권을 담은 특허장을 부여하였다. 특허장에서 VOC는 희망봉(아프리카 남단)의 동쪽에서부터 마젤란해협(아메리카 남단)의 서쪽, 즉 인도양과 태평양의 모든 지역에서 독점적 교역을 할 수 있는 권리를 부여받은 것이다.

더욱이 VOC의 특허장 제35조에는 네덜란드의 공화국 정부(연합의회)를 대신하여 VOC가 동양의 군주와 조약을 체결할 수 있으며, 전쟁을 선포할 수도 있고, 요새와 상관을 건설할 수 있도록 군인을 충원할 권리까지 규정하고 있었다. 이로써 VOC는 네덜란드가 있는 대서양을 제외한 모든 바다에서 공화국 정부를 대신할 수 있는 권력을 행사할 수 있었다. VOC는 주식회사이지만 공화국의 어떤 기관보다 강력한 공공조직이고, 동시에 군사적 집행권도 갖고 있었기 때문이다. VOC의 직원 숫자 가운데 군인의 비율이 매우 높았던 것도 이 회사를 단순한 상업적 주식회사로만 볼 수 없는 이유이다. 17세기 초의 VOC 소속 군인은 약 3,000명이었지만 이후 급속히 증가하여 18세기 중엽에는 1만 7천명에 달했다. VOC는 공화국 정부의 대외무역기구이면서 동시에 강력한 해양군사조직이었다.

연합 동인도회사(VOC)의 자본금

한편, VOC의 특허장 제10조는 네덜란드에 사는 모든 사람은 누구라도 VOC의 주식을 살 수 있다고 규정하고 있다. 그렇지만 17세기 초까지도 아직 주식(stock)이라는 용어는 보편적 용어가 아니어서 특허장의 관련 규정에서는 회사의 지분(share)을 산다는 것으로 표시되었다. 어쨌든, 특허장에 규정된 바에 따라서 네덜란드에 사는 누구라도 신분의 귀천이나 돈이 많거나 적거나 관계없이 누구라도 원한다면 원하는 만큼(너무 큰 지분만 아니라면), VOC 주식을 사서 부자가 될 기회를 모두에게 개방했다는 것은 봉건체제에서는 상상도 할 수 없는 사건이었다. 네덜란드공화국 정부는 VOC의 주주가 더 많으면 많을수록 스페인제국과의 독립전쟁에서 그들이 추구하는 공화국의 가치를 더 높일 수 있다는 정치적 계산도 갖고 있었고 이런 배경에서 주식회사의 탄생은 공화국의 가치와 밀접한 관련이 있었다고 하겠다. 어쨌든 1602년, VOC의 지분(주식)을 사고 싶은 사람들은 8월 말까지 암스테르담 사무소를 비롯한 각 지역사무소에서 VOC 지분취득 의향서를 제출해야 했다. VOC의 주주가 되려는 투자자는 주주명부에 자신의 이름을 적어넣고 그 옆에 주식청약 액수를 함께 기록하는 방식이었다. 상세한 기록이 잘 보전된 VOC의 암스테르담 사무소 청약 상황을 살펴보면 이러했다.

우선 암스테르담 사무소에서 VOC의 초대 주주로 등록한 사람은 수천 명이었는데 지분취득의향서로 약정한 총액은 400만 길더에 육박했다. 부자상인 가운데에는 수만 길더를 투자한 사람도 있었지만, 가정집 하녀로 어렵게 일하고 있는 사람도 수십 길더를 투자했다. 다양한 공화국의 시민들이 자신의 형편에 맞추어 크고 작은 액수로 미래의 번영을 약속해줄 VOC에 투자한 것이다.[12)] VOC의 주식청약을 모두 마감하고 정리한 결과, 6개 지역사무소별 세력이 예상과 조금 달랐다. 먼저 암스테르담 사무소에서 투자받은 액수는 전체의 57%였지만 경쟁 관계에 있

---

12) 네덜란드의 공화국 시민들은 너도나도 VOC 지분을 사는 것에 열광했다. 이미 동양으로 가서 많은 돈을 벌어왔던 동양 탐험대들 즉, 프리컴퍼니를 하나로 통폐합해서 만든 독점적 무역특권을 지닌 VOC이었기 때문이었다. 실제로 VOC는 막대한 이윤을 창출하였고, VOC의 주식소유자들을 부자로 만들어 주었다. 암스테르담의 최고 부자였던 수아소 가문도 VOC의 많은 주식을 소유하면서 큰 이익을 냈고, 그 이익금으로 오렌지 공 윌리엄 3세의 명예혁명을 지원하기도 했다. 이와 관련된 자세한 사항은 <국가의 부와 복지>(2019)에서 소개한 바 있다.

었던 미델뷔르흐 사무소는 20%에 불과했다. 엥크하우젠 사무소가 8%, 호른이 7%, 델프트가 4%, 로테르담이 3%였다. 지역사무소별 차이는 컸지만, 전체적으로 총 650만 길더의 자본금을 불과 수개월 만에 모은 것은 대단한 성과였다. 오늘날의 액수로 환산하면 약 1억 유로 또는 1,200억 원 정도로 환산되는데 17세기의 인구와 경제 규모를 고려할 때 이는 엄청난 규모였다. 시민을 대상으로 공개적으로 주주를 모집하여 아직 만들어지지도 않은 회사에 엄청난 투자금이 몰리면서 650만 길더의 막대한 자본금으로 VOC는 출범하였다. VOC는 약 200년(1602~1799) 동안 아프리카와 아시아에 거대한 해양네트워크를 형성했는데 1753년을 기준으로 작성된 기록을 보면 21개 장소에 지점 도시를 세워 운영한 것으로 파악된다.

연합 동인도회사(VOC)의 아시아-아프리카 해상네트워크 각 [지점 도시] 및 주재원*

(단위: 명)

지점 도시	주재원	지점 도시	주재원	지점 도시	주재원
BATABIA	4,860	MAKASSAR	995	BENGAL	440
BANTAM	407	PALEMBANG	83	MALABAR	1,395
CHERIBON	148	SUMATRA	478	SURATTE	385
동부 JABA	2,822	POULO GONDI	22	GAMRON	22
AMBON	864	BANDJER MASIN	68	NAGASAKI(出島)	12
BANDA	646	MALACCA	471	희망봉(아프리카)	1,439
TERNATE	759	CEYLON	4,652	선박탑승(항행중)	1,354
TIMOR	68	COROMANDEL	789	총 21개 지점	총 **23,179**

* 1753년 기준.

출처: Paul Brood, 2017: 41 참조.

6. 대서양 서쪽에 세운 새로운 암스테르담, 뉴욕

연합 동인도회사(VOC)는 아프리카와 아시아의 동쪽을 향해서 해양네트워크를 형성했지만, 대서양 건너편의 신대륙에도 새로운 암스테르담을 세웠다. 17세기 초, 대서양을 건너 북서항로를 찾고자 했던 VOC의 탐험가 허드슨(Henry Hudson)은 북아메리카에서 오늘날의 뉴욕을 발견했다. 그의 발자취는 뉴욕의 맨해튼 섬을 감싸 흐르는 허드슨강뿐만 아니라 캐나다와 북극의 경계를 이루는 허드슨만에도 이름을 남겼다.

북아메리카의 뉴네덜란드

암스테르담의 구도심을 걷다 보면, 탐험가 허드슨의 흔적을 여기저기서 쉽사리 만나 볼 수 있다. 영국인으로 암스테르담의 VOC에 고용된 허드슨은 영국보다 네덜란드에 더 친숙한 암스테르담의 세계인재였다. 17세기의 네덜란드공화국은 민족과 출신보다 능력을 중시하며 그에 합당한 대접을 할 수 있던 근대적 공화국이었다. 13세기의 몽골, 15세기의 베네치아에 이어서 세계적 인재관리시스템이 17세기의 암스테르담에서도 적용되었다. 어쨌든, VOC의 허드슨이 암스테르담의 항구를 떠나 대서양을 건너 신항로를 찾던 중, 1609년 즈음에 북아메리카 대륙의 동해안에 도착하였고, 그곳에서 큰 강을 발견했는데 허드슨은 이곳을 중심으로 새로운 식민지를 개발하면 좋겠다는 긍정적인 평가서를 남겼다. 허드슨의 발견 이후, 네덜란드 사람들은 이곳을 뉴네덜란드(Nieuw Nederland)라고 이름 붙였고, 자신들의 해외 식민지로 개발했는데 지금의 뉴욕주(New York State)가 바로 그곳이다. 뉴네덜란드를 흐르는 큰 강의 이름은 발견자의 이름을 붙여서 허드슨강이라고 했고 훗날, 뉴네덜란드가 뉴욕으로 이름이 바뀌었어도 허드슨강의 이름은 그대로 변하지 않았다.

네덜란드가 북미대륙에서 뉴네덜란드를 개발하는 과정에서 주도적 역할을 한 회사는 서인도회사(WIC: West Indische Compagnie)였다. 이

회사는 1621년, 연합 동인도회사(VOC)의 새로운 자매회사로 설립되었는데 WIC는 1623년, 투자금으로 700만 길더를 모아 출범하였다. 이 정도의 자본금 규모이면 20년 전, VOC가 모았던 650만 길더를 넘어서는 액수였고 서(西)대서양에서 무역독점권을 행사할 수 있는 강력한 회사로 자리 잡기에 충분했다. 네덜란드공화국의 WIC는 희망봉에서부터 동쪽의 태평양에 이르는 바다를 관리하는 VOC와 대칭점에 서 있는 서(西)대서양의 세계(아메리카)를 맡아 새로운 네덜란드를 건설하는 주체가 되었다. WIC가 본격적인 역할을 하면서 그들은 먼저 북미대륙의 허드슨강 유역에 관심을 가졌고, 이 지역을 집중적으로 공략하면서 뉴네덜란드가 세워지게 되었다.13)

허드슨강 유역에 새로운 뉴네덜란드 식민지를 건설하면서 네덜란드 본국에서 많은 이민자가 유입되었다. 아메리카의 식민지에서 6년만 일하면 경작할 토지를 분배받을 수 있다는 당시로는 매우 파격적인 조건을 듣고 자본이 없는 네덜란드 젊은이들이 WIC에 몰려왔다. 네덜란드의 암스테르담에는 부유한 상인과 자본가들이 많았지만, 남부지역에서 상경한 시골 젊은이들은 돈도 없었고 기술도 없었기 때문에 신대륙에서 새로운 삶을 만들 수 있다는 것은 기회였다. 특히, WIC는 암스테르담의 결혼 전문회사라는 별명을 가질 정도로 수많은 신혼부부를 만들어냈다. 시골에서 막 올라온 젊은이들은 대부분 처녀와 총각이었고, 이들을 홀로 신대륙에 보내는 것은 도움이 안 된다고 WIC는 판단했다. 그래서

---

13) 네덜란드공화국이 북아메리카를 개척할 당시, 영국에서도 북미대륙에 식민지를 건설하고 있었다. 1607년에 세운 제임스타운은 가장 먼저 세워진 영국 왕의 식민지였는데 1610년까지 살아남은 영국인은 최초 3백 명에서 60명밖에 남지 않을 정도로 어려웠다. 그러나 제임스타운에서 담배가 생산되고 유럽으로 수출길이 열리자 경제적 문제가 해결되고 지금의 리치먼드까지 식민지를 확장하면서 발전할 수 있었다. 한편, 1620년에는 영국 최초의 이민 청교도, 102명의 필그림 파더스(Pilgrim Fathers)가 지금의 매사추세츠 인근에 메이플라워호를 타고 도착하게 된다. 이들은 지금의 보스턴을 중심으로 뉴잉글랜드를 건설했으며 청교도 정신을 통하여 영국의 식민지가 아닌 새로운 미국이라는 공화국을 만들어 나갈 수 있는 정신적 토대를 닦았다. 이런 과정을 거치면서 17세기 중엽, 미국의 동부 해안에는 북부의 뉴잉글랜드(청교도), 중부의 뉴네덜란드(뉴암스테르담) 그리고 남부의 버지니아(영국왕의 제임스타운이 모태)가 세워지면서 네덜란드와 영국의 충돌은 불가피했다.

무역회사였던 WIC가 본의 아니게 암스테르담의 중매쟁이 역할을 도맡았고, 대서양 너머의 신대륙으로 신혼부부를 짝지어 보냈다. 네덜란드의 WIC는 신대륙의 뉴네덜란드에서 제대로 된 식민(植民)정책을 폈고, 그들은 뉴네덜란드의 각 지역에 네덜란드 지명을 가져다 붙이면서 정착하여 나갔다.[14] 실제로 남부 네덜란드 왈로니아 출신인 카타리나(Catharina)는 WIC의 중매로 결혼하여 뉴네덜란드에 정착했는데 그녀는 살아생전에 11명의 자녀를 낳았고, 칠순이 되어 증손자까지 합치니 그녀의 후손이 150명을 넘었다고 한다.

뉴네덜란드의 뉴암스테르담

신대륙의 뉴네덜란드에 정착한 이주민들은 본래부터 살던 원주민들과 필요한 것을 교역하면서 사이좋게 지냈다. 그런데 WIC의 소속군인이 원주민 사이에서 발생한 분쟁에 끼어들면서 네덜란드인이 원주민에게 살해당하는 사건이 발생했다. 이주민 사이에 공포감이 퍼졌고 강력한 지도력의 필요성과 함께 외부공격을 막을 방비책이 필요하다는 배경에서 제1대 총독으로 미누이트(P. Minuit)가 등장하게 되었다.[15] 안전한 요새 건설의 좋은 입지로 허드슨강 입구 쪽의 길쭉한 섬이 적격이라는 평판이 있었고 이곳에 살던 인디언 부족장에게 60길더 정도의 물건을 주면서 섬 전체를 구매했다. 그 섬의 이름은 맨해튼이고 지금도 뉴욕시

14) 허드슨강 유역에 뉴네덜란드를 개발하면서 각 지역에 이름을 붙였는데 그 지명은 지금도 그대로 사용되는 경우가 많다. 우선 뉴네덜란드의 북쪽 지역은 로트 에일란트(Roodt Eylant)라고 이름 붙였는데 바다에서 해가 떠오르면 그 햇살에 섬이 붉게 보인다고 붙인 이름으로, 지금의 로드 아일랜드(Rhode Island)이다. 네덜란드의 브뢰켈렌(Breuckelen)은 뉴욕시의 브루클린(Brooklyn)이 되었고, 암스테르담 근처의 하를럼(Haarlem)은 뉴욕시의 할렘(Harlem)이 되었다. 놀이동산으로 유명한 뉴욕의 코니아일랜드(Coney Island)는 코니너(Conyne)라는 명칭에서 유래되었다. 그밖에도 스태튼 아일랜드, 롱아일랜드, 이스트강도 네덜란드의 지명에서 유래된 뉴욕의 지명들이다. 철자와 발음은 조금씩 바뀌었지만, 그 유래를 따지면 영국이 아닌 네덜란드에서 온 지명들이 많았다.

15) 이런 배경에서 뉴네덜란드의 제1대 총독으로 취임한 미누이트(P. Minuit,1580~1638)는 1625년부터 허드슨강 유역 입구에 암스테르담 요새(Fort Amsterdam)를 건설할 계획을 세웠다.

의 중심을 이루고 있다. 맨해튼의 배터리 공원에 가면 당시의 상황을 재현하듯 네덜란드와 인디언의 기념비를 찾아볼 수 있다.16) 1626년, 맨해튼은 공식적으로 네덜란드공화국(WIC)의 소유토지로 등록되었고, 뉴암스테르담(오늘날의 뉴욕)이 탄생한 해가 되었다.

뉴네덜란드의 중심지로 뉴암스테르담은 급속히 성장했고, 군사시설용 요새라는 것을 무색하게 할 정도로 상업거래의 중심지가 되었다. 암스테르담 요새(Fort Amsterdam) 안에는 뉴암스테르담 의회가 세워졌고, 허드슨강 유역의 대표적 요충지가 되면서 인구수도 늘고 교회도 세워졌다. 뉴암스테르담에는 예쁜 박공장식의 연립주택이 지어졌고 운하도 팠으며 커다란 풍차도 세웠다. 암스테르담 시내에 있었던 화물 무게를 재는 계량소도 생겼으며 렘브란트의 유명한 명화, <야간순찰>에서 그려졌던 민간 순찰대도 뉴암스테르담에 등장하여 도시의 치안을 맡았다.17) 뉴네덜란드의 제2대 총독으로 부임한 키프트(W. Kieft)가 뉴암스테르담을 가리켜 18개 이상의 언어가 사용되는 국제적인 도시라고 했을 정도로 당시의 뉴암스테르담은 매우 개방적인 도시였다.

1647년, 스토이베산트(P. Stuyvesant, 1612~1672)가 뉴네덜란드의 제3대 총독으로 취임했을 즈음, 영국의 침략 가능성은 점점 커지고 있었다. 그래서 1653년, 뉴암스테르담 요새의 성곽은 크게 증축되었고 깊은 도랑도 파서 외부 침입에 대한 방어력을 한층 높였다. 그런데 외부의 적보다 내부의 문제가 더 심각하게 발생하고 말았다. 뉴네덜란드의 마지막 총독이 되어버린 스토이베산트가 지역 주민들에게 크게 반감을 사

16) 뉴욕시의 남단에 있는 배터리 공원(Battery park) 입구에 세워진 기념비에는 네덜란드인(Dutch Director－General Peter Minuit)과 인디언 추장(Lenape 부족)이 상호 재화를 교환하면서 맨해튼을 거래하는 모습이 조각되어 있다. Dienke Hondius 등이 저술한 <Dutch New York Histories>, LM Publishers, 2017. 참조.

17) 네덜란드의 국민화가인 렘브란트(Rembrandt, 1606～1669)의 <야경>(The Night Watch; The Militia Company of Captain Frans Banning Cocq)은 암스테르담의 황금시대를 상징하는 명화로 알려져 있다. 그의 그림은 거대한 크기(437×363cm)와 함께 빛과 그림자를 적절히 사용한 것으로도 유명하지만, 17세기 중엽(1642)에 종교적 성인이나 황제나 귀족이 아닌 민간 순찰대를 그렸다는 점에서 네덜란드공화국을 대표하는 그림이라는 특별한 의미도 갖고 있다.

고 배척당했기 때문이었다. 그는 지역 주민을 향하여 비아냥거리며 본국에서는 왜 쓰레기 같은 사람만 보내는지 모르겠다는 식으로 모욕감을 주는 등 화근을 만들었다.[18] 1664년, 영국의 왕 찰스 2세는 뉴네덜란드의 중심지인 뉴암스테르담을 위협하여 손쉽게 빼앗을 수 있었고 이에 대한 지역 주민들의 저항은 거의 없었을 정도였다. 이로써 17세기 중엽, 영국은 북아메리카 동쪽의 온대지역에서 북부의 뉴잉글랜드, 중간의 뉴욕(뉴암스테르담), 그리고 남부의 버지니아를 하나로 연결할 수 있었고 사실상의 영국 식민지 13개 주(state) 지역을 완성할 수 있었다.

뉴욕을 버리고 선택한 수리남

1664년에 굴욕적으로 빼앗겼던 뉴욕(뉴암스테르담)을 네덜란드는 다시금 되찾을 수 있었다. 제2차 영란전쟁(1665~1667)에서 승리한 네덜란드는 북미의 뉴욕과 남미의 수리남을 놓고 양자택일할 수 있는 선택권을 갖고 있었다. 남미에 있는 수리남은 영국이 1650년경, 남아메리카의 동북부에서 사탕수수와 담배농장을 운영하면서 대규모 정착지를 건설한 지역이었다. 이곳을 두고 영국과 네덜란드가 상호 영유권 분쟁을 벌였는데 제2차 영란전쟁 이후, 영국은 네덜란드에 우선적 선택권을 양보해야만 했고 네덜란드공화국의 정부는 자발적으로 자신들의 우선권을 내세워 뉴욕이 아닌 수리남을 선택하는 결정을 했다.[19]

네덜란드의 선택을 두고 논란도 있었지만, 네덜란드는 1667년의 브레다 조약을 통해 수리남을 확고히 장악할 수 있었고 네덜란드는 이에

---

18) 스토이베산트는 식민지 주민들에 군림하여 통치하면서 지역 주민들의 반감을 사고 있었다. 1664년, 영국 군함이 뉴암스테르담의 항복을 촉구했을 때, 지역 주민들은 스토이베산트를 돕지 않았으며 그 자신도 전쟁을 하지 않고 영국군에 항복했다. 그는 치욕적으로 뉴네덜란드를 떠나야 했지만 몇 년 후에 다시 돌아왔고, 뉴암스테르담에서 뉴욕으로 변한 맨해튼의 농장 지역(현재 뉴욕시의 바워리가)에 정착하여 생을 마치게 된다. 주경철. <네덜란드: 튤립의 땅, 모든 자유가 당당한 나라>, 산처럼, 2002. 제6장 등을 참조.

19) 북미의 뉴욕과 남미의 수리남(Suriname) 가운데 선택할 권한은 네덜란드에 있었다. 오늘날이라면 고민할 필요가 없겠지만, 17세기 중엽의 상황은 지금과 크게 달랐다. 뉴욕은 북미대륙의 요충지였지만, 눈도 많이 오고 살기 힘든 곳이었다. 이에 비교하여 수리남은 드넓은 사탕수수 농장과 담배농장에서 큰 수익이 나오는 곳이었다.

만족했다.[20] 한편, 네덜란드가 포기한 뉴욕에서 네덜란드의 공공기관과 군대는 완전히 철수했지만, 이름만 바뀌었을 뿐, 뉴욕은 여전히 뉴암스테르담이었고 이 도시에는 네덜란드 출신이 많았다. 암스테르담에서 이주해온 많은 이들이 여전히 네덜란드어를 사용하면서 살았고 그래서 1763년까지도 뉴욕 교회에서는 네덜란드어가 통용되었다. 1776년의 독립선언 당시, 13개 식민주 가운데 네덜란드 사람이 가장 많이 살고 있었던 뉴욕주는 대체로 영국 왕에 대하여 그리 좋은 감정이 없었다. 그런데 영국 왕에 항거했던 경험이 많았던 북부의 뉴잉글랜드(보스턴)도 청교도 후손으로서 영국 왕을 그리 좋아하지 않았다. 그래서 뉴욕과 뉴잉글랜드는 독립전쟁을 주도할 수 있었고 그들은 영국 왕이 통치하는 왕국의 식민지가 아닌 시민의 공화국을 만들고자 했다.

그리고 마침내 1776년, 독립을 선언한 아메리카 신대륙의 13개 주는 단합하여 하나의 공화국을 건설했고 그들은 당대 최강의 대영제국을 향하여 독립전쟁을 본격화할 수 있었다. 이는 1579년, 북부 네덜란드의 7개 주가 유트레히트 동맹(Union of Utrecht)을 맺고 스페인제국에서 완전히 독립할 것을 맹세한 것과 비슷했다. 그리고 조금 더 거슬러 올라가면 서기 810년, 베네치아의 민병대가 당대 최강이었던 프랑크제국을 향하여 벌였던 자유를 위한 독립전쟁과 비슷했다. 이는 앞서 제4장에서 언급된 바와 같이 독립전쟁에서 승리하면서 강력한 해상공화국으로 발전한 베네치아공화국이 지중해의 중심권역을 이루었던 것과 맥락을 같이 한다. 그리고 제5장에서 살펴본 바와 같이 네덜란드도 80년 독립전쟁을 통하여 스페인제국을 물리치고 17세기, 동(東)대서양에서 헤게모

20) 1667년에 체결된 브레다 조약(Treaty of Breda)을 통하여 영국은 수리남과 기아나를 네덜란드에 양보하고 네덜란드는 영국에 뉴암스테르담(현재의 뉴욕)을 넘겼다. 네덜란드는 수리남에서 대규모 사탕수수 농장을 더욱더 확장했고 네덜란드의 상인은 서아프리카의 노예를 대규모로 수입하였고 수리남에 더 많은 노예 인력을 공급했다. 이로써 18세기의 네덜란드는 수리남에서 설탕을 대량으로 생산할 수 있었다. 한편, 19세기 초에 네덜란드가 프랑스의 나폴레옹에 의하여 주권을 빼앗기자 그 틈을 타서 영국은 기아나를 차지했는데, 이후 수리남만이 네덜란드령 기아나로 남았다. 20세기에 들어와 우여곡절을 겪다가 네덜란드령 기아나는 1975년, 네덜란드왕국에서 완전히 독립한 뒤 수리남공화국으로 오늘에 이르고 있다.

니 중심권역을 열었다. 이제 다음의 제6장에서는 베네치아와 암스테르담에 이어서 독립전쟁에서 승리한 미국이 연방공화국으로서 서(西)대서양의 중심권역을 어떻게 형성하게 되었는가를 살펴볼 차례이다.

Small Talk

암스테르담의 마르코 폴로, 린스호턴

포르투갈이 스페인에 병합되고 동양의 향신료(후추)를 판매하던 안트베르펜이 스페인 군대에 의하여 약탈당하면서 네덜란드의 상인들은 대안을 찾아야 했다. 특히 안트베르펜을 탈출하여 암스테르담에 운집해 있었던 상인과 자본가들은 포르투갈을 대체할 수 있는 새로운 해양 인재들을 발굴하여 동양의 향신료를 가져올 방법을 모색했다. 이때, 그 방법을 알려준 인물이 얀 린스호턴(Jan Linschoten)이었다. 베네치아의 상인, 마르코 폴로가 〈동방견문록〉을 통하여 콜럼버스에게 신대륙을 발견할 계기를 제공했다면, 린스호턴은 그의 〈포르투갈인 동양 항해기〉를 통하여 동양으로 갈 수 있는 비밀의 항로를 알려 준 셈이었다. 암스테르담의 근처, 할렘에서 태어난 네덜란드의 탐험가, 린스호턴은 1595년에 출간된 그의 항해기를 통하여 암스테르담의 뱃사람들이 어떻게 하면 포르투갈 사람들처럼 동양으로 갈 수 있는가를 매우 상세히 알려 주었다.

어릴 적부터 형을 따라서 스페인의 세비야와 포르투갈의 리스본에서 생활하면서 자랐던 린스호턴은 포르투갈어에 능통했다. 유창한 포르투갈어 덕분에 인도 서부 해안의 포르투갈 식민도시, 고아(Goa)에서 로마가톨릭성당 대주교의 보좌관으로 일할 수 있었는데 그 덕분에 포르투갈의 해양 상거래 활동을 누구보다 자세히 파악할 수 있었다. 16세기의 고아는 동양과 아프리카에서 활발히 활동했던 포르투갈 선단의 국제무역 중심지였고, 일본(나가사키)과 중국(마카오) 그리고 동남아시아 각 지역(말라카)과 교역했던 대표적 항구였다. 고아 대주교의 보좌관으로 일하면서 린스호턴은 포르투갈 뱃사람들이 다른 누구에게도 알리지 않고 몰래 숨겨왔던 동양의 후추 무역과 관련된 기밀 사항들을 정확히 파악할 수 있었다. 그는 자신의 탐험기에 이를 자세하게 소개했는데 마다가스카르와 모잠비크, 아덴과 아라비아, 미얀마와 보르네오섬에 대한 정보와 자세한 설명을 덧붙여 암스테르담의 뱃사람들이 인도항로를 찾을 수 있도록 결정적인 도움을 주었다.

그의 책은 당장이라도 동양에서 후추와 향신료를 가져올 수 있을 것처럼 상세히 기록되어 있어서 정교하게 바닷길 항해지도를 그려볼 수 있을 정도였다. 각 지역의 기후 및 조류에 관한 정보와 각각의 항구에서 얻을 수 있는 대표적 상품 품목까지 자세히 소개되어 있었다. 마르코 폴로의 책이 13세기를 대표하는 동양 탐험기라면, 린스호턴의 책은 16세기를 대표하는 동양 탐험기라고 평가하는 이유이다. 그의 책은 암스테르담에서 일약 베스트셀러가 되었고, 책에서 독자들은 동양의 향료(후추) 무역을 독점했던 포르투갈 세력을 대체할 수 있는 암스테르담의 비법을 상세히 소개받았다.

린스호턴을 가리켜 비크만(Beekman)과 같은 학자는 "네덜란드가 동양에서 해양제국을 건설할 수 있도록 이끌어 주었던 모세와 같은 분"이었다고 평가했다. 린스호턴의 〈포르투갈인 동양 항해기(Reys-gheschrift vanda Navigatien der Portugaloysers in Orienten)〉에서는 포르투갈이 말레이시아와 인도네시아 사이의 좁은 해협인 말라카(Malacca)를 장악했던 비밀스러운 내용도 상세히 소개하고 있다. 더욱이 린스호턴 덕분에 네덜란드의 뱃사람들은 포르투갈의 견제를 피하면서도 안전하게 인도네시아로 갈 수 있는 새로운 루트를 개척할 수 있었다. 린스호턴은 포르투갈 상인들이 동양에서 신망을 잃고 있음을 지적하면서 이제는 인적 자원이 뛰어나고, 금융력이 강한 네덜란드공화국이 아시아의 향료 시장에 뛰어들 수 있는 시기임을 분명하게 천명했다. 그리고 17세기 초, 그의 예측대로 네덜란드는 포르투갈을 제치고 동양의 새로운 해양세력으로 등극할 수 있었다(〈네덜란드 이야기〉, 벤 코츠, 제3장 황금시대를 참조하여 재작성).

제 6 장

서(西)대서양 시대의 미연방공화국

1. 미국의 독립전쟁

공화국을 세우는 과정에서 베네치아와 네덜란드 그리고 미국은 세 가지 공통분모를 갖고 있었다. 첫째는 외부에서 이주해온 많은 이민자가, 둘째는 당대 최강의 제국을 향하여 독립전쟁에서 승리하면서, 셋째는 제국을 패퇴시키고 점차 헤게모니의 중심권역을 형성했다는 공통점이다. 미국도 이민자들이 모여서 대영제국과 독립전쟁을 벌여 승리를 쟁취함으로써 공화국을 세울 수 있었다.

영국의 부당한 과세와 식민지인의 저항

뉴암스테르담(뉴욕)을 영국에게 내준 네덜란드는 북미에서 스스로 물러섰지만, 18세기 중엽까지 프랑스는 북미 식민지에서 영국과 치열한 전쟁을 벌였다. 그런데 1760년, 영국의 군대가 프랑스령 몬트리올을 함락시키면서 프랑스 세력은 급속히 약해졌고 영국 세력은 크게 확장되면서 북부 캐나다에서 남쪽의 플로리다 인근의 동부 연안까지 광대한 영역을 장악할 수 있었다. 영국의 프랑스에 대한 승리 배경에는 아메리카 13개 주 식민지인들의 지원과 도움이 상당히 큰 영향을 주었다. 그래서 영국의 식민지인들은 전쟁 이후에 상황이 좋아질 것으로 기대했으나 그들의 기대와는 달리 영국은 전쟁이 끝나자 식민지의 자율권을 오히려 제한하였다. 프랑스와의 전쟁에서 막대한 비용이 발생했고 그것을 식민지에 전가하려는 영국 정부의 재정정책 때문이었다. 영국의 국왕은 입헌군주제인 본국에서는 의회를 무시하고 조세권을 자의적으로 행사할 수 없었지만, 아메리카 식민지에는 독립적인 의회가 없어서 식민지에 많은 세금을 부과한 것이다.

1764년의 설탕세법, 1765년의 인지세법 등에 저항하면서 식민지인들도 영국의 본국 정부에 대응하기 위한 대책회의를 구성해야 한다는 목소리가 커졌다. 식민지인들의 저항 움직임이 일어나자 영국의회는 약간의 수정법안을 마련하여 설탕세와 인지세와 같은 개별세를 폐지하고 1767년, 찰스 타운센드 의원(재무상)이 입안한 타운센드법(Townshend Act)을 제정, 식민지에 부과했다. 이 법은 아메리카에 수입되는 모든 영국상품에 포괄적 관세를 부과한 것으로 일견 합리적인 과세제도라고도 볼 수 있었지만, 식민지의 의견수렴 과정은 전혀 없이 일방적으로 정해진 조치였기에 식민지 사람들을 더욱 분노하게 했던 측면도 있었다. 청교도 정신이 강하며 국왕에 대한 거부감도 여전했던 뉴잉글랜드의 보스턴에서는 이런 배경 속에서 시민들의 시위가 끊이지 않았다. 그리고 마침내 1770년, 흥분한 영국 군인들이 보스턴 시민들을 향하여 발포하면서 시위하던 시민들이 사망하는 사건까지 발생했다(보스턴 학살사건).

이를 계기로 식민지인들과 영국군 사이의 충돌은 더욱 심각한 양상을 보이게 되었고 1774년에는 제1차 대륙회의를 소집하였다. 아메리카의 13개 식민지주에서는 과거와 확실히 다른 새로운 분위기가 조성되었고, 영국의 국왕을 추종하는 왕당파의 세력은 상대적으로 약해졌다. 아메리카의 독립을 주장하는 애국파의 세력을 중심으로 13개 모든 식민지주의 목소리를 하나로 담을 수 있는 식민지 연합의회가 등장한 것은 더욱 주목할 상황이었다. 심상치 않은 변화 속에서 영국은 반역 세력을 소탕하겠다면서 더 많은 영국군을 보스턴에 주둔시켰고, 이는 식민지인들을 더 크게 분노하게 했다. 1775년 4월, 보스턴 인근의 렉싱턴에서 대영제국의 군대와 식민지의 민병대는 교전을 시작했고, 콩코드에서는 식민지의 민병대가 최강의 대영제국 군대를 효과적으로 공격하여 200명 이상의 영국군 사상자가 발생했다. 이로써 아메리카 대륙에서 대영제국을 향한 미국인들의 독립전쟁은 본격화되었다.

조지 워싱턴의 등장과 독립선언

대영제국에 대한 아메리카 식민지의 독립전쟁이 시작되면서 1775년 5월, 제2차 대륙회의가 필라델피아에서 개최되었고 제국의 군대에 맞설 아메리카 대륙군대에 관한 사항이 정해졌다. 대륙군대의 총사령관으로는 프렌치–인디언 전쟁을 통하여 큰 전공을 세웠던 버지니아의 대농장주, 조지 워싱턴(George Washington)이 맡게 되었다. 영국 국왕의 군인에서 아메리카 대륙군대(독립군)의 수장이 된 조지 워싱턴은 영국군과 교전이 계속되고 있었던 매사추세츠로 빠르게 이동했고, 하버드대학교가 있는 케임브리지 인근에 대륙군대(독립군) 작전본부를 세웠다. 대륙군대의 빠른 움직임에 대응하여 대영제국은 본국으로부터 추가적인 영국군을 보냈으며 독일(헤센)로부터 많은 용병까지 사들여 제국의 막강한 군사력을 확보했다.

대영제국에 대항했던 대륙회의는 북부 캐나다에도 영국 국왕에 대항하여 아메리카 대륙군대와 함께 하자고 했지만 거절당했다. 결국, 북아메리카의 대륙회의는 13개의 식민지 주(State)만으로 대륙군대를 구성했고, 각 지역의 자발적 민병대와 함께 공조하면서 대영제국과 전쟁을 벌였다. 북아메리카의 대륙회의는 군사적 조치와 함께 외교적인 조치도 함께 취했는데 유럽으로 외교사절을 급파하면서 미국의 독립에 대한 당위성을 호소하였다. 특히, 영국의 경쟁국인 프랑스와 네덜란드 등에 파견된 미국의 외교사절단들은 대륙군대(독립군)에 대한 지원을 절실하게 요청했다. 그러나 18세기 말의 상황에서 대영제국은 이미 프랑스를 군사적으로 제압한 바 있었고, 네덜란드의 금융 인재들 가운데 대부분은 런던으로 이주한 상태여서 영국에 대항하여 미국을 공개적으로 지원하는 것은 그리 쉬운 상황이 아니었다. 북아메리카에서 독립전쟁이 일어난 초기상황에서 유럽의 누구도 미국의 독립전쟁이 성공할 것으로 예상하기는 어려웠다. 그런데 그 시기, 침통한 분위기를 완전히 뒤엎는 작은 책자가 발간되면서 독립전쟁의 분위기는 급반전되었다.

1776년 초에 발간된 <상식>이라는 책자에서 토머스 페인(Thomas Paine)은 영국의 국왕으로부터 억압받는 아메리카인들의 부당함, 구대륙에 종속된 신대륙의 관계를 깨뜨려야 하는 당위성에 대해서 너무도 쉽게 상식적으로 주장하였다. 신대륙의 자유인들이 왜 독립을 해야 하는가에 대해서 페인은 그 논거를 명확히 설명했고 미국의 보통사람들은 미국의 독립정신을 스스로 인식하는 계기를 얻을 수 있었다. 페인의 <상식> 책은 순식간에 수십만 부가 인쇄되어 북아메리카 식민지 각 가정에 보급되었고 그 작은 책자를 통하여 미국인들은 자신들이 영국의 국왕에 복종하는 신하가 아니라 아메리카의 자유인이라는 의식을 강하게 가질 수 있게 되었다. 새로운 독립의 열망 속에서 토머스 제퍼슨의 기본적 작업과 존 애덤스, 벤저민 프랭클린 등의 논의를 거쳐 드디어 미국의 독립선언서가 작성되었고 1776년 7월 4일, 대영제국에 대한 아메리카의 독립은 선언되었다.

험난했던 독립전쟁의 과정

미국의 독립은 공식적으로 선언되었지만, 독립전쟁의 길은 험난했다. 13개 주는 서로 다른 주체로서 상호 분리된 상태에서 대영제국의 막강한 군대에 맞서 싸워야 했다. 내부적으로 영국의 국왕을 지지하는 왕당파가 여전히 존재했으며 식민지의 13개 주(State)는 느슨하게 모여서 구성된 대륙회의에서 하나의 단결된 의견일치를 보기 어려웠다. 미국의 대륙군대(독립군)와 비교하여 볼 때, 영국의 제국군대는 이미 해상권을 완전히 장악했고 뉴욕의 허드슨강 일대를 점령했으며 대륙군대(독립군)의 활동을 중간에서 차단했다. 워싱턴이 이끄는 대륙군대도 이런 상황을 타파하고자 뉴욕의 허드슨강 일대를 공격했지만, 제국의 강력한 군사력에 막혀 피해만 커졌고, 1776년의 추운 겨울이 오자 대륙군대(독립군)는 스스로 해체되기 직전까지 몰렸다.

영국의 제국군대는 추위에 떨고 있던 대륙군대(독립군)를 보면서 스스로 없어지기를 기다렸다. 느슨하게 성탄절을 즐기고 있던 대영제국의 군대뿐만 아니라 돈을 받고 파병된 독일의 용병부대도 자신들이 주둔해 있던 뉴저지의 트렌턴 기지에서 성탄절을 맞아 쉬고 있었다. 아메리카의 독립정신과 의지를 얕본 그들에게 대륙군대(독립군)는 결전의지를 다지며 기회를 노렸다. 1776년 12월 26일, 성탄절 바로 다음날, 조지 워싱턴이 이끄는 대륙군대(독립군)는 제국의 용병부대 주둔지인 트렌턴 기지를 급습했다(Battle of Trenton). 이 전투에서 대륙군대(독립군)는 압도적인 승리를 거두었고 와해 직전이던 대륙군대(독립군)는 기사회생하였다. 영국의 제국군대를 상대로 크게 승리한 트렌턴 전투를 계기로 프랑스도 대륙군대(독립군)를 재평가하기 시작했다. 벤저민 프랭클린(Benjamin Franklin)은 대륙회의 외교사절로서 미국의 독립선언 이전부터 프랑스 등을 상대로 미국의 독립을 승인해 달라고 요청했지만, 프랑스를 비롯한 대부분의 유럽국은 영국의 눈치만 보면서 주저했다. 그러나 트렌턴 전투의 승리를 계기로 유럽의 많은 국가가 미국의 독립을 구체적으로 지원하는 방향으로 외교 노선을 선회하기 시작했다.

1778년 6월, 프랑스는 영국에 선전포고했으며 네덜란드도 미국의 독립을 위하여 막대한 차관을 제공하기 시작했다. 유럽의 국가들이 미국의 독립전쟁을 지지하는 쪽으로 바뀌었고 대륙군대(독립군)의 활약이 계속되면서 영국도 내부적으로 갈등하기 시작했다. 대다수의 영국인은 식민지전쟁에 대하여 회의감을 드러냈고, 영국 국왕에 대한 반감과 함께 영국의회에 대한 비판의 소리도 커지기 시작했다. 전쟁은 계속되었지만, 미국과 영국 그 어느 쪽도 결정적 승리를 거두지 못한 상황에서 지루하게 계속되는 전쟁이 이어졌다. 실질적 측면에서 보아도 대륙군대(독립군)가 막강한 전력을 지닌 영국의 제국군대와 전면전을 벌이는 것은 위험했고, 시간이 지연될수록 영국보다는 미국이 유리할 것이기 때문에 대륙군대(독립군)는 치고 빠지는 지구전을 폈다. 그리고 마침내 1782년 12월, 영국은 의회연설을 통하여 미국의 독립을 인정했고 1783년 9월, 파리평화조약을 통하여 영국은 미국의 독립을 공식적으로 승인했다.

2. 미국 국가형성과정의 3대 위기

미국의 독립이 공식적으로 승인되면서 영국의 제국군대는 뉴욕에서 철수하기 시작했다. 이어서 미국의 대륙군대(독립군)는 환호성을 받으며 뉴욕에 입성했지만, 그들의 모습은 너무도 초라했으며 패배하고 떠나는 영국군이 더 말끔해 보일 정도였다. 7년에 걸친 전쟁에서 승리했지만, 독립한 미국의 각 주는 파산 직전이었고 과연 제대로 된 독립국을 형성할 수 있을까 하는 의문마저 들었다.

첫 번째 위기-1786년의 농민반란

제2차 대륙회의는 1776년 7월 4일에 독립을 선언했지만, 사실상 13개의 주는 각각이 주권을 가진 나라(State)였다. 그런데 치열한 독립전쟁을 거치면서 아메리카의 13개 나라는 하나로 단합된 공화국이라는 생각을 하게 되었고, 자연스럽게 미연방공화국(The United States of America)이라는 국명도 생겨났다. 1783년, 공식적인 독립국의 지위도 인정받았지만, 신생국 미연방공화국이 받아든 것은 전쟁과정에서 부담한 온갖 종류의 채무이행 독촉장이었다. 몰려드는 온갖 전쟁부채들로 인해 미국은 혼란에 빠졌고 국가부도 위기상황에서 벗어나기 힘들었다. 중앙정부의 역할을 했던 대륙회의와 13개의 각 주(State) 정부들이 전쟁비용을 조달하기 위해 발행했던 지폐와 채권은 전쟁의 종료와 함께 막대한 국가부채로 돌아온 것이다.

미국의 각 주 정부는 극심한 인플레이션에 시달리게 되었고 단기적 처방으로 화폐의 양(통화량)을 줄이려 했다. 그런데 통화량을 줄이는 것은 채권자와 채무자 사이에 벌어지고 있었던 극단적 이해갈등을 크게 증폭시켰다. 채권자와 상공업자는 통화량이 계속 늘어나면 화폐 가치의 폭락으로 파산할 수 있었지만, 반대로 채무자와 농민들은 통화량이 늘어나야 농산물의 값도 제대로 받고 빚도 줄일 수 있었기 때문이었다. 이와 같은 대립적 관계가 계속되는 상황에서 매사추세츠의 농민들은 주 정부가 통화량을 줄이려는 조치에 분노하면서 폭력을 행사했다. 1786년 가을, 매사추세츠의 독립 민병대 대위였던 셰이즈(Shays)는 분노한 농민들의 선봉에 서서 이른바 '셰이즈의 반란'을 일으켰고 미국은 혼란에 빠졌다. 매사추세츠주 정부의 효율적인 군사적 공략으로 농민반란은 간신히 진압되었지만, 느슨했던 13개 주의 연합체를 효율적으로 운영할 강력한 중앙정부의 필요성은 분명해졌다.

이와 같은 배경에서 반란이 일어난 다음 해인 1787년에 미국인들은 연방헌법을 만들기 위한 제헌회의를 출범시켰다. 각기 다른 주권과 헌법을 지녔던 13개 주(State)를 하나의 공화국으로 단결시키기 위해서는 상위의 연방헌법이 필요했고, 제헌회의는 연방헌법을 통하여 미국의 중앙정부를 어떤 유형의 정부로 만들 것인가를 결정할 수 있었다. 연방헌법의 제정과정은 1787년 5월 25일에서 9월 17일까지 불과 4개월도 안 되는 짧은 기간이지만, 치열한 논쟁을 거치면서 기본적 골격을 갖추어 나갔다. 미국의 연방헌법을 만들기 위해서 신대륙의 젊은 인재들 55명이 필라델피아에 모였고, 알렉산더 해밀턴(Alexander Hamilton, 뉴욕주 대표)과 제임스 매디슨(James Madison, 버지니아주 대표)이 주도적 역할을 담당했다. 두 인물은 서로 다른 정치적 시각을 갖고 있었지만, 미국의 연방헌법 초안을 만들고 이를 통과시키는 데에는 한 방향으로 힘을 모았다. 해밀턴과 매디슨은 연방헌법이 각 주에서 통과될 수 있도록 여론을 모았고, 이를 위하여 연방헌법이 지닌 중요한 논리와 당위성을 옹

호하는 논문을 써서 책으로 출간하기도 하였다.[1)]

두 번째 위기-1812년의 영미전쟁

진통을 거쳐 연방헌법이 완성되었고 13개의 각 주에서는 연방헌법 비준을 위한 절차에 돌입했다. 우여곡절을 거치며 마침내 연방헌법이 효력을 얻게 되면서 1789년 1월, 총선거를 통하여 최초의 연방의회가 구성되었고, 각 주에서 선출된 선거인단은 뉴욕에 모여서 조지 워싱턴을 초대 대통령으로 선출하게 되었다.[2)] 1789년 4월, 조지 워싱턴은 뉴욕의 맨해튼 월스트리트에 있는 연방홀(Federal Hall)에서 역사적인 대통령 취임선서를 했다.[3)] 그리고 제헌의회에 대표단조차 보내지 않았던 로드아일랜드까지도 뒤늦게 연방헌법을 비준하면서(1790년 5월), 미연방공화국은 단일한 연방헌법 아래에서 13개 주가 하나의 미연방공화국으로 운영될 수 있었다.

국가부도위기, 농민반란까지 경험했던 미연방공화국은 어려움을 겪으면서 연방헌법을 제정하면서 국가의 기본적 골격을 마련할 수 있었다.

---

1) 연방헌법에 찬성하는 연방주의자(Federalist), 반대하는 반연방주의자의 갈등 속에서 연방주의자인 해밀턴, 매디슨뿐만 아니라 존 제이(John Jay)도 중요한 역할을 하였다. 그들은 연방헌법에 대한 13개 주의 비준을 성공적으로 얻기 위하여 <연방주의자들의 논문>(Federalist Papers)을 지속성 있게 발표했고 이 논문은 연방헌법을 옹호하는 탁월한 논리를 제공했다. <연방주의자들의 논문>은 미국의 연방헌법이 본래 의도했던 목표와 가치를 가장 잘 설명하는 저서로 현대의 미국연방법원 판결에도 빈번히 인용되고 있다.

2) 아메리카(America)의 13개의 주(States)를 하나의 연방공화국(United States)으로 만들고자 했던 미국의 연방헌법에 대하여 찬성하는 쪽과 반대하는 쪽은 서로 나뉘어 격렬하게 다투었다. 힘든 과정을 거쳐서 미국의 연방헌법은 1787년 12월, 델라웨어 주(State of Delaware)에서 처음 비준되었고, 이로써 델라웨어는 미연방공화국의 첫 번째 주(The First State)가 되었다. 지금도 델라웨어 지역에 가면 그들은 자신의 주를 가리켜 면적과 인구는 작지만, 미국의 첫 번째 주라는 사실을 자랑스럽게 소개한다.

3) 유럽왕국에서 거행되는 왕위수여식을 보면 대부분 교회(성당)에서 이루어지고, 그것은 과거로부터의 오래된 전통이었다. 그렇다면 미국이라는 공화국에서 대통령이 시민들의 앞에서 손을 들어 선서를 하고 취임식을 거행하는 방식은 오래전 어느 곳에서 유래된 전통일까? 그것은 중세의 베네치아공화국에서의 행하여졌던 도제(Doge) 취임식에서 유래되었다고 볼 수 있다. 베네치아공화국의 최고지도자(대통령)인 도제가 선출되면, 팔라초 두칼레(대통령궁 또는 국회의사당)의 입구에서 도제의 선서(Doge's Oath, the Promissione)를 하는 것과 비슷한 전통이었다. 어떤 왕국에서도 볼 수 없었던, 공화국에서 선출된 지도자가 시민들 앞에서 행했던 취임선서였다.

그러나 두 번째 위기는 또다시 시작되었고 그것은 1812년에 발생한 영국과의 전쟁에서 비롯되었다. 제3대 토머스 제퍼슨(Thomas Jefferson)에 이어서 연방헌법 초안자로 이미 소개한 바 있는 제임스 매디슨이 제4대 대통령에 취임했다. 그는 재선을 위해 젊은 정치인들의 폭넓은 지지가 필요했고, 그들의 과격한 주장까지 받아들이면서 마침내 1812년, 영국에 선전포고를 감행했다. 당시의 영국은 나폴레옹을 상대로 어려운 전쟁을 벌이고 있었기 때문에 대규모의 영국병력이 미국에 파병될 수는 없는 상황이었다. 그런데 1814년, 영국이 프랑스의 나폴레옹을 격파하고 아메리카로 병력을 증강하면서 상황은 돌변했다. 영국은 대서양에서 곧바로 미연방공화국의 수도인 워싱턴을 공격했고 영국의 군대는 순식간에 미국의 수도를 불태웠으며 매디슨은 워싱턴을 황급히 탈출해야 했다.

영국과의 전쟁을 처음부터 반대했던 북부의 매사추세츠, 코네티컷, 로드아일랜드는 미연방공화국을 탈퇴하려 했고, 미국은 또다시 심각한 위기상황에 빠졌다. 다행스럽게도 미국은 제7대 대통령이 된 앤드루 잭슨(Andrew Jackson) 민병대장의 활약에 힘입어 영국군에 반격했고 위기에서 벗어날 기회를 만들었다. 1815년, 미국과 영국은 평화조약을 체결했고 미국은 심각했던 분열 위기를 극복하면서 다시금 하나의 미연방공화국이라는 의식을 더욱 강하게 가질 수 있었다.

세 번째 위기-1861년의 남북전쟁

18세기 말에 독립한 미국은 계속된 어려움을 겪었지만, 19세기 중엽까지 불과 수십 년 만에 자국의 영토를 크게 확장할 수 있었다. 1803년에는 프랑스로부터 미시시피강 서쪽의 광대한 영토(루이지애나)를 매입했고, 멕시코와 벌인 전쟁에서 얻은 텍사스를 1844년에 합병했으며 곧이어 캘리포니아까지 점령하면서 1848년에는 서부의 태평양 연안 대부분을 확보했다. 그런데 이와 같은 영토의 확장과 새로운 주의 편입과정에서 미연방공화국 내부에서는 노예제도를 둘러싼 갈등이 더욱 심각하게 증폭되고 있었다. 새로 편입되는 지역의 주 정부가 노예제를 찬성하는 주(노예주)가 될 것인가, 아니면 노예를 반대하는 주(자유주)가 될 것인가에 따라서 미연방공화국의 정권이 바뀌었기 때문이었다. 이와 같은 배경에서 노예주와 자유주 사이에 큰 다툼이 있었는데 그 심각한 갈등이 표면화된 것이 1854년 '피의 캔사스'(Bloody Kansas) 사태였다.

1854년에서 1861년 사이에, 캔자스 준주와 미주리주에서 노예제도를 찬성하는 주민과 반대하는 주민 사이에 폭력사태가 발생했다. 특히, 캔자스 준주의 경우는 미국연방의 정식 주(State)로 승격되어 미연방공화국에 가입할 때, 노예주를 선택할 것인가 아니면 자유주를 선택할 것인가에 따라서 미국 전체의 정치지형을 바꿀 수 있었다. '피의 캔자스' 사태는 미연방공화국의 북부와 남부 사이에서 서로 양보할 수 없는 노예제 문제를 둘러싼 다툼이었고, 그것은 남북전쟁의 사전적 징조였다. 미연방공화국의 정치인들은 다각적인 노력으로 미국의 분열을 막고자 했지만, 남북의 이해관계는 첨예하게 나뉘어 분단이 불가피한 상황이었다. 결국, 노예제에 대하여 미온적인 민주당에 반발하는 세력이 뭉쳐서 1856년에 새로운 정당이 탄생했고, 그 이름은 공화당이었다. 노예제 반대를 위한 다양한 정치세력들은 공화당으로 집결하였고, 그런 공화당에서 켄터키주 출신의 에이브러햄 링컨(Abraham Lincoln)의 활약은 컸다.

1860년 공화당의 대통령 후보로 지명된 링컨은 남부주(노예주)와 북부주(자유주)로 내부 분열된 민주당을 상대로 경쟁하여 대통령선거에서 승리할 수 있었다. 1861년, 민주당의 뷰캐넌(James Buchanan) 대통령에서 공화당의 링컨 대통령으로 정권교체가 일어났던 어수선한 시기에 남부(노예주)의 7개 주는 미연방공화국을 탈퇴하면서 남부연합을 조직했고, 제퍼슨 데이비스(Jefferson Davis)를 자신들의 대통령으로 선출했다. 링컨은 미연방공화국의 분열과 분단을 막기 위하여 남부연합에 유화적인 태도를 보였지만, 남부의 강경론자들은 1861년 4월, 연방공화국의 군대가 지키고 있던 남부(사우스 캐롤라이나)의 섬터 요새(Fort Sumter)

를 공격했다. 4년에 걸친 남북전쟁은 시작되었고, 남부연합군은 영국과 프랑스의 지원까지 받으며 링컨을 좌절에 빠지게 했다. 그러나 1862년, 링컨은 노예해방 선언문을 발표하고 공화국에서 노예제를 금지할 것을 천명하면서 남북전쟁의 전세를 역전시키기 시작했다. 링컨의 노예해방 선언은 남북전쟁에서 공화국의 선한 의지가 북부에 있다는 것을 분명히 했고, 그것은 미국뿐만 아니라 유럽의 자유인들로부터 도덕적 지원까지 받을 수 있었다. 드디어 연방공화국의 북부군대는 1863년의 게티스버그(Gettysburg) 전투에서 남부연합군을 패퇴시켰고 1864년, 전쟁의 와중에서 링컨은 재선에 성공하였다. 1865년 4월, 남부연합의 수도 리치먼드를 점령하면서 약 60만 명의 사상자를 발생시킨 남북전쟁은 끝났고, 다시금 미연방공화국은 하나가 되었다.

3. 미국의 빠른 산업화 과정

미국은 남북전쟁을 비롯하여 여러 차례의 위기를 겪었지만, 그 위기를 기회로 바꾸는 데 탁월한 역량을 발휘했다. 더욱이 1865년 남북전쟁의 종결 이후, 북부를 중심으로 산업화가 빠르게 진행된 것도 위기를 기회로 바꾼 대표적 사례라고 할 수 있다. 남부의 농업 기득권이 약해지면서 북부의 상인과 기업인들은 농업국가 미국을 산업국가 미국으로 빠르게 탈바꿈시켰다.

연방정부의 산업화정책

연방의회에 상공업자의 이익을 대변하는 북부의 정치인이 많아지면서 연방정부는 친기업적인 정책을 펼쳐나갔다. 산업화 과정에서는 많은 노동력이 필요하다는 것을 잘 알고 있었기 때문에 개방적인 이민정책도 적극적으로 추진했다. 무임금의 노예제도가 사라지고 저임금을 받는 노동자로 대체되면서 많은 이주민이 미국으로 들어오는 것은 환영받을 일이었다. 연방정부의 산업화정책에 따라서 외국에서 수입되는 공산품에는 고율의 관세를 부과함으로써 국내의 산업화를 촉진하였고 국내기업은 높은 가격으로 상품을 판매할 수 있어서 큰 이익을 낼 수 있었다. 19세기의 후반기에는 이미 영국 자본가들이 미국에 많은 자본을 투입하기 시작했고, 그 풍부한 자본을 기반으로 미국 기업들은 산업화를 빠르게 진전시켰다.

미연방공화국의 산업화정책은 입법부와 행정부에서뿐만 아니라 사법부에서도 일관성 있게 뒷받침되었다. 사법부는 특히 수정헌법 제14조를 빈번히 활용하였는데 여기에는 링컨의 과거 업적이 다시금 빛을 발하는 부분이기도 했다. 남북전쟁을 겪으면서 링컨은 수정헌법안 제13조를 입안하는 데 성공했고(1865년), 이 조항을 근거로 미연방공화국에서는 노예제도가 완전히 폐지될 수 있었다. 링컨은 암살자에 의하여 주검을 당했지만, 그의 희생으로 1866년에 제안된 미국수정헌법 제14조가 추가로 결실을 보게 되었다. 수정헌법 제13조의 구체적 절차 조항 내용을 담고 있는 제14조는 흑인의 인권뿐만 아니라 미국의 모든 시민이 누려야 할 보편적 자유권을 규정한 근거 조항이 되었다. 수정헌법 제14조는 미국에서 태어나거나 귀화한 자 그리고 미국의 사법권체계에 속하는 모든 사람은 미연방공화국의 시민이라는 것을 명확히 하면서 연방에 속한 어떤 주도 미국 시민의 자유와 권리를 제한하는 법을 만들거나 강제해서는 안 된다고 명시했다.

그런데 수정헌법 14조는 흑인은 물론이고 백인뿐만 아니라 법인체에도 그 자유와 권리가 보편적으로 적용될 수 있는 근거 조항이었다. 개인뿐만 아니라 회사라는 법인의 자유권과 재산권까지도 차별받지 않고 보장하는 연방헌법 조항이 생겨나면서 크고 작은 회사법인 설립이 봇물이 터지듯 일어났다. 사법부에서는 수정헌법 14조를 근거로 미연방공화국의 모든 주 정부는 개인이나 법인이 자유롭게 상거래 행위를 하여 이익을 추구하는 활동에 대하여 방해해서는 안 된다는 판단을 내렸다. 이로써 19세기 말의 미국이라는 신생공화국은 개인과 기업이 산업 활동을 하는 데 있어서 가장 좋은 조건을 갖추게 되었고 그 결과, 외부로부터 엄청난 투자자금과 인력을 끌어들일 수 있었다. 그리고 이와 같은 미국의 산업화 과정에서 뚜렷한 역할을 남긴 걸출한 기업가들도 등장했다. 한국의 산업화에서 이병철(삼성)과 정주영(현대)을 말한다면 미국의 산업화에서는 록펠러(석유왕)와 카네기(철강왕)를 말하지 않을 수 없다.

석유왕 록펠러와 철강왕 카네기

1839년 뉴욕에서 태어난 록펠러(John D. Rockefeller)는 남북전쟁 당시 20대 청년이었는데 군수품을 납품하면서 많은 돈을 벌기 시작했다. 남북전쟁이 끝난 직후인 1867년에는 석유산업에 뛰어들었고 1870년에는 스탠다드 오일(Standard Oil)사를 설립했다. 록펠러는 원유수송과 철도사업의 상관성을 교묘하게 활용하였고 미국 전역의 석유산업을 장악하면서 사실상 독점체제를 확립하였고 그 결과, 이전에는 상상할 수 없었던 부를 축적할 수 있었다. 그는 1882년에 미국 최초의 트러스트를 세워서 많은 계열사를 움직였고 미국 사회 전반에 막대한 영향력을 끼쳤다. 정치권에서는 이러한 석유왕 록펠러의 독점적 지위를 타파하기 위한 치열한 정치적 견제가 계속됐지만, 록펠러는 이를 교묘하게 빠져나가곤 했다. 그러나 마침내 1911년, 연방대법원의 역사적 판결로 록펠러의 거대트러스트는 해체되고 그의 독점적인 대기업들은 작은 회사로 분할되었다.[4)]

록펠러에 대한 평가는 극단적으로 나뉘는데 이는 마치 한국의 재벌에 대하여 서로 다른 평가를 내리는 것과 비슷하다. 어떤 이는 록펠러를 무자비하고 비열한 인간이라고 평가하지만, 또 다른 시각에서는 미국의 기간산업으로 석유산업을 육성하는 데 크게 공헌한 최고의 기업가라는 평가를 하기도 한다. 어쨌든, 그는 많은 재산을 록펠러 재단을 통

---

4) 1890년의 스탠더드 오일(Standard Oil)이 미국시장에서 차지하고 있었던 시장점유율은 거의 90%에 육박했다. 독점에 대한 폐단이 커지면서 미국 의회는 셔먼법(Sherman Antitrust Act)을 제정했으나 록펠러의 거대한 트러스트를 통제하는 데에는 역부족이었다. 그러나 1911년, 미국의 연방대법원은 록펠러의 스탠더드 오일사를 불법적인 독점업체(illegal monopoly)로 판단했고, 역사적인 판결에 따라서 록펠러의 거대기업집단도 해체되었다. 스탠더드 오일을 쪼개서 분할되어 나온 많은 회사 가운데 엑슨과 모빌 등이 있다.

하여 사회에 대부분 환원시킴으로써 보통의 미국인이 특별한 부자에 대해서 가질 수 있는 혐오감을 크게 완화 시켜 주었다. "개같이 벌어서 정승처럼 쓰라"는 한국의 속담처럼 그는 록펠러 재단을 통하여 미국의 대학과 연구소 그리고 각종 공익단체에 엄청난 규모의 지원을 했고, 지금도 미국 뉴욕의 중심부에 있는 록펠러센터는 맨해튼의 손꼽히는 명소로 많은 뉴욕커의 사랑을 받는 공간이다. 그런데 동시대에 록펠러에 필적하는 카네기는 상대적으로 매우 다른 삶을 살았던 기업가였다.

1835년 스코틀랜드에서 태어난 카네기(Andrew Carnegie)는 1848년, 가족과 함께 미국으로 이주해온 인물이었다. 그는 미국에 오자마자 13세의 어린 나이로 방직공작에서 노동자로 일을 시작했고 여러 직장에서 근무하면서 다양한 업무를 익혔다. 록펠러가 은수저였다면 카네기는 누가 보아도 흙수저 출신이었다. 그런데 카네기가 영국을 방문했던 1872년(37세), 그는 충격적인 광경을 보면서 자신의 인생이 완전히 바뀌게 될 것을 예상했다. 영국의 제철공장에서 가동하고 있던 용광로에서 뿜어져 나오는 엄청난 쇳물을 보면서 카네기는 철강산업에 매료되었고, 미국에 돌아오자마자 급하게 철강공장을 세울 계획을 마련했다. 1873년은 불경기였고 신규사업을 벌이는 것은 매우 곤란했지만, 카네기는 수많은 난관을 극복하면서 피츠버그에 강철을 생산할 수 있는 제철소를 세웠고, 결국에는 최고의 철강왕이 되었다. 20세기가 시작되었던 시기, 카네기가 세운 철강회사들은 미국의 철강산업을 사실상 지배하는 초대형기업으로 성장했고, 여기에 J.P. 모건의 자본력이 가세하면서 1901년 유에스스틸(U.S. Steel)이 등장했다. 카네기는 이러한 과정에서 자신의 철강회사 지분을 대부분 J.P. 모건에게 매각하고 스스로 은퇴했는데 그는 엄청난 액수의 매각자금으로 카네기 재단을 만들고, 재단을 통하여 사회복지시설 확충에 대단히 큰 역할을 했다.[5)]

5) 본래 카네기는 35세가 되면 사업에서 은퇴하겠다는 생각을 한 것으로 알려졌지만, 철강업에 매료되어 30여 년을 더 일하고 66세가 되던 1901년에 은퇴를 하였다. 그는 75세가 되었던 1910년에 1,000만 달러를 기부하여 카네기 국제평화재단을 설립하였고. 그리고 다음 해인 1911년에는 카네기 재단도 설립하였다. 카네기는 자신의 삶을 주도

월스트리트의 J.P. 모건

미국의 빠른 산업화 과정에서는 정부의 역할뿐만 아니라 기업가의 역할이 매우 중요했다. 그런데 록펠러와 카네기를 생산적 산업부문(석유와 철강) 인재로서 높이 평가한다면, 또 다른 측면인 금융부문의 인재도 분명히 있었을 것인데 이를 간과하는 측면이 있다. 미국과 한국의 산업화 과정을 비교할 때, 생산적 산업부문에는 록펠러와 카네기에 필적할만한 인재로 이병철과 정주영을 거론하지만, 금융부문의 J.P. 모건(John Pierpont Morgan)과 같은 인재를 한국에서는 찾기가 힘들다. 생산적 산업부문이 확대되고 경제적 중심권역을 형성하기 위해서는 세계적 금융부문의 지원이 절대적으로 중요했다. 세계적인 생산적 산업부문이 있다고 하여도 세계적 금융의 지원이 없다면, 세계적 헤게모니 중심권역을 만들 수 없다는 것은 역사적 경험에서도 증명된 바 있다. 15세기의 베네치아와 17세기의 암스테르담에서도 보았듯이 상업과 무역을 지원했던 금융의 역할은 매우 중요했다. 반대로 15세기의 오스만제국, 17세기의 스페인제국은 강력했지만, 금융부문이 취약했고 그래서 헤게모니 중심권역을 만들 수는 없었다.

J.P. 모건은 뉴욕의 월스트리트에서 매우 특별한 역할을 했던 은행가였다. 그의 흔적은 지금의 월스트리트에서도 쉽게 찾아볼 수 있는데 J.P. 모건은 여타 미국인들과 비교할 때, 특별히 오래전부터 부유했던 집안 출신이었다. 모건은 대표적인 금수저 출신이었는데 그의 할아버지는 1817년, 영국에서 미국으로 이주한 이민자였다. 모건의 집안은 카네기의 집안처럼 가난한 영국계 이민 가족이 아닌 매우 큰 자본을 가진 영국의 자본가 집안이었다. 할아버지 모건은 영국에서 가져온 큰 자본으로 미국에 적극적으로 투자했으며 그 범위는 부동산부터 철도에 이르기까지 다양하였다. 본래부터 부자였는데 미국에 와서 더 큰 부자가 되었고 영국계 거대자본을 형성한 셈이었다. 한편, J.P. 모건의 아버지였던 J.S. 모건은 다시 영국으로 돌아가 주로 런던에 본점을 두고 있었던

적으로 살았던 대표적 인물이었다.

조지 피바디 은행에서 파트너로 일했다. 그런데 피바디가 1860년대 초에 경영에서 은퇴한 이후 J.S. 모건은 그의 은행을 인수하여 J.S. 모건으로 이름을 바꾸어 은행업을 확장하였다.

이후 아버지(J.S. 모건)와 아들(J.P 모건)은 영국의 자본을 미국의 자본으로 옮기고 런던의 국제적 금융기능을 뉴욕의 국제적 금융기능으로 바꾸는 데 주도적 역할을 담당했다. 아버지 모건은 런던에서, 아들 모건은 뉴욕에서 거대한 금융의 흐름을 지휘했고, 19세기 말에서 20세기 초에 대규모 영국계 자본을 대서양의 건너편 미국으로 신속히 이전시켰다. 예컨대, 19세기 말(1877년)에 미국의 철도왕 밴더빌트가 사망하면서 막대한 양의 밴더빌트 가문의 철도주식이 시장에 나왔을 때, J.P. 모건은 런던의 대자본을 활용하여 그 많은 주식을 원활하게 소화하면서 그의 강력한 자본력을 보여준 바 있었다. 더욱이 20세기 초, 카네기의 철강회사를 J.P. 모건이 엄청난 액수로 구매하였던 사례에서처럼 그는 막대한 규모의 런던 자금으로 뉴욕의 대기업들을 속속들이 사들이는 한편, 뉴욕의 자본시장도 좌지우지할 힘이 있었다.

제1편에서도 언급되었지만, 베네치아의 자본이 서서히 암스테르담의 자본으로 이동하는 과정에 대해서 마르크스를 비롯한 브로델 등이 분명한 지적을 했지만, 그렇다고 구체적으로 '누가 언제 어떻게 했다'라는 정확한 기록을 남기지는 못했다. 이와 비교하면 17세기 말에서 18세기 초에 암스테르담의 자본이 런던의 자본으로 흘러갔던 과정은 보다 분명하게 '누가 언제 어떻게 했다'라는 기록이 남아있고 그것은 암스테르담의 최고지도자 빌럼 3세(William III)와 은행가 수아소(Francisco Suasso)가 보여주었던 사례였다. 그리고 19세기 말에서 20세기 초에 이루어졌던 런던의 자본이 뉴욕의 자본으로 이전하는 과정에서는 아버지 모건과 아들 모건의 역할이 더욱 분명하게 나타나고 있다. 암스테르담－런던 사례보다 런던－뉴욕 사례는 국제자본의 흐름을 보다 구체적으로 확인시켜주는 경험적 사례인 셈이다. Braudel－Arrighi Model에서 소개된 바와 같이 헤게모니 중심권역과 핵심도시가 서서히 바뀌고 이동하는 과

정에서 자본과 금융의 흐름이 어떻게 일어났는가를 설명해주는 사례이기도 하다. 어쨌든, J.P 모건은 세계의 금융중심지를 런던에서 뉴욕으로 옮기는 데 결정적 역할을 했고 뉴욕의 아래쪽 맨해튼에 있는 월스트리트를 세계금융의 중심지로 만드는 주역이었다. 그는 세계적 금융 인재로서 미국의 산업화를 성공시키고 뉴욕을 세계의 핵심도시로 성장하는 데 큰 공헌을 했다.

4. 뉴욕의 월스트리트 금융혁명

앞서 제5장에서 뉴욕의 탄생은 네덜란드인이 건설한 뉴암스테르담에서 비롯되었다고 설명한 바 있다. 그런데 뉴욕의 탄생에서 맨해튼의 월스트리트 금융혁명을 소개하지 않는다면, 그것은 뉴욕의 핵심을 소개하지 않는 것과 다름없다. 20세기의 미연방공화국이 세계적 헤게모니 중심권역을 형성하는 데 월스트리트가 가장 큰 결정적 역할을 했기 때문이다.

월스트리트의 탄생

17세기 중엽, 네덜란드의 서인도회사는 아메리카의 신대륙에 세운 뉴암스테르담을 영국인들이 호시탐탐 노리고 있다는 사실을 잘 알고 있었다. 영국의 침공에 대비하여 1653년, 뉴암스테르담은 맨해튼 섬의 아래쪽, 로어 맨해튼(Lower Manhattan)의 가로 방향으로 높이 담장을 세운 뉴암스테르담 요새 장벽(Wall)을 건설했다. 앞으로는 허드슨강과 이스트강이 흐르고 뒤쪽으로는 장벽으로 둘러싸인 요새는 천연의 난공불락처럼 보였다. 그렇지만 네덜란드와 영국 사이의 분쟁은 1667년의 브레다 조약(네덜란드가 영국에 뉴암스테르담을 양도하고 남미의 수리남을 얻음)을 통하여 마무리되었고 요새의 장벽도 쓸모없게 되었다. 미국의 독립전쟁(1775~1783)을 거치면서는 장벽은 대부분 사라지고 그 빈 터에 거리가 조성되어 월스트리트(Wall Street)가 되었다.

네덜란드의 땅에서 영국의 땅으로 그리고 다시 미국의 땅으로 바뀐 맨해튼의 월스트리트에는 옛 암스테르담 상인들이 가져다 심어놓은 자본주의가 해묵은 씨앗처럼 잠자고 있었다. 그리고 그 씨앗의 싹이 트기 시작한 시점은 1792년이었는데 이는 월스트리트의 탄생을 알리는 기념비적인 사건이 일어났던 연도였다. 자발적으로 모인 뉴욕의 증권중개인(stockbrokers)과 상인들 24명이 장벽(Wall) 근처에 모여서 역사적인 버튼우드 협정(Buttonwood Agreement)에 서명한 것이 계기가 되었다.[6] 이 협정을 시작으로 장벽(Wall)의 거리(Street)는 뉴욕의 금융중심지가 되었고, 이 과정에서 정부의 개입이나 간섭은 거의 찾아볼 수 없었다. 정부가 아닌 민간의 자발적 협정으로 월스트리트가 뉴욕의 금융 거리로 특화되면서 향후의 월스트리트도 그 운영에서 중요한 원칙으로 작용했다. 그것은 한마디로 "뉴욕의 월스트리트는 민간과 시장에 의하여 작동한다."라는 기본 원칙이었다.

한편, 독립된 미국의 연방정부가 처음 세워진 도시는 뉴욕이었고, 18세기 말까지 뉴욕은 경제뿐만 아니라 정치의 중심지였다. 그러나 연방정부를 세우고 운영하는 과정에서 뉴욕의 독주를 막기 위해서 (마치 네덜란드의 7개 주가 암스테르담의 독주를 막으려 했던 것과 비슷하게) 연방공화국의 수도를 뉴욕에서 남쪽의 워싱턴으로 부득이하게 옮기게 되었다. 정치세력이 워싱턴으로 빠져나간 이후, 뉴욕은 정부의 통제에서 자유롭게 되었고 더욱더 경제에 집중할 수 있는 도시가 되었다. 서(西)대서양 연안의 세 도시, 북부의 보스턴은 청교도 정신의 중심지, 남부의 워싱턴은 정치의 중심지, 그리고 중부의 뉴욕은 경제의 중심지라는 삼각 구조가 형성된 것이다. 미연방공화국 최초의 정부청사였던 뉴욕 월스트리트의 연방홀(Federal Hall)에서 정치인들이 빠져나가고, 대신 그 건너편에 뉴욕증권거래소(New York Stock Exchange)가 세워지면서 월스트리트는 북미 최고의 금융중심지로 특화되어 발전을 거듭했다. 남북전쟁을

6) 1792년에 24명의 증권 중개인들이 버튼우드(buttonwood) 나무 아래에 모여서 서명한 이 조약에서 그들은 서로의 신의 성실한 거래와 0.25%의 중계 수수료(commission rate)만을 받을 것을 약정하였다. (www.investorwords.com/6434/Buttonwood_ agreement.html)

전후로 불같이 성장했던 월스트리트는 19세기 말 20세기 초를 거치면서 대서양 건너편의 런던 자본을 블랙홀처럼 빨아들였고, 뉴욕은 런던을 대신할 수 있는 세계적 금융 도시로 거듭날 수 있었다.

해밀턴 vs. 제퍼슨

미국의 월스트리트를 이해하는 데 있어서 두 명의 인물을 소개하지 않을 수 없다. 건국의 아버지로 일컬어지는 알렉산더 해밀턴(Alexander Hamilton)과 토머스 제퍼슨(Thomas Jefferson)은 미연방공화국을 세우는 과정에서 결정적 역할을 했지만, 공화국이 어떻게 운영되어야 하는가에 대해서는 큰 차이를 갖고 있었고 서로 다른 대립적 구도를 보였다. 두 사람의 대립적 사상은 월스트리트의 운영에서도 반영되어 있었기 때문에 월스트리트의 DNA를 분석하는 데 많은 도움이 될 수 있다. 먼저 해밀턴은 뉴욕 출신의 연방주의자로서 미국이라는 신생공화국이 강력한 국가로 성장하는 데 필요한 조치를 했던 인물로 유명하다. 미국을 민주적인 농업국으로 만들고자 했던 남부 출신의 제퍼슨과 달리 해밀턴은, 미국을 상업과 공업이 모두 균형 있게 발전한, 그래서 장차 영국을 능가하는 산업국가로 만들어야 한다고 생각했다.

1783년, 오랜 독립전쟁을 대가로 신생국 미연방공화국이 탄생했지만, 미국은 막대한 전쟁부채로 파산 위기에 몰려있었다. 남부 출신의 유복한 집안 출신이었던 정치인들과는 달리 서인도제도에서 사생아로 출생하여 미국 뉴욕으로 이주해온 해밀턴은 어려운 환경에서도 온갖 산전수전을 겪으면서 변호사로 성장한 입지전적 인물이었다. 지금은 컬럼비아대학으로 이름이 바뀐 뉴욕의 킹스칼리지에서 학위도 받았지만, 해밀턴은 험난했던 인생사 덕분에 돈과 자본의 흐름에 해박한 지식을 갖고 있었다. 해밀턴은 초대 워싱턴 대통령의 임기 동안 재무장관을 맡아 파산 위기에 처했던 미국이라는 신생공화국을 안전하게 구해 냈는데 그의 재정적 구제 방법은 이러했다. 우선 해밀턴은 미국이 갚아야 할 온갖 전쟁부채에 대해 상환을 반드시 이행할 것이라고 약속했고, 이를 꾸

준히 실천했다. 처음에는 도저히 갚을 수 없을 정도로 많은 전쟁부채였지만, 미연방공화국이 새로 발행한 국채 등으로 교환하고, 반드시 갚아나가면서 이전보다 더 높은 국제적 신용도를 쌓는 방식이었다.

그러나 남부의 농민들은 연방정부의 부채상환으로 농민의 조세 부담만 늘 수 있다는 걱정을 내세우며 해밀턴의 전쟁부채상환계획을 반대하기도 했다. 남부의 농민세력을 기반으로 했던 제퍼슨은 의회를 통해 해밀턴의 계획을 거부했고, 이 과정에서 해밀턴은 중대한 양보를 제퍼슨에게 해야만 했다. 해밀턴은 연방정부의 부채상환계획이 의회에서 통과될 수 있도록 제퍼슨이 도와준다면, 연방정부의 수도를 남부 버지니아의 포토맥강 인근(지금의 워싱턴 D.C.)에 세우도록 지원하겠다고 약속했다. 해밀턴과 제퍼슨의 협상은 성사되었고 해밀턴의 전쟁부채상환계획은 의회에서 승인되었으며 동시에 연방정부의 수도는 뉴욕이 아닌 남쪽의 워싱턴으로 결정되었다.

자칫하면 휴짓조각이 될 수도 있었던 전쟁부채 관련 채권들이 실효성 있는 자금으로 탈바꿈하면서 미국의 경제는 숨통이 트이기 시작하였다. 미연방공화국의 경제는 신뢰할 수 있는 대상이 되었고, 외국자본을 유치할 수 있는 나라가 되면서 어느 사이엔가 미국의 경제는 크게 개선되었다. 국가부도의 고비를 넘긴 상황에서 해밀턴은 미국의 국부론을 설계하고, 그것을 구체적으로 실행하고자 했다. 재무장관 해밀턴은 영국과 같은 산업국가로 발전하기 위해서는 많은 자본이 필요하고, 이를 위해서는 영국의 Bank of England와 같은 중앙은행이 미국에도 필요하다고 판단했다. 그러나 해밀턴이 중앙은행을 설립하려 했을 때, 이를 가장 강력하게 반대한 인물은 또다시 제퍼슨이었다. 단언하건대 제퍼슨은 연방헌법이 연방정부에게 중앙은행을 세울 권한을 부여한 적이 없다고 주장했고 이에 대하여 해밀턴은 그렇지 않다고 맞받아쳤다. 중앙은행 설립과 관련된 치열한 설전 속에서 워싱턴 대통령은 제퍼슨이 아닌 해밀턴의 손을 들어주었고, 1791년이 되면서 미연방공화국 최초의 중앙은행(First Bank of United States)이 세워졌다. 그렇지만 미국의 연방의회가 중앙은행의 지위를 승인한 기간은 불과 20년으로 영구적이지 못했다.

미국의 중앙은행시스템

해밀턴과 같이 중앙은행의 필요성을 강조했던 정치인도 있지만 반대로 제퍼슨과 같이 중앙은행의 존재를 부정했던 정치인도 있었다. 전형적인 제퍼슨 민주주의를 계승했던 앤드루 잭슨(Andrew Jackson)이 제7대 대통령에 당선되면서 중앙은행 기능을 맡고 있었던 제2차 미연방공화국 은행이 해체되는 사건이 벌어졌다(1836년).[7] 세계의 주요국가들 대부분이 중앙은행을 만들었거나 만들고 있는 상황에서 미국은 오히려 중앙은행을 없애는 조치를 단행한 것이다. 시중의 은행들이 위기상황에 빠질 경우, 예컨대 대규모 공황(Panic)이 발생할 경우, 이를 해결할 최후의 보루는 중앙은행의 역할에 있었다. 그런데 중앙은행이 사라지면서 미국에서는 금융위기를 막아줄 최후의 보루가 사라진 셈이었다. 연방정부의 지나친 권력집중을 견제하려는 민주적 의도에서 비롯된 조치였지만, 잭슨 민주주의가 보여준 이상주의적 한계점은 현실적인 금융위기를 재촉할 수밖에 없었다.

은행을 위한 은행 즉, 중앙은행이 사라지면서 미국에서는 1857년, 1873년, 1893년의 금융위기에서 심각한 어려움을 겪게 되었다. 거의 20년을 주기로 금융위기가 발생하는 상황에서 소방수 역할을 할 수 있는 중앙은행이 없었던 이유로 크고 작은 시중은행이 파산하는 경우가 매우 빈번했고 이로 인한 고통은 심각하였다. 그렇지만 제퍼슨 민주주의라는 시각은 여전히 강했고, 중앙은행의 존재에 대한 거부감은 여전했다. 다시금 해밀턴의 현실적 시각이 부상하고 중앙은행의 필요성이

---

7) 제2차 미연방공화국 은행도 연방의회에서 공인한 중앙은행으로 그 기간은 1817년부터 1836년까지의 20년이었다. 제1차 미연방공화국 은행(1791~1811)이 20년 만에 사라진 이후 약 6년의 공백 상태가 지난 이후에 다시 인가되었는데 특히, 제2차 미연방공화국 은행은 미국과 영국이 벌인 전쟁(1812~1815)의 후유증을 치유하는 데 큰 역할을 한 바 있다.

제기된 것은 더 큰 위기를 겪은 1907년 이후였다. 서부에서 일어난 우연한 사건들로 월스트리트의 주식시장에서 주가들이 폭락하고, 이것이 예금자들을 불안하게 만들면서 시중은행에서 예금을 찾으려는 사람들이 폭증하게 되었다. 은행들이 망할 수 있다는 소문이 확산하면서 예금을 인출하려는 사람들의 줄은 더욱 길어졌고 그것은 더 큰 공포로 이어지면서 금융시장은 붕괴했다.[8)]

당시 26대 대통령이었던 시어도어 루스벨트(Theodore Roosevelt)는 뉴욕으로 재무장관을 급파하여 J.P. 모건에게 도움을 청해야 했다. 독점금지법으로 모건의 금융제국을 위협했던 워싱턴의 연방정부였지만, 시장의 붕괴 앞에서는 모건의 도움이 필수적일 수밖에 없었다. 모건은 은행장들을 불러 모았고 엄청난 양의 현금을 지원하면서 파국으로 향하던 미국의 금융시장을 순식간에 구원해내는 모건식 중앙은행 역할을 선보였다. 중앙은행의 필요성에 대한 인식이 확산하면서 미국의 중앙은행인 연방준비제도(FRS: Federal Reserve System)가 우여곡절 끝에 만들어지는 계기도 마련되었다. 미국의 중앙은행시스템(FRS)은 뉴욕을 포함한 12개 지역에 연방준비은행을 설립하고, 은행들은 독립적인 은행장의 지휘하에 운영되도록 만들어져 있었다. 그러나 동시에 연방준비은행의 각 은행장은 워싱턴에 모여서 연방준비제도이사회를 구성하고 다수결 원칙에 따라서 공동으로 행동할 수 있도록 제도화되어 있었다.[9)] 이렇게 만

8) 이와 관련된 사항들은 주로 존 스틸 고든이 저술한 <월스트리트제국: 금융자본 권력의 역사 350년>의 제7장에서 제10장까지의 내용을 참고하여 재정리하였다.

9) 미국의 연방준비제도(FRS)는 매우 복잡한 조직도를 보이지만 이를 단순화하면 세 개의 큰 조직 즉, 이사회(Board of Governors)와 연방공개시장위원회(FOMC: Federal Open Market Committee) 그리고 12개의 연방준비은행(Federal Reserve Banks)으로 접근하여 볼 수 있다. 먼저 이사회는 연방준비은행의 12개 지점을 감독하고 국가통화정책을 관리하는 역할을 담당한다. 이사회에서는 의장과 부의장이 선출되고 대통령이 그들을 최종 임명하지만, 엄밀한 의미에서 연방준비제도 이사회를 국가기관의 성격을 가진 위원회로 보기는 어렵다. 한편, 연방공개시장위원회도 연방준비제도의 중요한 조직으로서 국가통화정책에 상당한 영향력을 행사한다. 뉴욕의 연방준비은행을 포함한 총 12개의 연방준비은행은 구역별 시중 은행들을 관리 감독하는 기능을 맡고 있다. 그리고 각 연방준비은행의 은행장은 해당 은행의 소속 위원회에 의하여 선출되지만, 최종적으로는 연준 이사회의 승인을 필요로 한다(www.federalreserve.gov/aboutthefed/structure-federal-reserve-board.htm).

들어진 FRS가 법제화되고(Federal Reserve Act, 1913), 법안이 통과되면서 미국의 상설적 중앙은행이 완성되었다고 할 수 있다. 미국의 중앙은행시스템(FRS)이 완성된 같은 해에 이를 설계하고 주도했던 J.P. 모건은 세상을 떠났지만, 지금도 미국의 중앙은행시스템(FRS) 내부 깊숙한 곳에서는 모건의 숨결이 느껴진다.

5. 미국의 헤게모니 중심권역 형성

19세기 중반까지 미국은 국내의 많은 갈등을 해결하는 과정에서 혹독한 남북전쟁까지 치러야 했다. 그렇지만 국내정치가 안정화되고 산업화가 성공적으로 진행되면서 유럽의 대규모 투자자금, 특히 영국계 자본이 대거 미국으로 유입되면서 20세기의 미연방공화국은 헤게모니 중심권역을 형성하는 단계로 진입하였다.

제1차 세계대전-반(反)제국주의 전쟁

20세기 초, 강대국으로 성장한 미국은 유럽의 갈등과 유럽의 전쟁에 개입할 수밖에 없었다. 특히, 미국의 헤게모니를 형성하는 역사 변동성(conjuncture)은 제1차 세계대전을 전후로 본격화되었다. 1914년 7월부터 1918년 11월까지 유럽을 중심으로 벌어진 제1차 세계대전에서 900만 명 이상의 군인들이 사망했다. 이는 유럽의 패권을 이끌었던 기존의 강대국(대영제국)과 새로운 강대국(독일제국) 사이의 패권전쟁 일환으로 대영제국과 독일제국 사이에서 벌어진 헤게모니 쟁탈전이었던 셈이다.[10] 그렇지만 제1차 세계대전 결과로 헤게모니를 차지할 수 있는 국

10) 대영제국을 중심으로 많은 식민지와 넓은 영토를 지니고 있었던 프랑스와 러시아는 삼국협상을 맺고 신흥세력인 독일제국의 등장을 막고자 했다. 그러나 20세기 초, 독일제국의 생산능력이 사실상 대영제국의 생산능력을 압도하면서 유럽의 세력균형은 흔들릴 수밖에 없었다. 이러한 불안정한 유럽의 정치-경제적 상황에서 1914년 6월, 독일계 국가인 오스트리아-헝가리 제국의 황태자가 슬라브계 암살자에게 살해당하는 사건이 발생했다. 이 사건을 계기로 게르만계 국가를 대표하는 독일제국과 슬라브계 국가를 대표하는 러시아제국 사이에 전쟁이 벌어졌고 곧이어 유럽은 대규모 전쟁터로 바뀌었다.

가는 영국도 독일도 아닌 새로운 강대국, 미국이었다. 유럽(구대륙)에서 대서양을 건너 서쪽으로 아메리카(신대륙)에 있는 미연방공화국으로, 세계적 헤게모니를 지닌 중심권역도 급속히 이동했고, 중심권역의 핵심을 이루는 도시도 런던에서 뉴욕으로 옮겨졌다.

제1차 세계대전 중반까지도 미연방공화국은 대영제국과 독일제국 사이에서 중립적 입장을 지키면서 엄청난 실익을 얻었다. 특히, 전쟁 특수로 채무국이었던 미국은 단번에 채권국이 되었고, 산업생산력은 세계 최고의 수준으로 발전할 수 있었다. 그러나 1917년 1월, 독일제국의 외무장관이 멕시코에 보냈던 암호문에서 멕시코가 미국을 공격해준다면, 미국에 빼앗겼던 모든 영토를 되찾아주겠다는 극비사항이 해독되면서 전쟁상황은 급반전되었다. 만일, 유럽에서 독일제국이 패권을 차지할 경우, 북아메리카의 미연방공화국도 독일제국의 후원하에 멕시코에 의해 공격받을 위험성이 있음이 분명했기 때문이었다. 때마침 독일의 유보트 공격을 받은 영국 선박이 침몰하고 여기에서 많은 미국인이 죽는 사건이 발생하면서 미국은 이를 빌미로 유럽에서 벌어지고 있던 제1차 세계대전에 본격적으로 참전했다.

1917년 4월, 미연방공화국이 독일제국에 선전포고하면서 미국은 전시상황을 주도하는 막강한 역량을 보여주기 시작했다. 독일제국과 같은 편에 섰던 동맹국들 가운데 불가리아, 오스만제국, 그리고 오스트리아제국들이 차례로 항복을 했고, 독일제국에서는 폭동이 일어나면서 독일황제가 네덜란드로 긴급히 망명하는 사태까지 벌어졌다. 이로써 독일제국과 오스트리아제국 그리고 오스만제국의 황제들은 대부분의 권력을 잃었고 그 자리에는 제국이 아닌 새로운 공화국들이 생겨날 공간이 생겨났다. 제1차 세계대전을 승리로 이끌었던 미연방공화국의 윌슨(Woodrow Wilson) 대통령은 민족자결주의를 제창했고, 제국에 의해 억압받던 소수민족들은 독립된 공화국을 세울 기회를 얻을 수 있었다. 신대륙의 미연방공화국이 구대륙(유럽)의 황제들을 몰아내고, 새로운 공화국을 세우는 데 큰 역할을 한 셈이었다.[11)]

제2차 세계대전과 국제연합(UN)의 창설

제1차 세계대전에서 독일을 물리치고 승리하면서 미국은 영국의 헤게모니를 승계하고 전 세계적인 영향력을 행사할 수도 있었지만 미국은 그렇게 하지 않았다. 유럽과 아메리카 사이에 있는 대서양의 모든 권역에서 미국은 강력한 패권을 형성할 수도 있었지만, 먼로주의를 고수한 것이다.[12] 미국의 영향력이 사라진 유럽에서는 잠시나마 대규모의 전쟁이 멈추어진 것처럼 보였지만, 결국에는 독일의 재무장을 막지 못했던 상황에서 1939년, 제2차 세계대전이 다시 시작되었다. 1945년까지 6년 동안 계속된 엄청난 전쟁에서 인류는 역사상 가장 많은 희생을 경험했고, 2,500만 명의 군인 전사자와 함께 민간인 사상자 규모도 천문학적이었다.

제2차 세계대전은 그 전쟁의 범위가 지중해와 대서양을 넘어서 태평양과 유라시아 전역으로 확산한 특징을 지니고 있다. 1939년 9월, 유럽에서 독일의 나치 군대는 폴란드의 서쪽 국경을 침공하면서 본격적인 제2차 세계대전의 시작을 알렸다. 동아시아에서는 이미 대규모 전쟁(중–일 전쟁)이 계속되고 있었지만, 미국은 본격적인 참전을 계속 미루고 있었다. 그런데 1941년 12월, 동아시아와 서태평양의 대부분 지역을 점령했던 일본의 제국군대가 급기야 미국의 태평양함대가 주둔하고 있던 진주만을 기습 공격했다. 미국은 막대한 인명손실과 함께 태평양함대의 전력 대부분을 잃어버렸고, 전쟁에 참전하는 것을 거부했던 반대의 목소리는 사라졌으며 미국은 대규모의 군대를 전장에 투입하였다. 유럽의

---

11) 윌슨대통령은 세계의 지속적인 평화를 위해 집단안전보장체제를 적용한 보편적 국제기구인 '국제연맹'을 창설하고자 했지만, 미국 내 비판적 정치세력의 반대로 간단치가 않았다. 미국은 전통적으로 먼로주의(고립주의)를 지향했고, 혼란했던 유럽 문제에 미국이 개입할 생각도 거의 없었기 때문이었다. 윌슨의 노력에도 불구하고 미국연방의회는 미국의 국제연맹 가입을 반대하면서 국제연맹 가입안을 비준하지 않았다. 민주당의 윌슨 이후에 공화당의 하딩(Warren G. Harding)이 1921년 대통령으로 취임하면서 국제연맹을 통한 미국의 세계적 역할은 대부분 사라졌고, 미국은 헤게모니 중심권역을 형성할 기회를 스스로 포기했다.

12) 1823년 미국의 제5대 대통령이었던 먼로(James Monroe)에 의하여 주창된 주장(고립주의)으로 아메리카 대륙에 대한 유럽의 불간섭과 동시에 유럽에 대한 중립적 태도를 주장했던 아메리카와 유럽의 분리정책이라고 할 수 있다.

나치주의자(독일)와 아시아의 제국주의자(일본)라는 전체주의자들을 상대로 미연방공화국은 힘겨운 전쟁을 수행했고, 부득이 소련의 적극적인 역할을 요구할 수밖에 없었다.

미국과 소련이 전체주의국가인 나치독일과 일본제국을 패망시키면서 전후 세계의 헤게모니는 이원화되었고 두 개의 서로 다른 블록으로 나뉘었다. 미국을 중심으로 자유주의 국가들이 결집했고, 소련을 중심으로 공산주의 국가들이 결집하였다. 이데올로기의 차이에서 촉발된 세계적 헤게모니의 이원화는 유럽에서 독일의 분단을 낳았고, 동아시아에서는 한국의 분단을 촉발했다. 미국은 국제연맹체제를 수정 보완한 국제연합(United Nations)을 창설하는 데 주력했고 그 본부를 뉴욕에 설치했다.[13] 국제연합의 실질적 권한을 안전보장이사회에 집중하면서도 미국과 소련 그리고 영국, 프랑스, 중국이라는 5대 상임이사국 지위를 설정한 것은 국제연합의 집단지도체제를 통하여 소련의 헤게모니 확장을 억제하려는 의도도 있었다. 그러나 1949년, 상임이사국이던 중국에서 장제스 국민정부가 소련이 지원하는 마오쩌둥 공산정부에 의해 축출되었다. 그리고 곧이어 1950년에는 공산권의 지원을 받은 북한군이 대한민국을 침공하면서 국제연합의 집단지도체제는 심각한 도전을 받았다.

냉전과 미국의 헤게모니

냉전(Cold War)은 1945년부터 1991년까지 미국과 소련을 중심으로

13) 미국은 제2차 세계대전 중이었던 1942년, 루즈벨트 대통령의 주도하에 국제연맹을 대체할 국제연합(UN)의 설립을 구체화했다. 1945년 6월, 미국 샌프란시스코에서 개최된 연합국 회의에서 UN헌장이 채택되었으며 10월 24일, 역사적인 UN창설이 이루어졌다. 그리고 같은 해 12월 미국의 연방의회는 UN본부를 미국에 설치하자는 제안을 만장일치로 통과시켰다. UN본부의 설립 장소는 여러 곳이 논의되었으나 최종적으로 미국의 뉴욕시로 결정되었다. 앞서 언급된 미국의 부호, 록펠러는 맨해튼의 이스트강 유역 약 69,000㎡의 부지를 거액(8,500만 달러)에 구매하여 UN에 기부했다. UN본부를 설계한 건축가는 윌리스 해리슨(W.Harrison)이었고 건축하는 데 들어간 비용은 약 6,500만 달러였으며 이는 미국의 연방정부가 국채를 발행하여 조달했다. 뉴욕에 세워진 UN본부는 1947년 건설이 시작되어 1952년 완공되었고, 뉴욕은 국제사회를 이끌어 나가는 세계정부의 수도로서 명실상부한 세계의 중심으로서 대표적인 플랫폼(platform) 도시가 되었다. 이와 관련해서는 <평양과 비엔나>(2016)에서 상세히 설명한 바 있다.

자유 진영과 공산 진영 사이에서 벌어진 치열한 이데올로기 투쟁이었다. 미국의 33대 대통령 트루먼(Harry S. Truman)은 1947년에 발표한 그의 독트린에서 냉전을 언급한 바 있는데 이는 재래식 무기를 들고 싸우는 열전(Hot War)과 구분하여 차가운 이념적 전쟁이라는 의미를 담고 있었다. 미국과 소련은 제2차 세계대전의 연합국으로서 직접 열전을 벌인 바 없지만, 그 이면에서는 이데올로기 전쟁을 통하여 자국의 헤게모니 권역을 확장하는 데 생사를 걸었다. 미국과 소련 사이에서 벌어진 핵무기경쟁, 첩보전과 대리전, 그리고 우주개발 등으로 설명되는 냉전에서 그 치열함은 극단적인 상황까지 치달았다. 그리스 내전(1946~1949), 베를린봉쇄(1948~1949), 중국내전(1946~1949), 한국전쟁(1950~1953), 쿠바미사일위기(1961~1962), 베트남전쟁(1955~1975), 그리고 소련의 아프가니스탄전쟁(1979~1989) 등, 모두 냉전 기간에 벌어진 치열한 미국과 소련의 냉전 산물이었다.

수십 년 동안 계속된 냉전에서 미국과 경합했던 소련은 엄청난 핵무기와 재래식 무기를 보유한 군사 강국이 되었다. 그러나 오랜 기간의 냉전을 치르면서 소련의 경제적 기반은 미국보다 더욱더 취약해졌고 그 결과, 소련의 광대한 헤게모니 권역은 1991년에 해체되었다. 비슷한 시기의 미국도 여러 측면에서 어려움을 겪었는데 미국은 1970년대 초, 베트남 전쟁에서 패배를 인정할 수밖에 없었다. 이를 만회하기 위하여 미국은 공산당이 장악한 중국본토의 공산당 정부를 인정하고, 대만에 세워진 국민당 정부의 중국 대표권을 부인하는 치명적 결정까지 해야 했다. 군사력 측면에서 본다면 미국과 소련은 지구를 몇 번이나 반복해서 파괴할 만큼의 엄청난 핵무기를 보유했지만, 객관적인 군사적 역량만 본다면 미국보다 오히려 소련이 더 강하다고 할 수 있다. 따라서 미국은 자신을 중심으로 형성되어 있었던 자유 진영을 향해 미국의 경제적 우위를 주장하면서 자유 진영의 헤게모니 국가로서 그 지위를 유지하고자 노력했다.

1970년대의 위기상황에서 미국은 정치적－경제적 위기를 돌파하는 능력을 보여주었다. 미국은 1980년대의 회복기를 거쳐 1990년대에 진입해서는 소련이 안전하게 해체하는 과정에서 지도력을 발휘하면서 세기말을 미국의 압도적 승리로 장식했다. 이는 앞서 제5장에서 살펴본 네덜란드공화국과 스페인제국의 사례에서처럼 헤게모니 투쟁의 최종승리에서 군사력과 함께 경제적 역량이 매우 중요하게 작용한다는 것을 재차 확인할 수 있는 미국과 소련의 사례였다. 17세기의 네덜란드공화국이 스페인제국과 벌였던 오랜 투쟁에서처럼, 20세기의 미국이 독일, 일본, 소련과 벌였던 패권전쟁에서 군사력에 기반을 둔 경제력에 의해서 헤게모니를 확보하는 상황을 볼 수 있다. 하드파워인 군사력 배경에 소프트파워인 경제력이 얼마나 중요하게 작용하고 있는가를 재차 강조하지 않을 수 없는 부분이다.

6. 세계적 기축통화, 미국 달러의 소프트파워

제1차 세계대전이 끝난 이후, 미국은 고립주의로 회귀했지만, 제2차 세계대전을 치르면서 미국은 달라졌다. 대서양과 태평양에서 힘겨운 전쟁을 주도하면서 미국은 세계적인 헤게모니를 행사해야 한다는 당위성을 인식했고, 이를 위해서는 미국의 달러를 세계적 기축통화로 만드는 작업이 선행되어야 한다고 판단했다.

브레튼우즈체제와 세계기축통화(달러)의 등장

제2차 세계대전이 끝나가면서 미국의 적극적인 주도하에 보스턴 북쪽으로 자동차로 약 3시간 거리에 있는 뉴햄프셔의 작은 마을, 브레튼우즈(Bretton Woods)에서 대규모 국제통화금융회의가 열렸다. 연합국의 44개국 대표가 참석한 이 회의에서는 국제통화(환율) 가치의 안정, 무역진흥, 개발도상국에 대한 지원 등을 목적으로 국제통화기금(IMF)과 국제부흥개발은행(IBRD)을 설립하는 협정이 체결되었고 이를 가리켜 세계는 브레튼우즈체제(BW system)라고 불렀다.

세계의 통화와 금융의 기본적 골격을 만든 브레튼우즈체제에 의하여 미국 달러화는 명실상부한 세계의 기축통화로 자리매김했다. 과거 몽골제국, 베네치아공화국, 네덜란드공화국 그리고 대영제국의 화폐가 각 지역에서 기축통화로 사용된 적은 있지만, 미국의 달러가 지닌 세계적인 기본 화폐라는 지위는 매우 특별한 것이었다. 이로써 미국의 달러는 실물의 금과 같은 지위를 얻었고, 미국의 35달러는 금 1온스와 동등하게 평가되는 금본위제도가 적용되었다. 그리고 미국 달러 이외의 다른 나라 통화는 미국 달러를 기준으로 조정 가능한 고정환율 제도에 의하여 1% 내외의 범위 내에서 약간의 미세조정만 가능하였다. 1930년대 이래, 제2차 세계대전의 원인이 되었던 각 나라의 통화가치 불안정, 화폐의 평가절하 경쟁 등의 근원적 문제점을 해소하고 국제무역의 확대, 고용 및 실질소득증대 등을 목적으로 형성된 것이 브레튼우즈 체제였다. 또한, 동시에 이 체제는 세계대전의 절대적 승자인 미국을 국제통화기금(IMF)과 국제부흥개발은행(IBRD)의 주인으로 만들었다.

제2차 세계대전은 종결되었지만, 대부분의 국가는 빈곤했고, 그들이 가지고 있던 금 보유량은 소진된 상태였다. 상대적으로 압도적인 금 보유량을 지닌 미국은 세계의 기축통화, 달러의 소프트파워를 기반으로 IMF－IBRD체제를 운영했으며 유럽과 동아시아 등에 막대한 자본을 투입, 세계무역을 활성화했다. 그리고 1960년대부터 서독과 일본은 대규모 자유무역의 혜택에 힘입어 비약적인 경제성장을 이루게 되었다. 서독과 일본의 경제가 급성장한 것과 비교하면, 미국의 경제는 정체되었고 국제수지도 만성적인 적자로 빠져들었으며 미국의 금 보유량과 대외단기달러채무잔고의 비율도 악화됐다. 특히, 미국이 월남전쟁에 개입하면서 매년 막대한 자본이 비생산적인 부문에서 소진되면서 금본위제에 입각한 달러의 국제적 지위는 불안정한 상태로 진입하기 시작했다.

달러의 금태환 정지와 브레튼우즈체제의 붕괴

미국은 베트남 전쟁 등으로 국제수지 적자가 오랜 기간 누적되었고,

전비조달을 위한 통화량의 증발로 급격한 인플레이션에 시달렸다. 이런 상황에서 미국의 달러 가치가 급락하자 일부 국가들은 달러의 안정성에 의문을 제기했고 마침내 금태환(달러를 금으로 바꾸어주는 것)을 요구하기 시작했다. 결국, 미국의 닉슨(Richard M. Nixon) 대통령은 긴박한 상황에서 시급히 미국의 금태환 정지선언을 1971년에 내놓을 수밖에 없었다. 달러의 금태환 포기선언은 달러의 위기를 벗어나기 위한 극약처방이었지만, 이 조치로 전후의 안정적인 국제통화금융체제는 뿌리째 흔들리기 시작했다. 이른바 미국이 주도했던 브레튼우즈체제가 미국에 의해 붕괴하면서 국제통화제도는 혼란에 빠졌고 세계무역은 축소되었으며 전 세계의 경제는 심각한 위기상황에 직면하는 상황을 맞게 되었다.

미국 달러의 금태환 포기는 미국 달러의 대폭적인 평가절하를 가져왔고, 세계경찰국가인 미국에 대한 신뢰상실과 함께 세계 각국을 불안하게 만들었다. 특히, 원자재 수출가격의 협상 과정에서 석유 산유국들은 더욱 공격적인 입장을 내보였다. 황금의 가치와 동등했던 미국의 달러가 황금의 지위를 포기하면서 검은 황금에 비견될 수 있는 석유에서 어떤 일이 벌어질 것인가의 여부가 매우 중요해졌다. 1970년대의 산업사회에서 석유는 황금 이상으로 중요한 필수자원이었고 이미 가격도 많이 올라 있었다. 그런데 1973년, 베트남에서 미국의 패배가 사실상 받아들여졌고, 곧이어 욤키푸르 전쟁(the Yom Kippur War)에서 이스라엘의 불패 신화까지도 깨지는 상황이 벌어졌다. 중동지역 산유국들이 주류인 석유수출국기구, OPEC의 목소리는 더욱 커졌고, 위기가 겹친 힘든 상황에서 미국은 중요한 타협안을 수용해야 했다. 불과 몇 달 사이에 석유 산유국들은 원유의 시장가격을 4배나 올려서 제1차 오일쇼크를 일으켰으며 그 결과, 산유국은 6백억 달러 이상의 '오일달러' 잉여분을 얻었다.

미국은 OPEC의 도전에 대해 어떠한 군사적 조치도 취하지 않았는데 그 이면에는 매우 중요한 협상 즉, 미국과 석유 산유국 간의 밀약이 있었다. 엄청난 오일달러를 산유국들이 자기 호주머니에 넣는 대신에 산유국들은 계속해서 미국의 달러만을 사용하여 자신의 검은 황금, 석유를 구매할 수 있도록 했다. 미국은 자신의 달러를 황금과 교환할 수 있는 금태환 부문을 포기하면서 그 지위가 흔들렸지만, 미국의 달러는 여전히 석유라는 검은 황금을 구매할 수 있는 유일한 기축통화라는 중요한 지위는 가까스로 지켜냈다. 중동으로 유입된 엄청난 규모의 오일달러는 대부분 역외 금융시장에 맡겨지거나 투자되었고, 금융투기를 위해 동원될 수 있는 대량의 유동성과 공적으로 관리되는 새로운 신용창출(credit creation)을 자극하면서 세계의 경제는 강력한 중동발 추진력을 얻게 되었다.

통화주의 반동에 의한 미국의 헤게모니 유지

1970년대, 미국의 주도권이 흔들리는 상황에서 주요 산유국인 이란에서는 친미적인 왕정이 붕괴하고 반미적인 혁명정부가 들어섰다. 이를 계기로 1979년에는 제2차 오일쇼크가 일어났는데 미국 달러의 파괴적인 급락은 절정을 이루었다. 그런데 예상외로 달러의 가치가 급락한 이후에 미국의 경제력이 조금씩 회복되는 상황이 조성되었다. 1980년대, 미국은 사상 최고의 이자율, 세금감면, 그리고 자본주의적 생산자와 투자자들에게 더 많은 재량권을 보장하는 한편, 미국의 달러를 강한 화폐로 만들기 위한 시도를 통해 공격적으로 자본을 확충했다. 보수성향의 레이건(Ronald W. Reagan) 행정부는 세계의 자본이 미국으로 흘러 들어가는 커다란 경로를 만들어낸 셈이었다. 이러한 통화주의적 반동으로 미국의 금융정책은 공급중심정책에서 수요중심정책(높은 이자율과 세금감면 등)으로 바뀐 것을 의미했다.

그런데 통화주의 반동은 조심스럽게 관리해야만 하는 일련의 과정들이라고 할 수 있다. 1980년대와 1990년대의 국가 간 협력과 경쟁에서 통화주의 반동은 한계상황에 처한 생산자들을 회생시키는 측면이 있기 때문이었다. 특히, 1985년의 플라자 합의를 통하여 일본의 자본을 미국으로 재유입시키면서 미국은 자국의 제조업에도 상당한 활력을 불어넣을 수 있었다.[14] 통화주의 반동은 금융팽창을 통해 1980년대와 1990년대, 미국의 부와 영향력을 다시 부풀리는 효과를 가져왔다고 평가할 수 있다. 특히, 오랜 기간 경쟁했던 소련이 1991년 해체되면서 미국은 세계적인 헤게모니를 더욱 확고하게 인정받을 수 있었고, 이는 경제적 측면에서도 매우 긍정적으로 작용했다고 평가된다.[15]

어쨌든, 베트남 전쟁에서의 패배와 헤게모니의 약화라는 위기상황에서 미국은 세계적 기축통화인 달러가 지닌 소프트파워를 매우 효과적으로 활용하여 자신의 헤게모니를 지킬 수 있었다. 그렇지만 시간이 지날수록 미국도 자신들의 통화주의 반동이 한계상황에 달하고 있음을 인식하고 있다. 금융팽창의 형태와 시기에서 점차 그 본질적 헤게모니가 축소되고 있기 때문이다. 과거의 18세기 중엽, 네덜란드에서 영국으로 그리고 20세기 초, 영국에서 미국으로 헤게모니가 어쩔 수 없이 이동했던 상황처럼 통화주의 반동은 어느 시점에선가 한계상황에 직면하고 더 이상의 효과를 얻을 수 없다. 2008년에 발생한 리먼브라더스의 파산과 대규모 금융위기를 극복하는 과정에서도 미국은 대규모의 화폐를 발행한 통화주의적 반동으로 위기를 모면했지만, 이를 반복하기는 점점 어려워지고 있다. 미국 중심의 세계체계를 붕괴시킬 공격적인 신흥 강국으로 21세기의 중국이 그 존재감을 드러내고자 하지만, 백여 년 전의 영국이 자신들의 헤게모니를 제국주의적 방식으로 유지하려 했을 때보다도 훨씬 더 큰 역량을 미국은 지금, 현재 갖고 있다. 그러므로 미국은 새롭게 부상하는 동아시아와 태평양 권역에서 수십 년 이내에 자신

14) 1985년 9월, 뉴욕의 플라자호텔에서 G5(미국, 서독, 일본, 프랑스, 영국) 재무장관들이 모여 미국의 통화가치를 낮추고 일본의 통화가치와 서독의 통화가치를 높이는 플라자 합의(Plaza Accord)를 도출해냈다. 합의 직후, 엔화의 가치는 폭등했으며 1년 후에는 미국 달러 대비 일본 엔화의 가치가 약 50% 이상 상승했다. 일본 화폐의 가치절상 즉, 엔고(円高)는 미국에 대한 일본의 투자금을 폭발적으로 확대했고, 일본인들의 미국부동산 투자, 미국여행 확산 등으로 이어졌다.

15) 베트남 전쟁에서 패배한 직후, 미국은 공산권에 있던 중국을 소련의 권역에서 빼내어 자유 진영(또는 최소한 중립의 영역)으로 옮기는 전략을 펼쳤다. 공산권에서 소련과 중국이 분열되면서 소련의 헤게모니는 상대적으로 약해졌고, 미국의 헤게모니는 더 강해질 수 있었는데 이러한 국제관계의 변동 속에서 미국은 통화주의적 반동으로 소련의 취약한 경제부문을 더욱 강하게 압박할 수 있었다.

의 헤게모니를 스스로 이전할 새로운 중심권역을 결정할 역량이 충분히 있다고 평가할 수 있다.16)

16) 역사적 사례에서 보았듯이 이러한 경향은 체제가 복구 불가능한 상황까지 가서 순식간에 붕괴하는 것으로 끝이 날 경우, 헤게모니는 사라지고, 완전히 다른 체제가 재건될 때까지 그 이전의 헤게모니는 단절된다는 것을 알 수 있다. 예컨대, 몽골의 유라시아 시대에서는 150년 동안 몽골의 헤게모니가 작동했지만, 몽골은 준비 없이 순식간에 붕괴하면서 몽골의 헤게모니는 단절되고 사라졌다. 이와 비교할 때, 지중해의 베네치아공화국은 한계 시점이 가까이 올수록, 그들의 인재와 자본을 암스테르담으로 이동시킴으로써 헤게모니의 연속성을 지켰다. 암스테르담에 이어서 런던, 런던에 이어서 뉴욕으로 이어지는 공화국의 헤게모니 연속성은 몽골 세계국가의 헤게모니 단절과 구분되는 사례이다. 이와 관련해서는 Arrighi의 저서, <베이징의 애덤 스미스>의 제6장, Arrighi와 Silver의 공동저서, <Chaos and Governance>의 pp. 288-289를 참고할 수 있다.

뉴욕 갤러리 2

뉴욕의 DNA

미연방공화국하면 정치의 도시, 워싱턴D.C.와 그곳에 있는 국회의사당(US Capitol)이 떠오른다.

평소 미국의 국회의사당(US Capitol) 전면부분은 보안을 이유로 통제되지만, 대통령 취임식(아래쪽 사진)이 있을 때는 전면의 계단입구가 열리고 이곳을 중심으로 행사가 진행된다.

미국이 독립하면서 세워진 최초의 연방정부 수도는 워싱턴이 아닌 뉴욕이었다. 1789년, 초대 대통령 조지 워싱턴의 취임식은 뉴욕의 월스트리트(Wall Street)에 있는 연방홀(Federal Hall)에서 거행되었고 그 모습은 오래전 지중해의 베네치아 공화국 대통령, 도제(Doge)의 취임식과 비슷했다(아래쪽 사진은 연방홀 앞에 세워진 조지 워싱턴 동상).

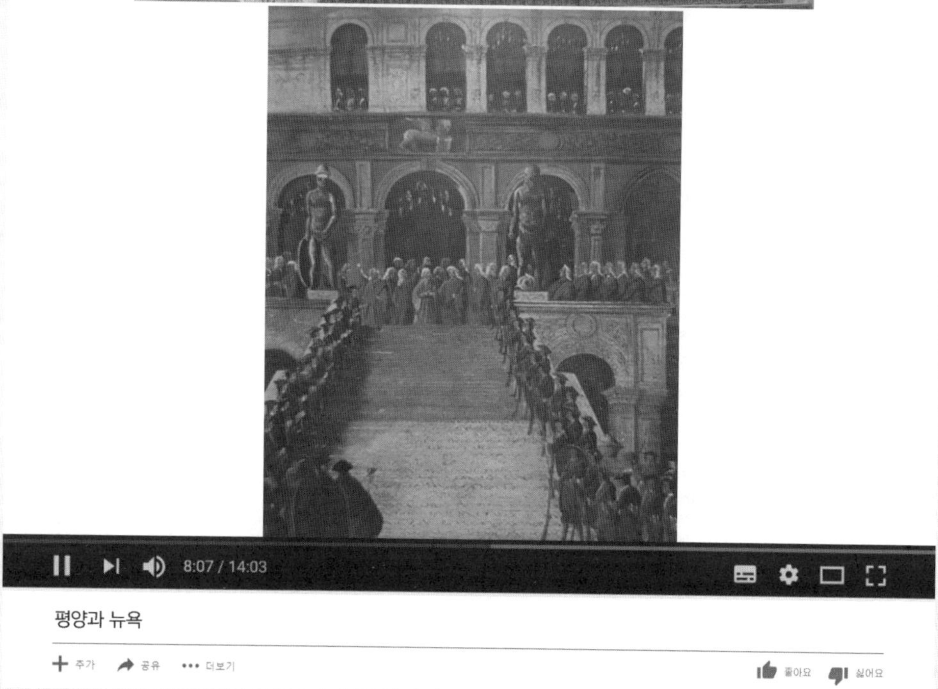

베네치아공화국은 서기 9세기 경부터 미국의 대통령과 비슷한 도제(Doge)를 이미 간선제로 선출했다. 도제의 취임식과 선서도 미국의 국회의사당과 비슷한 팔라초 두칼레의 전면부 계단 위에서 거행되었다(위쪽은 현재의 팔라초 두칼레, 아래쪽 그림은 과거 팔라초 두칼레에서 거행된 도제의 취임식 모습).

베네치아공화국의 팔라초 두칼레는 국회의사당(US Capitol), 도제(President)의 집무실(White House), 그리고 행정기관 사무실(Government Building)이 하나로 통합된 정부종합청사 건물(위쪽 사진)이며 그 내부에는 옛 공화국의 흔적들이 많이 남아있다(아래쪽 사진은 취임식 계단으로 들어가는 입구).

베네치아공화국은 대국회(상원과 하원)와 도제(대통령), 그리고 17인 위원회(내각)가 상호 견제했지만, 정부의 업무처리는 매우 효율적이었다. 또한, 탄핵제도 등을 통하여 정치권력의 독점화를 막고 정부권력의 남용을 방지하고자 했다(사진 정면의 무서운 얼굴모습은 고위공직자 탄핵 청원함).

NY Tube

8:07 / 14:03

평양과 뉴욕

추가 공유 더보기 좋아요 싫어요

미국과 베네치아는 강력한 제국과 전쟁을 벌여 공화국을 건설했다는 공통점도 갖고 있다. 대영제국에게 승리한 미국이 공화국으로 출범했던 것처럼 오래전의 베네치아도 프랑크 제국과의 독립전쟁에서 승리하면서 공화국이 되었다(사진은 베네치아의 승리를 기념하는 바다의 개선문, 리알토 다리).

강력한 제국과 독립전쟁을 벌여 공화국으로 성장한 사례 가운데 17세기의 네덜란드를 빼놓을 수 없다. 자유를 쟁취하고자 스페인제국과 투쟁했던 네덜란드는 고통의 과정을 극복하면서 근대 공화국으로 성장했다(사진은 할렘 출신이며 최초의 네덜란드 해양화가인 프롬(Hendrick C. Vroom)의 작품, 암스테르담의 해양박물관 소장).

NY Tube

평양과 뉴욕

추가 공유 더보기 좋아요 싫어요

네덜란드는 1648년, 독립된 공화국의 지위를 인정받았으나 네덜란드의 암스테르담은 그 이전에 이미 세계적인 해양패권을 거머쥔 핵심도시로 전성기(The Golden Age)를 누리고 있었다.

네덜란드공화국 전성기의 경제적 풍요로움과 자유로움을 상징하는 암스테르담 시청은 외부 뿐만 아니라 내부도 아름다운 조각으로 가득 차 있는 건축물이다(아래쪽 사진은 내부 모습).

암스테르담 시청 내부에는 베네치아의 팔라초 두칼레에 있었던 많은 것들이 새롭게 재해석되어 장식되었음을 발견할 수 있다('아틀라스'와 '정의로운 여인').

15세기의 베네치아

17세기의 암스테르담

15세기의 베네치아와 17세기의 암스테르담, 그리고 20세기의 뉴욕은 해양공화국의 핵심도시로서 서로 비슷한 DNA를 갖고 있다.

세 도시가 지닌 공통의 DNA를 찾아볼 수 있는 곳은 표식이 전혀 없는 J. P. 모건 투자은행의 중앙본부가 있는 맨해튼의 월스트리트(Wall Street) 주변이다.

먼저 현대의 뉴욕에는 (1) 트리니티(Trinity) 교회, (2) 뉴욕증권거래소, (3) 좁은 금융중심거리 등 세 가지 시설이 모여 있다.

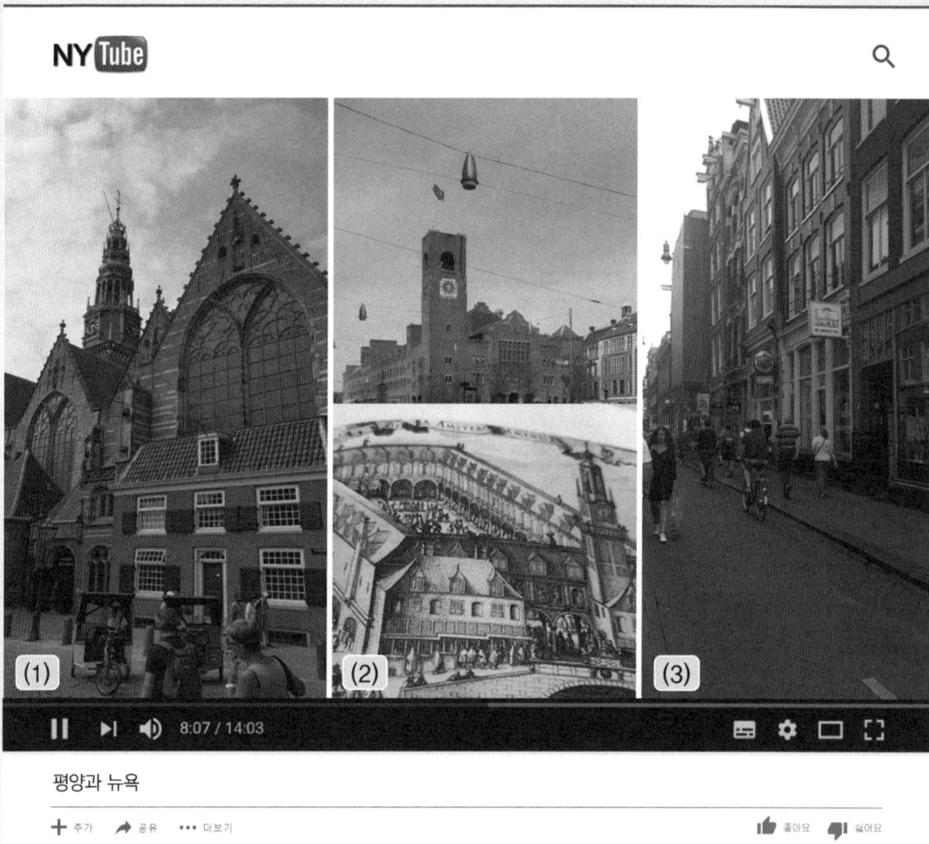

17세기의 암스테르담에도 (1) 오래된 교회(Oude Kerk), (2) 최초의 증권거래소, (3) 좁은 금융중심거리 등 세 가지 시설이 모여 있었다.

그리고 15세기의 베네치아에도 (1) 자코모 교회당, (2) 환전상 겸 은행, (3) 좁은 금융중심거리 등 세 가지 시설이 함께 있었다.

15세기 전후로 베네치아에는 많은 유대인 상인과 은행가들이 유대인지구(Gheto) 등에서 거주했다.

17세기의 암스테르담에는 많은 유대계 상인과 은행가들이 거주했으며, 프란시스코 수아소(F. L. Suaaso)는 네덜란드공화국의 빌렘 3세에게 자본을 제공, 영국의 명예혁명을 성공시키는 데 크게 공헌하였다(사진은 프란시스코 수아소의 초상화, 암스테르담의 유대인박물관 소장).

현대의 뉴욕에도 많은 유대계 상인과 자본가들이 거주하고 있으며 그들은 맨해튼의 월스트리트를 중심으로 세계적인 영향력을 행사하고 있다(사진은 맨해튼의 유대인박물관).

바다의 도시, 베네치아(15세기)와 암스테르담(17세기) 그리고 뉴욕(20세기)은 비슷한 DNA를 물려받은 부모와 자식처럼 혈연성이 강한 해양도시이다.

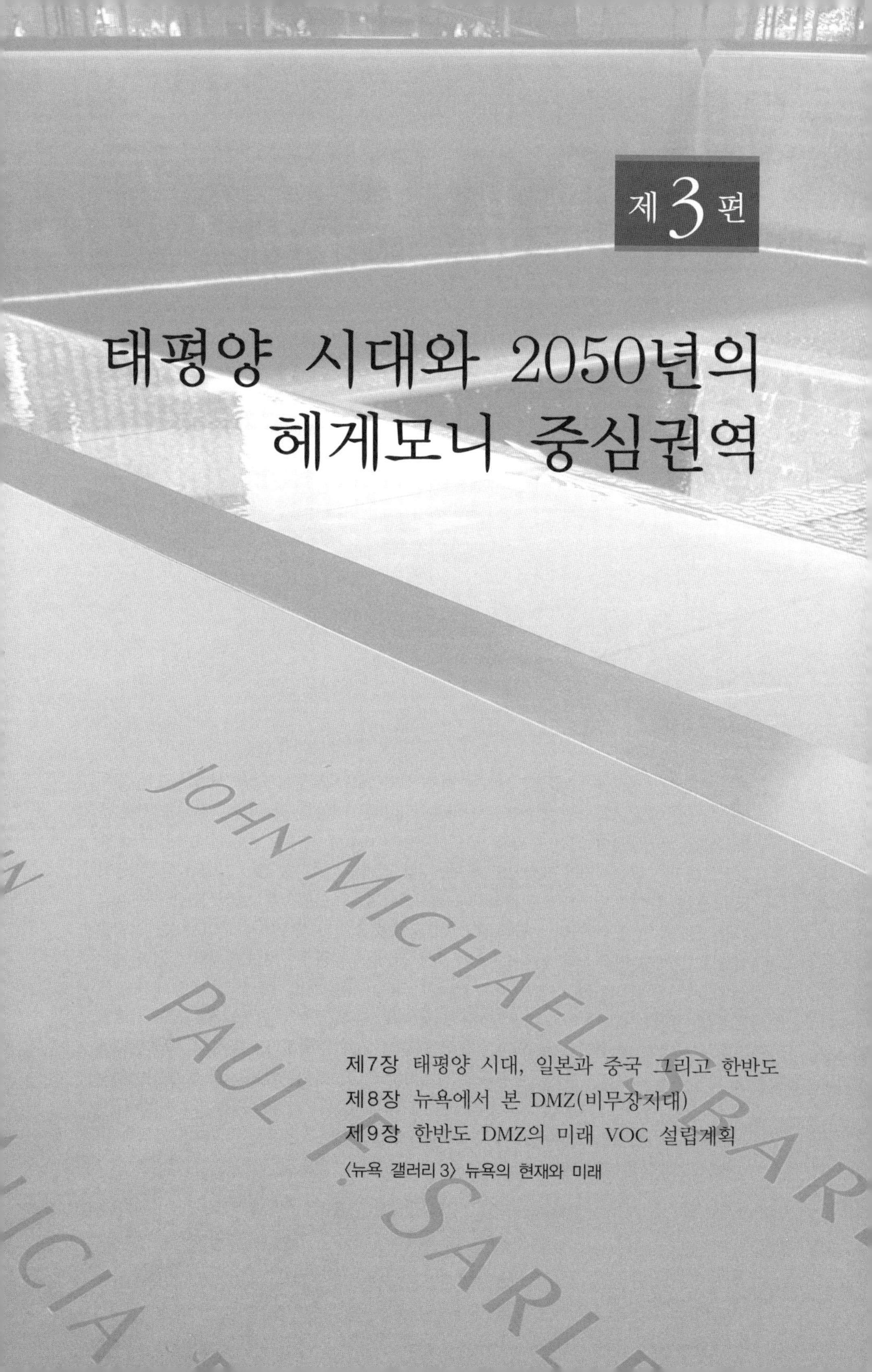

제 3 편

태평양 시대와 2050년의 헤게모니 중심권역

어느 시점에서부터인가 대서양 시대는 점차 쇠퇴하고 새로운 태평양 시대가 오는 것처럼 보였다. 1904년의 러-일 전쟁에서 동양의 일본은 서양의 러시아를 패퇴시키면서 동아시아와 서태평양의 강력한 세력으로 등장했고, 1941년 진주만 공습에서는 미국의 태평양함대까지 궤멸시키며 태평양의 헤게모니를 장악할 수도 있었다. 그러나 미연방공화국의 원폭 투하로 일본제국은 순식간에 몰락했으며 1945년 이후, 동아시아에서는 상당 기간, 군사적인 공백 상태가 발생했다. 이 공백을 소련이 메우면서 동아시아는 소련권역으로 변했고, 미국(자유 진영)과 소련(공산 진영)의 갈등은 한반도에서의 전쟁과 냉전(cold war)으로 이어졌다. 20세기가 끝나기 직전, 소련제국이 해체되면서 21세기는 태평양의 시대와 함께 동아시아의 발전을 더욱 빠르게 촉진했고, 세계의 인재들도 새로운 태평양 시대의 중심권역으로 일본과 중국을 관심 있게 주목하기 시작했다. 1980년대에는 일본의 도쿄, 2000년대에는 중국의 상하이가 동아시아의 핵심도시로 등장하는 것처럼 보이기도 했다. 그렇지만 2020년대, 한반도에서 냉전이 사라질 가능성이 제기되면서 한반도를 나누던 DMZ(비무장지역)가 오히려 유라시아와 태평양을 연결하는 통합의 아이콘으로 바뀌기 시작했다.

(앞면사진 : 21세기의 뉴욕 맨해튼에 세워진 September 11 추모공원)

제7장

태평양 시대, 일본과 중국 그리고 한반도

1. 대서양에서 태평양으로의 중심권역 이동

제2차 세계대전의 승리를 주도했던 미국이 세계의 헤게모니를 주도하면서 이와 관련된 각각의 국가별 총생산량과 1인당 국민소득을 상대적으로 비교한 연구들이 많이 등장했다. 그 가운데 앞서 제시된 Braudel－Arrighi Model과 관련하여 대서양에서 태평양으로의 중심권역 이동을 설명하는 비교자료를 예시하면 다음과 같다.[1]

유럽-아시아의 경제력에 대한 Arrighi의 비교연구

최근의 Arrighi 연구에 따르면, 유럽과 아시아의 경제력이 제2차 세

---

1) 이와 관련해서는 Arrighi. Giovanni의 논문 "World Income Inequalities and the Future of Socialism"(1991)과 그의 저서 <베이징의 애덤 스미스: 21세기의 계보>(2009), <장기 20세기: 화폐, 권력, 그리고 우리 시대의 기원>(2008), 그리고 <평양과 베네치아, 공화국의 재발견>(2018) 등을 주로 참고하였으며 관련된 최근 통계자료는 미연방공화국의 정보국(CIA) 통계자료를 참고하여 재작성하였다(www.cia.gov/library/ publications/resources/ the－world－factbook).

계대전 이후 급격히 바뀌었음을 실증적으로 보여주고 있다. Arrighi는 이와 같은 통계적 비교분석을 통하여 대서양시대에서 태평양시대로의 변동을 구체적으로 설명하고자 했다. 즉, 1940년의 독일과 이탈리아 그리고 일본의 경제력에 대한 상대적 평가점수는 독일이 90, 이탈리아가 30, 일본이 20이었다는 것이다. 그런데 제2차 세계대전을 겪은 직후인 1950년에는 독일이 40, 이탈리아가 25, 일본이 15수준으로 낮아졌다. 그리고 전후 복구과정을 거치면서 1970년의 독일과 일본은 급속히 회복되었으나 이탈리아는 그렇지 못했다. Arrighi의 연구에서 보여준 놀라운 수치는 1990년에서 나타났다. 1990년의 독일은 105, 이탈리아는 90이었는데 일본이 독일보다 높은 110으로 급속히 상승한 것이다.

서독, 이탈리아, 일본의 상대적 GNP 비교

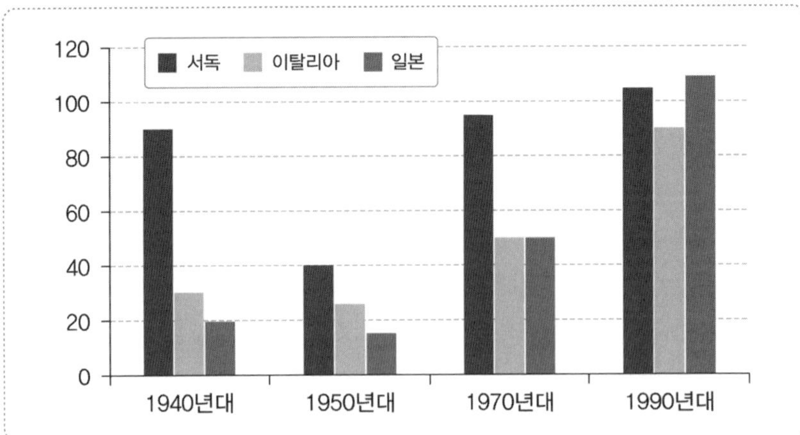

출처: Arrighi, 1991: 41－42.

전후 동아시아의 급속한 성장

일본이 1990년대 서독의 1인당 소득수준을 앞섰던 상황은 놀라운 것이었지만, Arrighi가 더욱 관심있게 주목한 것은 동아시아의 대한민국, 타이완, 홍콩, 싱가포르의 성장추세였다. 1940년대에는 관련 정보조차 없었던 동아시아의 4마리 용이 1960년대에서 1990년대까지 불과

30년만에 보여준 빠른 성장은 세계의 어느 지역에서도 찾아볼 수 없는 괄목할만한 것이었다. 1960년대의 상대적 평가점수는 대한민국이 7, 타이완이 5, 싱가포르가 20이었다. 대한민국은 5.16 군사 쿠데타를 겪은 직후 경제가 급속히 3까지 하락했다가 1970년대 7로 회복하기도 했다. 타이완은 8로 성장했고 싱가포르는 큰 변화 없이 20을 유지했다. 그렇지만 1980년대 대한민국은 10으로 성장했고, 타이완은 18, 싱가포르는 30까지 성장했다. 놀라운 것은 1990년대 이후였다. 불과 10년의 짧은 기간 동안, 대한민국은 20, 타이완은 30, 싱가포르는 40까지 급속히 성장했고 이는 세계의 다른 지역에서 찾기 어려운 모습이었다.

대한민국, 타이완, 싱가포르의 상대적 GNP 비교

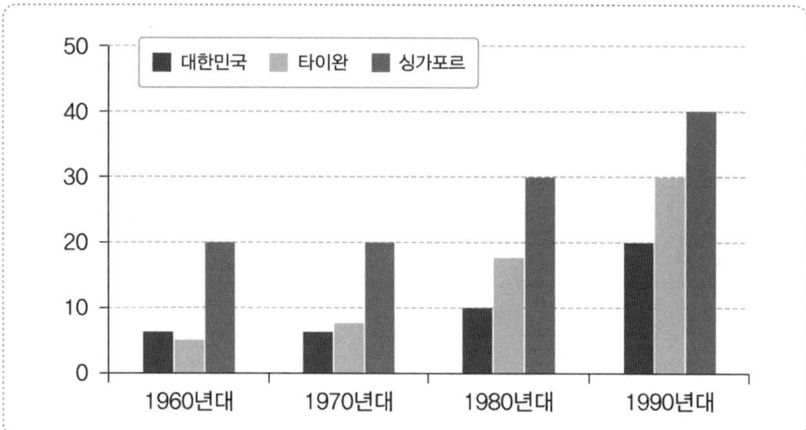

출처: Arrighi, 1991: 41－42.

Arrighi의 실증적 비교연구는 1990년에서 끝났지만, 2000년대의 상황을 보면 아시아의 네 마리 용은 일본과 함께 유럽국가(동유럽 포함)의 1인당 평균 GNP를 이미 웃돈 것으로 파악된다. 특히, 21세기가 되면서 중국이 양적으로 급속히 팽창했는데 이후로는 GNP보다는 GDP(국내총생산)가 의미 있는 지표로 사용되었다. 어쨌든 유럽 전체의 GDP 또는 유럽연합(EU)의 GDP 가운데 어느 쪽과 비교하여도 동아시아의 3개국

(대한민국, 일본, 중국)을 합친 GDP는 더 큰 규모로 확장되었고 이는 21세기의 뚜렷한 경제적 국부의 흐름으로 나타났다. Arrighi는 태평양의 시대와 동아시아의 팽창을 1990년대부터 감지하였지만 21세기 초, 그 변화속도가 매우 빠르다는 것에 놀라움을 표한 바 있다.[2)]

미국의 헤게모니와 비교한 동아시아의 현황

Braudel－Arrighi의 연구에 기초하지 않더라도 상식적 차원에서도 세계의 헤게모니 국가는 미국이고 그 핵심도시는 뉴욕이라고 할 것이다. 소련제국의 해체 이후, 유일한 초강대국으로 경제적으로는 세계의 기축통화, 달러 발행국이며 군사적으로는 세계의 경찰국가이기 때문이다. Arrighi의 선행 연구를 참고하여 세계의 헤게모니 국가인 미국의 GDP(국내총생산)와 1인당 GDP(구매력 기준)를 100으로 하였을 때, 대한민국과 일본 그리고 중국의 상대적 차이를 비교하여 본다. 만일 Arrighi가 지금까지 살아있었다면, 그의 연구 특성상 반드시 하고 싶었을 연구이기도 하다. 우선 헤게모니 국가 미국(19.3조 달러)을 기준(100)으로 세 나라의 GDP를 비교하면 대한민국이 11(2.1조 달러), 중국이 119(23.1조 달러), 일본이 28(5.4조 달러)의 규모를 보인다. 한편, 미국의 1인당 GDP(59,500달러)를 100으로 할 때, 대한민국은 66(39,400달러), 중국은 28(16,600달러), 일본은 71.7(42,700달러)을 보였다. 구매력 기준이므로 환율의 변동을 고려하여야겠으나 미연방공화국의 정보국(CIA)의 객관적 자료를 활용하여 동아시아의 삼국을 비교할 수 있다.

---

2) Arrighi는 그의 2007년 연구에서 중국과 동아시아의 국가들(한국, 일본, 타이완, 싱가포르 등)이 미국을 대체할 상업적 팽창과 경제 팽창의 핵심동력이 되고 있다고 기록한 바 있다. 그러나 아쉽게도 2009년 미국의 볼티모어에서 세상을 떠나면서 그의 후속연구를 만나볼 수는 없다.

미국(Hegemony)의 GDP에 대한 동아시아 3국의 상대적 비교

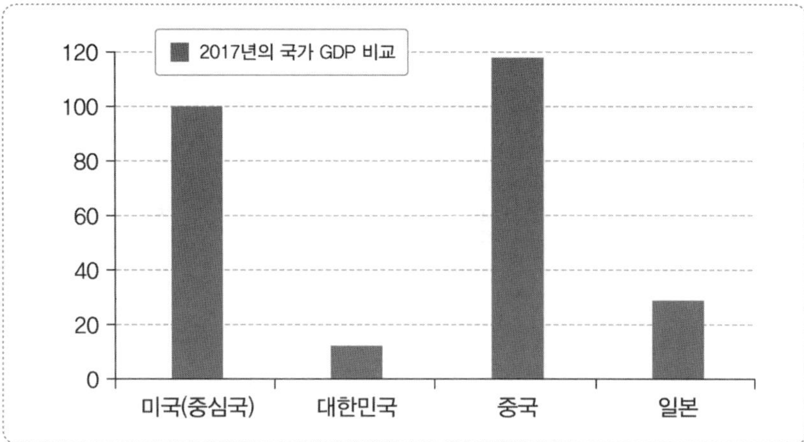

출처: CIA 자료, 2017.

헤게모니 국가인 미국을 기준으로 GDP(국내총생산)를 100으로 하여 2017년의 동아시아 3국의 현황을 비교하였다. 양적인 측면에서 보면 경제력에 있어서 중국은 이미 중심국을 추월하여 새로운 중심국으로 자리 잡을 가능성이 커져 있다. 이에 비교하여 일본이나 대한민국은 양적인 측면에서 중국의 규모에 훨씬 미치지 못하는 수준이다. 일본은 중국의 1/4, 대한민국은 중국의 1/10 정도였기 때문이다. 만일 이와 같은 하나의 국가별 GDP만을 토대로 평가한다면 미국(뉴욕)이 중심이 아니라 중국(상하이)이 핵심도시라고 할 것이다. 그렇지만 국가별 GDP만으로 헤게모니 국가를 확정 지을 수 없음은 다음의 분석표에서 알 수 있다.

비슷한 경제지표일 수도 있으나 국가별 GDP가 아닌 1인당 GDP를 기준으로 비교 분석하면 전혀 다른 결과물이 나온다. 미국(중심국)을 기준으로 1인당 GDP를 100으로 하여 2017년의 동아시아 3국의 현황을 비교하였다. 1인당 GDP는 상대적으로 질적인 측면에서 본 경제력이라고 할 수 있는데 중국은 가장 취약한 상황을 보여주었다. 일본의 1인당 GDP는 미국과 비슷하고 중국의 2.5배이며 대한민국도 미국과 비슷하면서 중국의 2.3배였다. 만일 1인당 GDP만을 토대로 평가한다면, 일본

미국(Hegemony)의 1인당 GDP에 대한 동아시아 3국의 상대적 비교

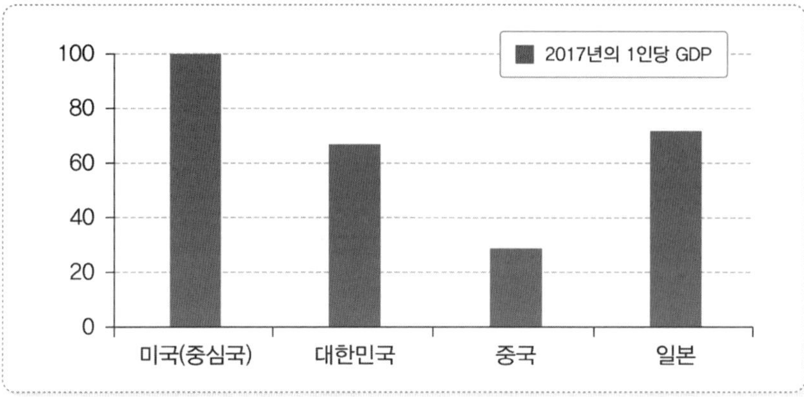

출처: CIA 자료, 2017.

의 도쿄가 미국의 뉴욕에 가장 근접할 수 있고, 그 다음으로 대한민국의 서울이며 중국의 상하이는 가장 뒷순위가 될 것이다.

미국(Hegemony) 대비 동아시아 3국의 국가별 GDP와 1인당 GDP 비교

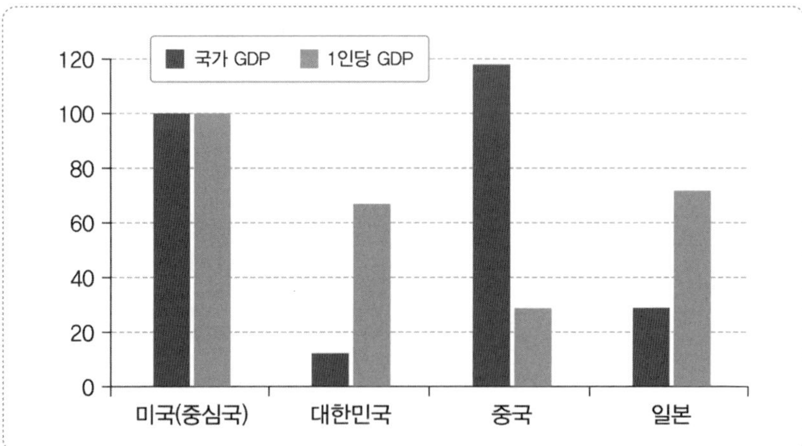

출처: CIA 자료, 2017.

헤게모니 국가인 미국을 기준으로 살펴본 국가별 GDP와 1인당 GDP는 양적 측면에서 중국은 중심국가의 지위에 도달했거나 그 이상이라고 볼 수 있다. 그렇지만 질적 측면에서 보면 경제적 측면에서도 중국은 매우 취약한 상황이며, 여전히 중심국가로서 미국의 지위가 공고하다는 사실을 확인할 수 있다. 또한, 현 상황이 그대로 유지된다면, 동아시아 3국에 있어서 미국을 대신할 중심권역의 지위는 나타나지 않는다고 평가할 수 있다. 그리고 동아시아의 지역별 중심지로도 중국보다는 일본이 더 유력하고 그 결과, 상하이보다는 도쿄가 동아시아의 중심지라고도 평가할 수 있다.

2. 태평양 시대의 헤게모니 중심권역

유럽과 미국 사이에서의 대서양 시대가 그대로 유지된다면, 미국 동부 연안의 뉴욕이 세계의 핵심도시 지위를 계속 유지하겠지만, 미국과 동아시아 사이에 있는 태평양의 시대로 바뀐다면 뉴욕은 그 지위를 유지하기 어렵다. 시대의 변화를 거스르기는 참으로 어렵다는 것이다.

중기적 역사순환과 헤게모니

만일, 미국이 태평양 시대에도 계속 중심국가로 유지된다면, 뉴욕보다 태평양 연안 지역의 캘리포니아가 중심이 될 것으로 보인다. 마치 지중해 시대에서 대서양 시대로 바뀌면서 베네치아에서 브뤼헤와 안트베르펜으로 중심도시가 이동하는 것과 비슷한 현상이라고 할 수 있다. 미국의 동부지역에서 미국의 서부지역으로 경제력이 이전되고 더욱 확장되고 있음도 비슷한 맥락에서 이해하여 볼 수 있다. 이미 서태평양의 캘리포니아주가 생산하는 경제적 가치 즉, 지역생산량(GRP)은 과거 대영제국이었던 영국의 전체생산량인 국가총생산량(GDP)을 넘어서고 있음과도 무관하지 않다.

물론 이와 같은 변화의 상황에서 캘리포니아의 실리콘밸리가 있는 팔로 알토를 중심으로 핵심도시가 형성될 가능성도 있지만, (선행 연구를 통해서 보면) 캘리포니아의 어떤 도시도 뉴욕을 대체하기는 어렵다. 마치 안트베르펜이 베네치아를 완전히 대체할 수 없었던 것과 비슷한 원리이다. 단지, 경제적 측면에서만 본다면 뉴욕의 경제력이 캘리포니아로 이전될 수도 있겠으나 뉴욕이 캘리포니아로 승계되기에는 한계가 많다는 것이다. 특히, 태평양 시대로 변화가 일어난다면 그것은 미국 자체에 있는 것이 아니라 동아시아의 성장과 밀접한 관련성이 깊다. 직전에 살펴본 Arrighi의 분석에서처럼 1970년대부터 불과 30~40년 사이에 일본은 유럽의 독일을 앞섰고, 아시아의 네 마리 용이라는 대한민국, 타이완, 홍콩, 싱가포르는 세계의 어느 지역보다 빠른 경제적 팽창력을 보여주었다.

특히, 2000년대 중국의 빠른 성장은 양적 측면에서 타의 추종을 불허했다. 중국의 팽창은 본래 기대하고 예상했던 수준을 훨씬 넘어서서 상당히 두려울 정도였다. 이는 19세기 말에 영국이 경험하고 선택했던 바를 되새겨볼 부분이다. 영국은 18세기 중엽부터 산업혁명을 통하여 막대한 자본을 축적하였지만, 19세기 말에 와서는 자본을 영국 내부에 투입했을 때, 한계상황에 직면했고 자신들의 헤게모니도 끝나가고 있음을 인식했다. 그런데 영국의 내부투자와는 달리 영국 자본이 미국과 독일에 투입될 경우, 그 성과가 매우 크거나 투자의 효용성이 엄청났음을 발견하게 된다. 그리고 영국은 후발산업국인 유럽의 독일제국과 북아메리카의 미연방공화국 가운데 선택하여야 했다. 자본의 내부적 한계 효용성이 극도로 낮아진 상황에서 영국은 자신들의 중기적 역사순환주기가 끝나가는 것을 인식하면서 자신의 헤게모니가 완전히 사라지기 이전에 자발적으로 다음 선택지를 골라야 했다.

19세기(영국)의 선택과 21세기(미국)의 선택

19세기의 영국은 같은 유럽에 있는 동쪽의 신흥 산업국가 독일이 아니라 대서양 건너편의 서쪽에 있는 미국을 선택했다. 영국의 막대한 자본은 유럽의 독일로 가지 않았고, 바다를 건너서 아메리카 대륙의 뉴욕으로 방향을 정한 것이다. 앞서 제6장에서 영국의 런던 자금이 미국의 뉴욕으로 옮겨지고 그 과정에서 J.P. 모건이 매우 중대한 역할을 했음을 확인한 바 있다. 그런데 이 부분에서 더욱 흥미로운 것은 J.P. 모건의 대학 시절이다. 그는 미국에서 태어났고 계속 미국에서 공부했지만, 대학만큼은 영국도 아닌 독일로 가서 괴팅겐 대학을 졸업했다. 혹시, 영국의 자금이 독일로 갈 경우를 대비하여 J.P. 모건이 독일로 간 것은 아니었을까, 추론해볼 수도 있는 대목이다.

어쨌든 19세기의 영국은 미국을 선택했고, 영국의 축적된 막대한 자본은 마르크스가 예상했던 것처럼 서서히 대서양을 건너서 이동했다. 물론 이 과정에서 자본뿐만 아니라 많은 인재도 대서양을 건넜고, 20세기의 중기적 역사순환주기의 시작은 미국의 뉴욕에서 시작되었다고 할 수 있다. 그리고 불과 얼마 지나지 않아서 독일제국은 대영제국의 세계적 패권을 노리며 제1차 세계대전을 일으켰고 영국은 독일에 모든 것을 내줄 수밖에 없는 상황이었다. 그렇지만 영국에서 미국으로 건너간 인재와 자본은 미국의 전쟁참전을 가능하게 만들었고, 독일제국에게서 승리를 쟁취함으로써 영국의 헤게모니가 단절되지 않게 하는 역할도 할 수 있었다. 혹시라도, 영국이 19세기 말에 했던 결정을 끝까지 미루거나 하지 않은 채, 20세기를 맞았다면 영국의 헤게모니는 독일에 의하여 완전히 단절되고 소멸하였을 것이 분명했다.

그런데 이와 비슷한 상황이 이제 미국에 주어지고 있다. 21세기에 들어와서 미국도 영국처럼 국내에 자본을 투자했을 때, 그 효과가 매우 적거나 투자의 효용성이 매우 낮아지고 있다는 것을 잘 알고 있다. 너무도 당연한 사실이지만 정치적 이유로 미국으로의 투자를 재촉구하고 제조업을 미국의 국내로 다시 유인하는 노력(Reshoring initiative: Bringing Manufacturing Back Home)을 기울이고 있지만 결국에는 한계상황에 이르렀음을 부인하기는 어렵다. 따라서 미국은 생산력이 강하고 투자의 효용성이 매우 높은 동아시아에 주목하고 여기에 대규모 투자를 감행하고자 했다. 그런데 21세기 초에 등장한 중국의 재공산화 또는 독재화는 이러한 투자의 규모에 제동을 걸게 만들었다. 마치 신흥공업국 독일제국에 영국이 투자를 멈춘 것과 비슷한 논리로 중국에 미국은 투자를 멈출 수밖에 없는 상황이 된 것이다.

태평양 시대의 헤게모니

동아시아의 급격한 변화와 성장은 마치 지중해 시대에서 대서양 시대로 옮겨지는 즉, 중심권역의 이동을 방불케 하고 있다. Braudel과 Arrighi의 표현을 빌린다면 결국, 미국의 서해안이 아니라 동아시아의 동해안과 태평양이 만나는 지역에서 새로운 중심지가 형성될 가능성이 큰 것으로 평가할 수 있다. 그런데 선행 연구에서도 살펴보았지만, 베네치아에서 곧바로 암스테르담으로 중심지가 이동한 것은 아니었다. 또한, 암스테르담에서 대서양 건너편의 뉴욕으로 바로 중심지가 이동한 것도 아니었다. 미국의 뉴욕에서 태평양을 건너서 동아시아와 만나는 어느 지점에서인가 중심권역이 형성되겠지만, 그것이 곧바로 정해지는 것은 아니라는 것이다.

그렇다면 향후, 동아시아와 태평양이 접하는 지역의 어느 지역이 중심권역이 되고 태평양 시대의 헤게모니를 어떻게 형성할 것인가를 예측하여 볼 수 있다. 여러 측면에서 논의를 종합해보면 결국, 동아시아와 태평양이 접하는 3개의 지역이 후보 권역이 될 수 있을 것으로 보인다. 즉, 동아시아와 태평양이 접하는 온대지역에 속하는 일본열도, 중국대륙의 동부해안, 그리고 한반도 가운데 어느 곳이 미국의 헤게모니와 뉴욕이라는 핵심도시의 지위를 승계할 수 있을 것으로 예상된다. 이미 1980년대에는 미국을 넘어서서 일본이 세계의 중심이 될 것이라는 예상이 있었고, 2000년대에는 미국을 넘어서서 중국이 세계의 중심이 될 것이라는 주장도 있었다.

그런데 최근의 상황은 매우 급격하게 바뀌고 있다. 중국대륙의 공산주의 독재로의 회귀는 세계자본의 중국유입을 멈추게 했고, 일본의 후쿠시마 원전사고 후유증은 열도의 생태적 위험성을 높이고 있기 때문이다. 이와 비교할 때, 상대적으로 한반도에서는 남북한의 교류가 활발해지고 전쟁의 위험성이 낮아지면서 북한의 실질적인 개방화 가능성을 높이고 있다. 더욱이, 폐쇄적이고 단절되었던 북한이 보통의 정상국가화(Normalization)라는 가능성을 높이면서 한반도의 잠재적 가능성도 동시에 커지고 있다. 특히, 지정학적 교통물류의 높은 잠재력과 함께 무인도와 같이 방치되어 있던 북한의 경제 상황에서 올바른 개혁과 개방은 투자의 효용성을 극대화할 수 있는 까닭에 동아시아의 중심권역이 될 가능성을 제고시키고 있다. 이는 마치 19세기의 런던이 20세기의 뉴욕에 투자하면, 자본의 효율성을 크게 얻을 수 있는 것과 같이 21세기의 뉴욕이 한반도에 투자하면, 자본의 효율성을 크게 얻을 수 있는 것과 같은 맥락이라고 하겠다.

3. 헤게모니 중심권역의 이동조건

그렇지만 앞서 살펴본 바와 같이 미국이 태평양 시대에 걸맞는 자신들의 승계자를 선택하고 조정하는 과정에는 중요한 선행조건이 있다. 제2편의 역사적 사례를 통하여 비교 분석하면서 추출했던 3대 조건 즉, 민주적 보편주의, 정부의 효율적 관리주의, 그리고 정치적 반독점주의로 그것의 큰 맥락을 이해할 수 있다. 헤게모니 중심권역의 이동조건에 합당해야 인재가 모이고 재화가 몰리면서 번영의 중심이 될 수 있기 때문이다.

민주적 보편주의

앞서 살펴본 바와 같이 대부분, 민주적 보편주의는 환경적 악조건에서 결코 특권을 내세우지 않는 것에서 출발했다. 우월적 권리를 내세워 왕이나 귀족과 같은 특권을 내세우면 안 된다는 것이다. 바다의 갯벌 위에서 함께 돌을 나르고 기초를 닦아서 만든 인공섬에서 시작한 베네치아처럼, 바다보다 낮은 뻘밭을 메우고 수로를 만들면서 건설된 암스테르담처럼, 그리고 버려진 돌섬인 맨해튼을 마천루의 도시로 만들었던 뉴욕처럼 민주적이고 보편적인 가치관이 주류를 이루어야 한다는 것이다. 거슬러 올라가면 대부분이 타지에서 이주해 온 사람들이기 때문에 이방인에게 텃세를 부리지 않는 것도 민주적 보편주의와 같은 맥락에서 통용될 수 있다. 특권 없는 공간, 어떤 종교적 신앙과 이데올로기적 편견에서도 자유로운 나라, 그리고 모두가 함께 존중되고 존중받는 공동체여야 한다는 것이다.

미국도 유럽에서 대서양을 건너와 신대륙의 환경적 어려움을 극복하고 자유와 번영을 위해서 자발적으로 모인 공동체였다. 그래서 뉴욕에서 발견되는 DNA도 전형적인 민주적 보편주의 요소를 담고 있었다. 베네치아뿐만 아니라 암스테르담의 민주적 보편주의는 국적이나 인종 그리고 종교와 관계없이, 실력을 최상위의 기준으로 삼았음도 다시금 강조하게 한다. 약간의 불이익과 이익은 있을 수 있지만 가장 중요한 것은 실력이고, 실력에 기초하여 상대를 평가하고 인정받을 수 있어야 한다는 것이다. 매우 단순한 기준이지만, 실력을 우선하는 것은 민주적 보편주의의 기본 원칙이면서 동시에 베네치아, 암스테르담, 뉴욕의 전성기에 가장 잘 통용된 원칙이었다.

그러나 21세기의 미국과 뉴욕은 20세기에 비하여 실력보다는 출신배경을 강조하는 성향이 뚜렷해지고 있다. 물론, 아직은 어느 곳보다 민주적 보편주의가 그래도 강하게 작용하기 때문에 중심권역의 헤게모니도 유지하고 세계적 핵심도시의 지위도 갖고 있지만, 민주적 보편주의는 약해지고 귀족화되고 특별화된다는 안타까움을 완전히 떨칠 수는 없다. 바다와 육지에서 모두에게 열려 있던 개방적이던 미국이 국경에 장벽을 세우고 이민을 제한하며 편견과 이념에 따라서 국내정치적 이익을 위해 세력을 결집하는 것은 과거에 볼 수 없었던 전혀 미국답지 않은 행태들이다.

정부의 효율적 관리주의

정부조직의 효율적 관리 측면은 베네치아공화국이 네덜란드공화국을 선택한 중요한 조건 가운데 하나였다. 베네치아공화국에서는 도제(Doge)를 통해 효율적이며 합리적인 정부조직을 가능하게 했는데 네덜란드공화국에서도 막강한 권한을 지닌 스타트하우더(빌럼 3세)를 중심으로 정부의 효율적 관리주의를 실행했다. 정부의 효율적 관리주의에는 단순한 서류상의 효율성뿐만 아니라 대규모의 전쟁에 의하여 각 정부의 효율성을 실증적으로 평가할 수 있다. 같은 맥락에서 미연방공화국도 그 어떤 정부조직보다 효율적이었다고 평가되는 것은 국가의 총력이 요구되는 제1차 세계대전과 제2차 세계대전에서 패전국이 아닌 승전국이었기 때문이다. 상대적으로 유럽에서 가장 효율적인 정부라고 했던 독일이나 동아시아에서 가장 효율적이라고 했던 일본제국의 정부를 상대로 미연방공화국이 거둔 압도적인 승리를 통해 미국의 공화제 정부가 독일의 나치정부 또는 일본의 군사정부보다 효율적인 정부였음을 증명해 보인 것이다.

베네치아의 계승자로서 정부의 효율적 관리주의는 중요한 조건이며 각 승계국들이 중심권역을 형성했을 당시, 그들의 정부는 효율성 측면에서 빛을 발하였다. 전시에는 물론이고 평시에도 그 정부의 효율성은 매우 중요했고 그것은 국부와 번영에 직결되는 사항이기도 했다. 예컨대, 네덜란드공화국의 전성 시기를 이끌었던 빌럼 3세의 정부와 빌럼 3세가 영국의 국왕으로 떠나간 이후의 네덜란드공화국의 상황은 극명한 차이를 보였다. 빌럼(윌리엄) 3세의 사후, 정부조직이 안정되어 있지 못했던 네덜란드공화국은 이전보다 정치체제가 안정되고 정부의 효율성이 높아진 영국의 상황과 큰 대조점을 보여주었다. 17세기의 전성기를 이루었던 네덜란드는 중심권역의 지위를 잃어버리면서 그 영광을 18세기 중엽, 영국에 넘겨주지 않을 수 없었다. 물론, 약 150년이 지난 20세기 초에는 영국 정부가 혼란해지고 무능해진 것과 달리 상대적으로 미국의 연방공화국 정부가 세계의 그 어느 정부보다 효율적인 정부로 발전되어 있었다. 그래서 결국, 19세기 영국의 헤게모니는 20세기 미국의 헤게모니로 이전되고 중심권역과 핵심도시도 영국의 런던에서 미국의 뉴욕으로 이동했다고 평가된다.

최근의 상황에서도 미국 정부가 효율적 관리주의를 실천하지 못하고 계속 정부의 실패상황을 초래한다면 조만간 중심국가의 지위를 타국에 넘겨주어야 할 수도 있다. 물론, 반대로 미국 정부가 어떤 국가의 정부보다 효율적으로 국가관리를 잘한다면 미국은 계속 중심권역을 유지하면서 뉴욕도 당분간 세계의 핵심도시로 그 명성을 이어나갈 수 있다. 그렇지만 일찍이 Braudel이 언급했던 것처럼 정부의 혁신작업이 크게 일어나더라도 시대적 상황이 바뀌는 시점이라면 즉, 대서양 시대에서 태평양 시대로 바뀌는 시점이라면 웬만한 정부혁신만으로는 중심권역의 이동을 막아설 수 없다는 것을 간과해서는 안 된다.

정치적 반독점주의

앞서 살펴본 바와 같이 베네치아는 로마의 정치적 혼합정체를 제도적으로 발전시킨 중세의 공화국이었다. 군주제와 귀족제 그리고 민주제의 요소를 반영한 베네치아의 정치적 반독점주의는 미국의 권력분립 시스템과도 긴밀하게 연결되어 있다. 정치적 반독점주의는 절대군주 또는 독재와 반대되는 것이지만 동시에 정치 권력에 대한 경제의 우월적 지위라는 것을 이해할 필요도 있다. 베네치아에 이은 네덜란드공화국에서도 정치적 권력을 어느 한 인물이 독점하거나 어느 한 집단에 과점되지는 않았음을 상기할 필요가 있다. 만일, 정치적 독점주의가 등장하여 막강한 국가의 권력이 어느 특정 인물이나 집단에 집중화되면, 이는 지속가능한 경제적 번영을 저해하고 구조적으로 공동체를 궁핍화할 요인으로 작동한다.

예컨대, 정치 권력의 독점으로 어느 한쪽으로 권력이 집중된다면, 이는 평등 관계의 상거래를 위축시키고, 자본은 그 속성상 권력의 독점체제에서 도망친다. 물론 정치 권력이 지나치게 분산되어 혼란스럽다가 어느 정도 안정화된 상황이라면 나갔던 자본이 다시 들어오고 시장도 활성화될 수 있다. 그러나 권력의 집중화가 계속되면서 자본이 위기감을 느끼고 정치적 권력이 경제적 논리를 넘어서고 있다면 자본은 자유를 찾아서 탈출할 시도를 하지 않을 수 없다. 17세기의 네덜란드공화국도 정치권력이 스타트하우더와 연합의회 사이에서 균형을 이루었기 때문에 국제무역이 활성화되고 자본시장을 뜨겁게 확장시킬 수 있었다. 그러나 반대로 18세기 중엽의 네덜란드공화국은 정치적 권력이 지나치게 분산되면서 무정부 상태에 가까웠고 그 결과, 네덜란드의 자본은 오히려 영국으로 이동하는 계기를 만들었다. 또한, 혼란했던 19세기 중엽의 남북전쟁을 마치고 미국은 19세기 말부터 입법부와 행정부 그리고 사법부가 서로 견제와 균형을 성공적으로 이루었다. 그 결과, 20세기 초에는 막대한 자본이 유입되고 빠르게 산업화에 성공하면서 번영을 누릴 터전을 만들었음을 다시 한번 상기할 필요가 있다.

20세기에는 두 번에 걸친 세계대전이 있었고 그 전쟁의 특성을 한마디로 요약하면 결국은 '독일(제국)과 미국(공화국)의 전쟁'이었다고 평가할 수 있다. 제1차 세계대전에서는 권력이 군주에게 집중된 독일제국과 권력이 나뉜 미국의 공화국이 패권을 다툰 것으로 해석할 수 있음이다. 독일제국처럼 권력이 집중되어 있으면 외관상 강하고 일관성이 있어 보이지만, 각 개인의 역량은 저평가되고 국가의 지속가능한 성장도 어렵게 만든다. 더욱이 시간이 갈수록 능력이 있는 인재와 돈이 많은 자본가는 권력이 집중된 국가를 떠나야 자신들의 이익을 보호받고 지킬 수 있기에 권력의 집중화는 어느 수준을 넘어서는 순간, 국가를 점차 소멸하게 만드는 요인으로 작동한다. 더욱이 1930년대의 세계적 대공황을 배경으로 독일과 일본은 전체주의와 군국주의라는 권력의 독점체제를 형성하면서 미국의 공화주의와 또다시 충돌했다. 권력의 독점체제와 권력의 반(反)독점 체제의 상호 충돌이었고, 그 전쟁에서 다시금 후자가 승리함으로써 20세기 후반에는 전 세계적인 공화국의 시대가 열렸다고 볼 수 있다. 지나친 자유 방임도 안 되지만, 권력의 독점체제(제국주의, 전체주의, 군국주의 등)는 미국의 미래 계승자 조건과 관련하여 결코 받아들일 수 없는 조건이다.

제 8 장

뉴욕에서 본 DMZ(비무장지대)

1. 한반도의 DMZ와 개경

한반도에는 남과 북을 가르는 DMZ(비무장지대)라는 텅 빈 공간이 있다. 태평양에서 한반도와 중국을 가르는 서해(황해)로 진입하여 예성강과 임진강을 사이에 둔 한반도 중앙부에 다다르면 옛 고려의 황도, 개경과 벽란도 항구를 바라볼 수 있다. 이는 마치 17세기, 암스테르담 항구를 출발한 허드슨이 북아메리카의 맨해튼 유역을 만났을 때와 비슷하다.

사라진 서해의 국제무역항, 벽란도

뉴욕의 출발이 텅 빈 맨해튼에서 시작되었던 것처럼 한반도의 새로운 출발도 텅 빈 개경에서 출발할 수 있다. 사실 21세기에 그것도 인구밀도가 집약화되어 있는 동아시아의 온대지역(38도선)에서 신대륙의 맨해튼과 같은 곳을 찾는다는 것은 기적 같은 일이다. 그런데 우연인지 필연인지는 알 수 없지만, 20세기의 냉전으로 한반도의 중앙이었던 바로 그곳이 DMZ이고, 군사적 대치상황에서 휴전했기에 비무장지대로 남아있어서 거의 황무지처럼 비어있는 공간이 된 것이다. 특히, DMZ의 서해 연안은 13세기 몽골의 유라시아 시대를 대표했던 고려의 황도, 개경이었고 이곳은 서해에서 예성강과 임진강을 사이에 둔 벽란도를 항구로 삼았던 해양도시였다. 세계국가 몽골제국의 수도, 대도(大都)와 고려의 수도 개경(開京) 사이의 서해 바닷길은 양국의 황실 가족을 비롯한 고위관리와 대상인들이 빈번히 오고 가던 대표적 항로였고 그곳은 마치 콘스탄티노플(대도)과 베네치아(개경)를 오갔던 지중해의 대표적 항로에 비유될 수 있었다.

일찍이 서긍(徐兢)이 저술했던 고려도경과 최근의 한국역사연구회가 펴낸 황도 개경에 대한 자료를 보면 새삼 개경의 국제적 입지와 그것의 잠재력에 놀라지 않을 수 없다. 개경(개성)은 이미 1천 년 전부터 서울이나 평양보다 개방성이 뛰어나서 세계적인 무역도시로 번성했던 기록을 갖고 있다. 그렇지만 안타깝게도 조선과 명의 해금(海禁)정책으로 개경의 해양도시적 가치는 막혀버렸고, 그 이후에는 냉전과 분단으로 그 기능을 발휘할 수 없었다. 그러나 개경은 유라시아의 시작점이면서 동시에 서해(황해)를 통해 태평양으로 연결되는 국제항(벽란도)을 갖춘 세계적인 국제해양도시였다. 그런 황금과 같은 국제적 해양도시가 수백 년 동안 자신의 역할을 할 수 없었고 지금까지도 거의 유일하게 동아시아에서 개발되지 않은 텅 빈 공간으로 DMZ에 가두어져 있다.

이렇게 좋은 지정학적 입지를 갖춘 DMZ의 개경에 뉴욕의 맨해튼에 있는 국제연합(UN) 본부와 비슷한 UN아시아본부가 개설된다면, 어떤 상황이 일어날 수 있을까? 냉전의 마지막 유산인 DMZ의 서해안에 방치된 개경(벽란도 항구)에 UN아시아본부가 세워진다면 그것은 놀라운 잠재력을 갖춘 아시아의 뉴욕을 상상하게 된다. DMZ의 개경은 17세기의 맨해튼보다도 훨씬 더 비어있는 텅 빈 공간이지만, 뉴욕의 맨해튼보다 더 빠르게 번영할 수 있는 동아시아의 핵심도시로 개발될 수 있다. 국제사회에서 DMZ에 UN아시아본부를 설립하는 것을 승인한다면, 이미 구축된 개성공단 인프라를 활용하여 통신과 전력 그리고 철도와 도로망을 최단기간에 최소비용으로 완성할 수 있다. 특히, 세계적인 인천공항에서 강화도를 거쳐서 약 50Km의 공항고속철도(AEL: Airport Express Line)와 고속도로만 연결하면 DMZ 개경은 공항에서 30분 이내에 도달할 수 있는 위치이다. 마치, 홍콩의 첵랍콥 국제공항에서 홍콩섬 센트럴까지 30분에 도달할 수 있는 것처럼, 또는 JFK 국제공항에서 맨해튼으로 진입하는 것보다 훨씬 빠르게 DMZ 개경은 세계 최고수준의 교통망을 갖춘 세계의 중심도시로 변신할 수 있다.

'국제사회-북한' 평화적 신뢰관계 형성

그러나 이를 위해서는 국제사회와 북한 사이의 평화적 신뢰관계 형성이 무엇보다도 시급하고 절실하다. 북한은 먼저 평양정부의 평화적 입장을 발표하고 폭넓은 의미에서 다양한 현안문제를 상호 토의하면서 내부적 조율을 통해 국제사회에 평양의 최고 당국자가 자신의 입장을 국제사회에 직접 소개할 필요가 있다. 이와 관련하여 본 연구자가 2016년에 발간한 <평양과 비엔나: 핵무기보다 강한 UN아시아본부> 이후의 평양정부를 보면 정말 놀라울 정도로 많은 변화를 실천적으로 보여주었다. 이제, 미국과 국제사회를 향한 신뢰 관계 회복을 위한 중요한 고비를 남겨두고 있을 뿐이다.

그런데 여기에서 재차 강조하는 것은 핵무기를 포기하는 대가로 북한은 국제사회로부터 영세중립국의 공고한 지위를 확고히 얻는 것이 더 좋겠다는 제안이다. 앞서의 <평양과 비엔나>에서 관련된 설명을 한 바 있지만, 단순히 얼마간의 금전적 보상으로 끝나는 것이 아니라 한반도의 지속가능한 발전을 위한 국제사회의 적극적 역할을 요청해야 한다는 것이다. 국제사회와 북한의 갈등적 문제들을 해결하는 방안을 제시하는 과정에서 핵무기를 대신하여 영세중립국의 지위를 얻고, 미국과의 협력을 모색하면서 동시에 북·미 국교 정상화를 실행할 필요가 있다는 것이다. 북한 사회가 아시아의 스위스처럼 영세중립국 지위를 인정받고, 스위스와 같은 국제적 평화 이미지를 갖춘다면, DMZ 개경에 UN아시아본부를 세우는 것은 충분한 당위성을 가질 수 있다. 또한, 국제사회에서 북한의 영세중립국 지위를 보장받을 수 있도록 미국과 한국은 다자간 조약과 함께 DMZ 개경에 UN아시아본부가 건설되도록 적극 지원하고 누구도 한반도를 침범할 수 없도록 제도화해야 한다. 국제사회는 UN의 권능하에서 북한의 국가안보가 충실히 보장될 수 있는 구체적인 각 단계별 조치를 실행하고 북한은 이에 따라서 핵무기를 순차적으로 폐기해야 한다.

특히, 미국은 북한의 핵포기에 따른 평화적 대응조치를 신뢰성 있게 이행하며 동시에 미국과 북한은 조속히 정상적인 국가 관계를 형성해야 한다. 예컨대, 핵무기 폐기의 단계별 조치사항과 UN아시아본부의 건설과정을 병행하면서 한반도가 평화롭게 지속가능한 균형적 발전을 달성할 수 있도록 안정적인 체제를 만들어 나가야 한다. 또한, 이 과정에서 주한미군과 UNC(United Nations Command)의 역할도 자연스럽게 조정될 필요가 있으며 넓은 의미에서 동아시아의 안전보장을 위해 주한미군과 UNC의 역할분담이 조정될 부분이 있다는 것이다. 상황에 따라서는 주한미군보다 UNC의 역할에 초점을 맞추어 UN아시아본부의 실질적 기능과 연계시킬 수도 있다. 물론, 중국과 일본의 방해와 반대가 상당히 있을 수 있음을 배제하기 어렵다. 중국은 북한이 고립되어 중국의 영향력 안에 머물기 바라고, 일본은 북한의 도발적 행위를 유도하면서 북한에 자위대를 파병하여 동북아시아의 패권을 다시금 노릴 수도 있기 때문이다. 그러나 재차 언급하건대 한반도의 당사국 정부들은 중국과 일본의 간섭과 방해로 21세기의 기회를 결코 잃어버리면 안 된다. 더욱이, 남북한 모두가 미국과의 관계를 공고히 강화하는 것을 게을리하거나 포기해서도 안 된다고 하겠다.

DMZ 개경의 UN아시아본부

이미 많은 역사적 사례를 통해 살펴보았듯이, 북한이 고립되어 있을 때와 북한이 개방되었을 때의 북한의 가치는 완전히 달라질 수 있다. 폐쇄된 상태의 북한은 약소국이지만, 북한이 개방되고 한반도의 개경과 뉴욕의 맨해튼이 상호 긴밀히 연결되면 상황은 급격히 전환될 수 있다. 특히, 아시아의 UN지역본부를 DMZ 개경에 유치하고 북한이 영세중립국으로 정치체제가 안정화되면 한반도는 태평양 시대의 중심권역으로 급부상할 수 있다. 그런데 여기에서는 미국의 적극적 지원이 절대적으로 중요하다. 21세기의 현 상황에서 한반도는 그 어느 국가의 지원보다 미국의 지지와 협력을 절실히 필요로 한다. UN아시아본부를 설치하고 싶은 중국이나 일본이 방해할 수도 있지만, 북·미합의를 이룬 상태에서 중국이나 일본이 노골적으로 한반도의 평화노력을 방해하기는 어렵다고 볼 수 있다. 미국의 적극적 지원만 있다면, 한반도의 DMZ 개경에 UN아시아본부를 설치하는 것이 훨씬 수월할 것이며 동시에 국제사회가 UN의 본부건물이라는 구체적 존재를 통해 국제적으로 집단안보체제를 확고히 하는 각각의 단계를 진행할 수 있다.

이를 위해서는 UN총회에서 미국의 UN주재대표가 북한의 영세중립국화를 지원하고 평화를 담보하기 위해서 UN아시아본부를 DMZ의 개경에 설립하는 것이 좋겠다는 취지의 안건을 제출하여 이를 UN총회가 승인하는 프로세스가 바람직하다. 핵무기를 포기하면서 전쟁체제가 아닌 평화체제로 전환하는 북한을 향하여 미국은 세계적인 평화 리더십으로써 지원하는 것이고 이는 노벨평화상의 수상 그 이상의 의미를 부여할 수 있다. 물론, 중국이나 일본은 거북하겠지만 이른바 '국제사회의 명분'을 미국의 지원과 한국의 협력으로 생성한다면 못할 것도 아니다. 특히, DMZ 개경에서의 UN아시아본부 건설과정에는 동남아시아국가들과 인도 등에서의 적극적인 협력관계를 얻어야 한다. 중국과 일본의 적극적인 지원을 기대하기 어려운 상황에서 한국은 아시아의 아세안(ASEAN)과 인도에 대한 협력도 적극적으로 구해야 한다. 북한에 대한 가장 강력한 반대자였던 미국이 DMZ 개경에 UN아시아본부의 설립을 제안할 때, 중국과 일본도 표면상 반대하기 어렵고, 한국과 북한이 적극적으로 아세안과 인도의 협력을 요청한다면 DMZ 개경에 UN아시아본부는 건설될 수 있다.

물론, 반대하려는 국가들은 DMZ 개경에 UN아시아본부를 건립하는 사안에 대하여 실무적, 경제적 어려움 등을 내세우며 문제를 제기할 수 있다. 이와 관련해서는 한국이 또다시 적극적인 역할을 할 부분이 많다. 한국은 DMZ 개경에 UN아시아본부를 세우는 과정에서 겪을 수 있는 대부분의 실무적 어려움을 해결할 수 있는 충분한 역량을 갖추고 있다. DMZ 개경에 UN아시아본부가 건립되는 것은 북한뿐만 아니라 침체한 세계 경제와 국내외의 어려운 상황에서 매우 긍정적인 투자기회가 될 수 있고, 세계적인 투자의 흐름을 만들 수도 있다. 북한이 영세중립국으로서 정치적－군사적 체제가 안정되고 DMZ 개경에 UN아시아본부가 세워진다면 합리적 투자의 두 가지 조건 즉, 투자의 안정성과 투자의 수익성이 모두 충족될 수 있다는 것이다. 이와 관련된 사항에 대해서 한반도 물류체계의 재구성이라는 차원에서 좀 더 구체적으로 살펴보면 다음과 같다.

2. 한반도 물류체계의 재구성

제국주의에 항거하는 대척점에 세계적 보편주의가 있었다. 제2편에서 살펴본 바와 같이 베네치아공화국과 네덜란드공화국 그리고 미연방공화국은 제국들에 항거하면서 세계적 보편주의를 추구한 공화국으로 그들의 전성기에는 “세계의 모든 사람이 함께 잘 살자”를 모색했다. 이러한 맥락에서 2050년대를 향한 세계적 보편주의에 합당한 한반도의 물류체계를 다음과 같이 재구성하여 볼 수 있다.

세계적 보편주의

유라시아 대륙의 서쪽 끝에 있던 서양이 대서양 시대를 열면서 세계사를 주도했다면 21세기는 대륙의 동쪽 끝에 있는 동양이 태평양의 시대를 열어나가는 시대라고 할 수 있다. 세계국가 몽골제국이 유라시아의 대륙을 중심으로 물류체계를 구성하였다면, 미래의 한반도는 대륙과 해양을 연결하면서 전 세계로 향할 수 있는 포탈(portal)의 역할을 담당하여야 한다. 21세기의 세상은 가장 넓은 바다인 태평양과 가장 넓은 대륙인 유라시아를 기본 축으로 아프리카와 오세아니아, 북극과 남극까지 모든 지구의 각 지역을 효율적으로 연결하는 물류체계를 설계해야 한다. 한반도는 대륙이면서 해양이고 유라시아의 동쪽에 있으면서도 동시에 태평양의 서쪽에 있다. 한반도의 지리적 상황이 매우 고단한 역사를 낳기도 했지만, 이제는 그 역사가 세계의 중심권역에 가장 적합한 장점으로 변하고 있다.

대륙의 유라시아를 통하면 서양으로 연결되지만, 바다의 태평양을 통하면 남북미 대륙과 오세아니아로 이어진다. 특히, 지구의 기후가 변화되면서 북극항로가 열리는 과정에서 유라시아와 태평양의 새로운 건널목이 새롭게 생겨나는 것도 간과해서는 안 된다. 막혔던 길이 열리고 건널목이 생기면 물류의 흐름은 높은 곳에서 낮은 곳으로, 고비용에서 저비용의 방향으로 흐른다. 이와 같은 기본적 물류 흐름의 원칙에 따라서 한반도의 물류체계는 재구성되어야 하며 고비용 저효율의 중국의 물류체계 즉, 일대일로(一帶一路)와는 전혀 다른 접근을 하여야 한다.[1] 고비용을 투입하여 없는 길을 만들기보다는 기존의 길을 보완하여 편리하게 정비할 필요가 있다. 최소의 비용으로 최대의 효과를 내며 정치적 논리와 이데올로기적 장벽을 넘어 각 지역에 국부의 융성함이 흐를 수 있게 만들어야 한다.

예컨대, 중국의 국수주의적 논리와 제국주의적 역학관계에 의하여 상대방을 이용, 이익을 추출하는 방식의 물류체계는 안 된다. 한반도의

1) 중국이 제시한 일대일로(One belt, One road)는 21세기 '중국의 세계화 전략구상'이라고 하지만, 외형상 13세기 몽골제국의 유라시아 교통망을 빼닮았다. 2014년부터 2049년의 시기에 유라시아 대륙과 인근 바다의 실크로드 경제 벨트를 복원하여 동양과 서양의 옛 교통로였던 물류체계를 재구축, 중국의 국부를 확대하자는 시도이다. 그렇지만 몽골제국이 추진했던 교통망 체계와 비교할 때, 겉모습은 비슷하여도 그 내용은 오히려 뒤처지는 측면이 많다. 800년 전의 몽골제국의 세계관조차 넘어서지 못한 수준이어서 말레이시아 등 주변국의 원성을 사고 있기 때문이다.

물류체계는 시장적 합리성에 기초하여 유라시아와 태평양의 각 지역과 국가 그리고 현지인들에게 도움이 될 수 있도록 해야 함을 첫 번째 원칙으로 삼아야 한다. 경제적 타당성이 낮은 물류망은 최소화하고 반대로 수익성이 높은 물류망 건설에는 온갖 어려움이 있다고 하여도 극복하여야 한다. 만일 한반도의 서해안에 고속철도를 놓는 것과 동해안에 고속철도를 놓는 것을 비교할 때, 어느 쪽에 우선순위를 둘 것인가와 같은 맥락이다. 예컨대, 러시아가 동해안 고속철도에 적극적이라고 하여도 그것의 경제적 타당성이 낮다면, 신중하여야 한다. 반대로 서해안의 고속철도를 놓는 것에 중국이 소극적이라고 하여도 그것의 경제적 타당성이 높다면 온갖 역량을 발휘하여 적극적으로 건설해야 한다.

세계적 교량(한반도)의 역할

중국의 일대일로는 중국의 국내문제를 외부로 돌리는 갈등의 외부화를 불러왔다. 국내 실업자 문제를 해소하기 위하여 경제적 타당성도 없는 외국의 항만과 도로를 무리하게 건설하여 해당 국가들을 부채에 시달리게 했다. 이와 비교할 때, 800년 전에 시행된 몽골제국의 세계적 교통망 건설과정은 큰 대비를 이룬다. 몽골의 역참제를 살펴보면 매우 신속하게 정비되었지만, 상대적으로 큰 비용도 들이지 않았다. 기존에 있던 교통망을 편리하게 재정비하고 현지에 있는 사람들을 관리인력으로 고용했기 때문이다. 만약, 한반도의 물류체계를 재구성하는 과정에서 새로운 항만과 도로 그리고 공항을 신규 건설해야 한다면, 이는 반드시 사업성 검토를 충실히 해야 한다. 기존 시설을 최대한 활용하여 재정비하고 현지인들에게 일자리를 제공하도록 운영하는 것이 세계적 보편주의를 위한 세계적 교량, 한반도가 해야 할 방식이다.

예컨대, 한반도 서해안에 개발 수요가 높아서 새로운 공항 수요가 급증하여도 기존 공항이 있다면, 그 시설을 확충하여 효율성을 높이는 것이 더 바람직하다. 남북한의 정치적 경계를 넘어서 인천공항을 편리하게 재정비하는 것이 세계국가 몽골의 방식이었다는 것이다. 만일 일대일로의 방식으로 경제성이 낮은 공항을 한반도 서해안에 신규 건설한다면, 그리고 그런 비용들이 누적된다면, 한반도의 물류체계 재구성은 실패할 가능성이 매우 크다. 기존 SOC 시설을 최대한 활용하여 신규 건설비의 절감으로 재정한계의 문제를 극복하고, 신속히 한반도 물류체계를 완성함으로써 세계 각 지역에 실질적인 도움이 되어야 한다. 중국의 일대일로 방식처럼 규모도 크고 사업기간도 오래 걸리면, 중국의 실업 문제는 해결하여도 다른 국가들에는 피해만 일으킬 수 있다는 것이다.

따라서 한반도의 물류체계 재구성은 최대한 단기간에, 결코 무리한 재정투입으로 채무를 증대시키지 않으면서 완성해야 한다. 한반도에 경제적 활력을 주면서 대외 부채의 유입을 최소화하고 시장적 투자유인을 높여서 경제성을 확보해야 함을 전제조건으로 한다는 것이다. 최단기간의 물류체계 완성은 한반도의 국부창출은 물론이고 전 세계의 물류흐름을 원활하게 함으로써 세계의 국부창출에도 큰 공헌을 할 수 있다. 특히, 상대방을 자극하거나 위협하는 접근은 최대한 자제하고, 효율적으로 수평적 관계에서 협력하는 '상인의 자세'로 각 지역과 각 국가의 현지인에게 부유함을 확산시켜야 한반도의 세계적 교량역할도 성공할 수 있다고 하겠다.

바다와 육지 그리고 하늘의 플랫폼

이러한 한반도 물류체계의 재구성을 한마디로 요약하면 바다와 육지 그리고 하늘을 가장 효율적으로 연결하는 '한반도의 플랫폼화'라고 규정할 수 있다. 이미 육상에서 철도망을 연결하는 작업은 조금씩 진행되고 있지만, 그것이 바다와 어떻게 연결되고 하늘과는 어떤 네트워크로 이루어질 것인가에 대해서는 더 많은 시도와 연구가 필요하다. 예컨대, 토지가격에 비유하여 플랫폼화를 이해하여 볼 수도 있다. 서울의 토지가격이 국내의 다른 도시와 비교할 때, 더 비싼 이유로써 서울은 국내 여타 도시보다 상대적으로 가장 플랫폼화가 잘 되어있어서 토지의 가치도 높다고 할 수 있다. 그렇지만 상대적으로 서울은 뉴욕보다 홍콩보다 그리고 도쿄보다 덜 플랫폼화되어 있다고 평가된다. 도시의 플랫폼화는 원인이면서 동시에 결과를 낳고, 부의 원천이면서 동시에 부의 결과로 귀결된다. 이미 앞서 살펴본 바와 같이 몽골부터 베네치아 그리고 암스테르담에 이르기까지 물류체계의 편리성은 인적-물적 자원과 자본의 이동성으로 이어지고 그 결과, 부유함이 증가하는 공통된 사례였다.

한반도가 태평양 시대에 2050년대를 향한 세계의 중심권역이 되고자 한다면, 한반도는 공간적으로 세계에서 가장 편리한 바닷길, 육지길, 그리고 하늘길의 플랫폼이 되어야 한다. 21세기 초까지, 여기에 가장 부합한 나라는 미국이고 그 가운데에서도 뉴욕은 미국의 어느 도시보다 가장 잘 플랫폼화되어 있는 세계의 핵심도시이다. 그렇지만 2050년대의 상황에서는 대서양에서 태평양으로 중심이 이동할 가능성이 매우 크다. 미국은 유라시아에서 벗어나 있고 뉴욕은 태평양이 아닌 대서양에 접하여 있기 때문이다. 21세기는 유라시아와 태평양이 만나는 시대이고, 유라시아에 있으면서 태평양에 접한 한반도는 미국보다 우수한 물류 조건을 갖춘 지역이 되고 있다. 앞서 살펴본 바와 같이 베네치아에서 브뤼헤 그리고 암스테르담으로 중심지가 바뀐 것도 신항로가 개척되면서 지중해에서 대서양으로 그 중심이 바뀌고 그 결과, 인적-물적 자원과 자본의 이동성이 일어났기 때문이었음을 이미 역사적 사례를 통하여 살펴본 바 있다.[2)]

그러나 한반도 내에서도 서울인데도 불구하고 부산이나 인천보다 훨

2) 최근, 한반도와 일본에 주둔했던 미군은 대부분 경기도 평택으로 이주하고 있다. 이 지역은 8세기를 전후로 한반도와 중국이 교류했던 역사적인 당항성이 있던 위치와 매우 가깝다. 평택에 조성된 미군의 주둔지역은 평택항, 평택(오산)공항, 그리고 K-6 (Camp Humphreys)로 구성되어 있는데 미국의 수도, 워싱턴 D.C.와 비교할 때, 그것의 잠재적인 지정학적 가치는 대서양 연안의 워싱턴 D.C.의 그것을 넘어서고 있다. 지금도 계속 공사 중에 있는 K-6는 미군의 세계 최대 해외기지로서 순수한 기지면적만 14.6㎢이며 그 영내에서는 10만 명에 가까운 미군과 그 가족이 생활할 수 있는 시설이 완비되어 있다. 더욱이 중앙정부의 지원을 받아서 평택시는 미군을 위한 항구와 공항 그리고 철도가 모두 20분 이내에 연결될 수 있는 도시기반시설을 만들고 있는데 이는 평택이 태평양시대의 핵심적인 군사거점이 될 수 있는 잠재적 이유이기도 하다.

씬 저렴한 토지가 많은 것처럼 지정학적 위치도 시설물의 설치에 따라서 그 편리성에서 큰 차이가 발생할 수 있다. 총론에서는 태평양에 연결된 가장 좋은 항구이면서 동시에 유라시아에 연결된 최적의 물류망을 갖추어야 한다는 것이 분명하다. 그렇지만 각론에서 보면, 바다 항구와 육상의 교통 네트워크뿐만 아니라 세계의 하늘길과 인터넷을 비롯한 정보통신망도 최적화되어야 한다. 이는 단순히 물건만이 이동되는 것이 아니라 사람과 사람이 이동하며 정보와 지식이 순환될 수 있는 편리성과 안정성이 동시에 확보되어야 하기 때문이다. 이러한 총론과 각론의 조건을 동시에 갖춘 한반도 물류체계의 재구성이 구체적으로 요구되고 이를 실행하기 위한 조직체도 필요하다. 이와 같은 이유에서 우선 한반도 물류체계의 재구성을 위한 실천적 계획으로서 '한반도 DMZ의 플랫폼화'를 조금 더 상세히 살펴 볼 필요가 있다.

3. 한반도 DMZ의 플랫폼화

당위성 차원에서 본다면, 한반도의 물류체계 재구성을 위해서는 남북한을 구분하지 않고 최고 인재를 선별, 남북한의 모든 잉여자본을 동원, 투입해야 한다. 그렇지만 현실적으로 이는 매우 어려운 작업이다. 오랜 기간 분단된 한반도에서 그 실행이 쉽지 않으며 실패한 경험도 많았다. 이런 이유에서 한반도 인재와 자본을 2050년대에 적합하게 선제적으로 플랫(plat)+폼(form)화할 필요가 있다.

인재의 플랫폼화

한반도의 인재는 대부분 매우 우수하지만, 남북한의 인재는 매우 극명하게 다르다. 남북한의 서로 다른 공화국 정부도 이를 인정하고, 그 차이에 합당한 정책을 입안하고 집행하여야 한다. 몽골제국이 서로 다른 전통과 문화를 지닌 각 지역의 인재들을 적재적소에 배치하여 능력을 극대화했던 것처럼, 베네치아공화국의 인재들이 베네치아의 국부창출 과정에서 얼마나 중요한 역할을 하였는가를 상기하면서 충분히 고민할 필요가 있다. 세계적인 인재는 하루아침에 만들어지지 않고 단계별 준비과정도 필요하며 많은 학습과 경험도 요구된다. 그렇지만 그 시간을 단축하기 위해서 우수한 조직과 제도를 통한 인재활용의 플랫폼화는 필요하다.

남북한의 인재는 공평하게 대우받아야 하지만, 차이를 두지 않으면 한반도의 공동사업은 초기 단계에서 실패할 수 있다. 예컨대, 조밀한 서울에서 아스팔트 도로를 1Km를 건설한다면, 인력도 많이 필요하고, 그에 따른 건설 기간과 재정도 많이 투입된다. 민원도 많고 기존의 시설물과 각종 보상 그리고 토지수용 등이 더 큰 문제이기 때문이다. 그러나 상대적으로 평양에서 도로를 1Km 건설할 경우, 조밀한 만수대 거리만 아니라면 매우 신속히 작업을 완수할 수 있다. 한반도의 남쪽은 원활한 물류체계 건설을 위하여 많은 인력과 장비 그리고 재정이 필요하고 투자의 효용성은 매우 낮다. 반대로 한반도의 북쪽은 물류체계에 필요한 도로와 시설물과 같은 SOC는 신속히 건설할 수 있지만, 또 다른 이유에서 투자의 효용성은 매우 불투명하고 위험하기까지 하다.

이미 남북한의 대표적 공동사업인 개성공단 사업 등을 통하여 비슷한 유형의 많은 문제점이 노출되었고 여러 차례 해결한 경험도 있다. 그렇지만 결국에는 남북한은 서로 다른 이유로 개성공단 사업을 중단했고, 오랜 기간 공단운영을 중단하지 않으면 안 되었다. 이러한 맥락에서 한반도의 인재를 효율적으로 관리하고 적재적소에 배치하면서도 각 인재가 만족할 수 있는 문제와 함께 안정적 사업운영을 위해서 매우 혁신적인 남북한의 공적 조직체를 구상할 필요성이 있다. 이와 관련하여 제2편에서 살펴본 17세기 네덜란드공화국의 황금시대를 이끌었던 연합 동인도회사(VOC)의 조직구성을 기본 배경으로 시대에 맞게 재설계할 수 있다. 남북한의 인재를 가장 효율적으로 관리할 2050년대 인재를 플랫(plat)하게 폼(form)화할 수 있는 VOC의 특별한 조직구성도를 참고하여 DMZ 개경에 새로운 공공조직체를 만들어내는 것이다.

자본의 플랫폼화

인재의 플랫폼화와 마찬가지로 자본의 플랫폼화도 매우 혁신적인 작업을 필요로 한다. 단순하게 한반도의 남쪽에서 과도하게 세금을 부과하여 그 자금으로 북쪽의 물류체계를 재구성하는 SOC 사업을 시행한다면, 남북한 모두 본래의 목적을 달성하기 이전에 사업이 중단될 수 있다. 중도에 포기되는 사업이라면 하지 않는 것이 낫고, 통일세를 걷어 독일식 통일방식으로 자본을 투입하는 방식을 적용한다면 실패할 수밖에 없다는 것이다. 20세기의 독일과 21세기의 한반도 상황은 매우 다르며 경제적 조건에서도 큰 차이가 있다. 따라서 한반도 물류체계 재구성을 위한 자본모집에는 강제적 세금이 아닌 매우 혁신적인 자발적 방식이 필요하다.

이와 관련하여 주식회사 연합 동인도회사(VOC)의 자본모집방식을 재조명하여 볼 수 있다. 17세기, 최초의 주식회사 형태로 자본을 모집하고 막대한 자금을 기반으로 전 세계 바다에 진출했던 암스테르담의 VOC 관련 사례는 21세기에도 중요한 의미를 제공한다. 네덜란드는 동양의 향신료를 얻기 위한 대항해의 성공에 열광했지만, 우후죽순으로 들어선 무역회사(프리컴퍼니)들은 내부적 갈등까지 증폭시키면서 외부의 적(스페인)에게 취약한 약점까지 보일 수 있었다. 7개 주로 구성된 느슨한 형태의 네덜란드 연합의회는 각 지역에 있는 무역회사들을 통폐합하여 강력한 공적 조직으로 만들어야 했다. 그렇지만 이를 위해서는 막대한 자금이 필요했고 연합의회가 이 재원을 세금으로 조달하는 것은 사실상 불가능에 가까웠다. 만일 네덜란드의 공화국 정부가 세금으로 필요 재원을 충당하려고 했다면, 각 지역의 조세저항으로 네덜란드의 7개 주가 연합하여 하나로 구성된 연합의회가 가장 먼저 분열되었을 것이다.

그런데 네덜란드공화국은 각 지역의 이해관계를 뛰어넘는 조직으로 연합 동인도회사(VOC)를 만들면서 공화국 시민들의 자발적인 투자를 요청했다. 강제적인 세금이 아니라 공화국의 시민들이 모두 함께 잘살기 위한 목표를 향하여 자발적인 투자 방식으로 VOC의 자본금을 모은 것이다. 대표적인 혁신이론가인 슘페터(Joseph A. Schumpeter)도 언급했던 것처럼 혁신은 전혀 새로운 무엇이 아닌 약간의 무엇이 수정되고 첨가되는 것에서 출발한다. VOC의 회사자본금을 애국심을 동원하여 세금으로 충당하고자 했다면 네덜란드공화국의 시민들은 어떻게 해서든 세금을 내지 않으려고 온갖 방법을 동원했을 것이다. 그들은 지독한 절세(節稅)주의자였고, 스페인제국이 세금을 더 많이 내라고 했기 때문에 독립전쟁을 시작했던 그들이었다. 그렇게 세금에 민감했던 사람들이 자발적으로 엄청난 자금을 모아서 VOC를 세운 것은 정말 놀라운 결과였다.

만일, 한반도의 현 상황에서도 정부가 민간부문을 대상으로 막대한 세금을 징수하여 그 재원으로 북한의 물류체계를 재구성하기 위한 엄청난 규모의 SOC 사업을 진행한다면 과연 어떤 일이 일어날 것인가. 거의 확실하게 한국의 주식시장에 투자된 외국인 자본은 한국이 국가 부도를 선언하기 전에 재빨리 자본을 인출, 밖으로 탈출해야 한다고 준비를 할 것이다. 또한, 그런 정책을 펼치고 있는 정부는 그 다음번 선거에서 모든 공직을 상실할 수밖에 없을 것이다. 한반도의 물류체계 재구성을 위한 무지개 같은 대규모 사업이 자칫하면 한국의 몰락을 초래할 수도 있음이다. 이러한 맥락에서 남북한의 공동사업을 위한 자본확충방식에서도 자본을 플랫(plat)하게 폼(form)할 수 있는 방안이 혁신적으로 강구되어야 한다.

미래의 플랫폼화

한반도 물류체계의 재구성을 위한 한반도 미래의 플랫폼화는 연합동인도회사(VOC)에서 영감을 얻어 재설계 할 수 있는 공적 조직체이다. 각 주(State) 정부의 갈등문제, 부족한 재정충당문제, 기존 무역회사들에 대한 통폐합 문제 등을 비롯한 수많은 난제를 쾌도난마 방식으로 풀었던 암스테르담의 VOC 사례는 21세기의 한반도 연합공기업 조직체 설계에도 큰 영감을 준다. 이와 같은 이유에서 한반도 물류체계의 재구성을 위한 공적 조직도 그 명칭을 VOC로 하였으면 한다. 17세기의 연합 동인도회사의 약식명칭인 VOC는 'Verenigde(연합) Oost－Indische(동인도) Compagnie(회사)'이지만, 21세기의 한반도 물류체계의 재구성을 위한 VOC는 'Voice Of Corea'(한국의 목소리)라고 할 수 있다.

한반도의 물류체계 재구성을 추진할 공적 조직인 21세기의 VOC는 한반도의 남쪽과 북쪽의 양측이 뜻을 모아서 함께 설립하는 연합공기업이지만, 세계의 공동번영을 향한 한반도의 목소리도 담고 있다. 한반도 DMZ의 플랫폼화 즉, 유라시아와 태평양을 연결하는 가장 효율적이고 안전한 공간을 한반도의 DMZ에서 만드는 주도적 공공조직이 바로 21세기의 VOC라는 것이다. 한반도 DMZ에 세계의 인재와 자본이 편리하게 유입되고 나갈 수 있는 공간을 만들고 세계인이 편리하게 생활하고 풍족한 삶을 누릴 수 있는 역할을 VOC는 할 수 있어야 한다. 물론 17세기의 VOC와 21세기의 VOC가 같을 수 없지만, 새로운 몇 가지 요소가 추가되거나 보완된다면 그 효과는 더욱 극적일 수 있다. 서양과 동양을 바다를 통하여 연결했던 네덜란드공화국의 VOC의 역할 범위를 한반도의 DMZ에 적용하면 더욱 크게 확장된다. 태평양과 유라시아를 연결하면 손쉽게 전 세계를 향한 초연결형 미래 플랫폼을 만들 수 있기 때문이다.

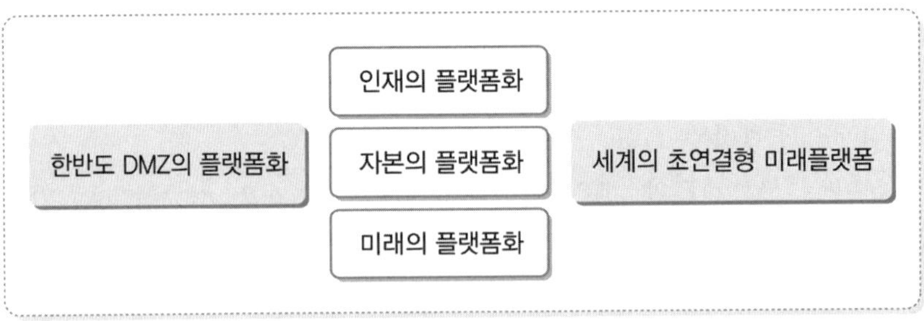

계획이 수립되면, 17세기의 VOC가 그러했던 것처럼 21세기의 VOC도 출범 즉시, 그 역할을 신속히 진행하여 10년 이내에 한반도의 물류

체계를 재구성할 것을 목표로 실행해야 한다. 많은 시간이 소요된다면, 투자의 효용성이 떨어지고 사업의 성과도 줄어들 수밖에 없다. 이를 위해서는 신속한 준비과정과 함께 DMZ의 VOC를 출범시키고 기존의 물류시설들을 최대한 적극적으로 활용하여 최소비용으로 최단기간에 한반도의 물류체계를 재구성해야 한다. 앞서 살펴본 17세기 네덜란드공화국의 번영을 이끌었던 주식회사 연합 동인도회사(VOC)를 참조하여 21세기 한반도 DMZ의 플랫폼화를 실행할 '한국의 목소리'(VOC)에 대한 설계도를 다음 제9장에서 살펴보기로 한다.

제9장

한반도 DMZ의 미래 VOC 설립계획

1. 과거의 VOC와 비교되는 미래의 VOC

앞서 제1편에서 살펴본 Braudel과 Arrighi가 각각의 시대별 사례를 통하여 제시했던 중심권역 모델 가운데 17세기 네덜란드의 암스테르담 모델(Model II)을 이끌었던 과거의 VOC를 세 가지 측면에서 나누어 재검토하여 보고자 한다. 이는 미래의 'Model V'를 찾을 수 있는 단서가 DMZ의 미래 VOC(Voice Of Corea)에서 발견될 수도 있기 때문이다.

혼돈 속에서의 조직화 문제

스페인제국에 대항하여 북부의 7개 주가 연합하여 구성된 네덜란드 공화국이었지만, 동양의 후추(향료) 무역을 두고는 내부적으로 각 주가 첨예하게 대립했다. 1580년, 포르투갈을 병합한 스페인제국은 신교도가 있는 북유럽을 침공했지만, 네덜란드는 영국과 함께 어렵사리 암스테르담을 방어했고, 스페인제국은 뼈아픈 패전에도 불구하고 재공격의 기회를 엿보고 있었다. 스페인의 펠리페 2세도 여전히 살아있었으며 1591년, 독일계 푸거 가문도 세력(한자동맹)을 다시 규합하여 네덜란드 상인들을 위협할 수 있었다. 이러한 위기의 상황에서 동양 항로를 소개한 린스호턴의 책이 1595년에 출간되었고, 그 즉시 암스테르담의 상인과 은행가들은 동양탐험대를 조직하여 대양으로 나서게 되었음을 앞서 살펴본 바 있다. 네덜란드 상선들은 세력이 약해진 포르투갈을 밀어내고 인도와 인도네시아로 모여들어 후추 무역에 나서게 된 것이다.

16세기 말, 네덜란드의 후추상인들은 스페인제국의 펠리페 2세와 한자동맹의 압박 속에서 파산할 수도 있었지만, 일단은 끝까지 잘 버티었고, 린스호턴의 책이 발간된 이후에는 적극적인 도전에도 뛰어들었다. 그것은 포르투갈 상선이 가져온 후추를 파는 것이 아니라 네덜란드 상인이 직접 동양에 가서 후추를 가져와서 파는 직거래 방식이었다. 그렇지만 우후죽순으로 생겨난 네덜란드의 동양탐험대와 무역회사(프리컴퍼니)들은 여전히 포르투갈 상인과 스페인제국에 위협받고 있었다. 따라서 네덜란드의 연합의회는 내부적 갈등을 극복하고 하나의 강력한 공기업(무역회사)을 만들어야 했다. 이와 같은 당위성에 대부분 공감했지만, 각 지역간 이해관계를 조정하여 하나로 통합하기는 쉽지 않았다. 이때 등장한 네덜란드의 정치가, 올덴바르네벨트(Johan van Oldenbarnevelt)는 여러 동양탐험대(프리컴퍼니)를 하나로 통합시키는 역할을 담당했고, 오렌지 가문의 마우리츠(Maurits van Nassau)의 지원을 받아서 강력한 무역회사, 네덜란드의 연합 동인도회사(VOC)를 탄생시켰다.

힘들지만 여러 지역에 난립해 있던 무역회사들을 하나로 통합시킨 네덜란드의 공기업 VOC는 느슨했던 연합공화국의 실행력을 높이는 역할도 했다. VOC의 중요 의사결정기구(17인 운영위원회)에서는 반드시 과반수가 안 되는 8인까지만 암스테르담 출신이 기용될 수 있는 제한 규정까지 두어 지역적 균형을 맞추고자 하기도 했다. 네덜란드공화국의 공기업, VOC는 이전에 볼 수 없었던 새로운 형태의 민간자본 회사로 출범하였으며 수익성을 중시하는 벤처형 기업으로써 현대식 '벤처형 주식회사'의 성격도 강했다. 동시에 VOC는 네덜란드공화국의 연합의회에서 통제받으면서 전쟁 수행 권한과 의무도 지닌 공화국의 중요한 공기업적 역할도 분명히 수행했다. 외국에 군사 요새를 건설하고, 군대를 관리할 포괄적 권한도 갖고 있었으며, 외국의 정부 대표에 대해서는 네덜란드공화국의 외교관 자격도 부여받았고 당연히 본연의 무역 활동도 매우 적극적으로 하였다.

이와 같은 과거의 VOC 사례를 참고하여 미래의 VOC를 설계한다면, DMZ 개경을 개발하고 한반도의 물류체계를 재구성할 미래의 VOC는 [벤처형 주식회사+강력한 연합공기업]의 조직특성을 갖추어야 한다고 하겠다.

VOC의 특권

네덜란드공화국의 각 지역에 난립했던 무역회사들을 하나의 공기업, VOC로 통폐합할 수 있었던 배경에는 공화국 연합의회가 VOC에 부여한 독점적 특허장(Charter)이 있었기에 가능했다. 앞서 소개되었던 하우트만의 동양탐험대가 출범한 1595년부터 VOC가 세워진 1602년까지 7년 동안 장거리회사, 오래된 장거리회사, 새 브래반트회사 등 크고 작은 다양한 무역회사(프리컴퍼니)가 많이 설립되었지만, 서로 치열한 경쟁을 벌여 부작용이 심했다. 이런 배경에서 네덜란드의 7개 주 연합으로 세워진 공화국의 연합의회는 1602년 3월 20일, 각 지역에 난립했던 무역회사들을 하나로 통폐합할 것에 동의했다. 특히, 공화국의 연합의회는 동양(향료)무역권의 모든 독점적 권리를 연합의회가 의결한 특허장(Charter)에 담아서 VOC에 부여하는 엄청난 특권도 함께 주었다는 것이다.

VOC는 희망봉(아프리카 남단)의 동쪽부터 마젤란해협(남아메리카 남단)의 서쪽까지의 모든 지역에서 독점적 항해와 교역을 할 수 있다고 특허장은 명시하였다. 결국, 네덜란드공화국에서는 VOC를 제외한 어떠한 회사도 동양에서 무역할 수 없으며 서양의 대서양을 제외한, 동양의 인도양과 태평양을 비롯한 세계의 바다에서 오직 VOC만이 무역권을 독점적으로 행사할 수 있음을 분명히 했다. 따라서 VOC를 제외한 어떤 회사들도 동양에서 교역할 수 없으므로 기존의 무역회사는 VOC에 편입되지 않으면 안 되었다. 더욱이 VOC의 특허장 제35조에는 네덜란드 연합의회를 대신하여 VOC가 동양의 군주와 조약을 체결할 수 있으며, 전쟁을 선포할 수 있고, 요새와 상관을 건설할 수 있도록 군인을 충원할 권리까지 규정하였다.

이로써 VOC는 지중해와 대서양을 제외한 세계의 모든 바다에서 네덜란드공화국의 공적 기능을 독점적으로 맡아서 수행할 수 있게 되었다. 이런 까닭에 VOC의 조직형태는 최초의 주식회사 형태는 띠고 있었지만, 어떤 네덜란드공화국의 정부 기관보다 어느 측면에서는 더욱 강력한 조직이었고, 동시에 광범위한 자율권을 갖고 있었다고 평가할 수 있다. 따라서 VOC는 느슨한 형태에 불과했던 네덜란드공화국을 강력하게 만들 수 있었던 만능 공기업이었다고 설명할 수 있다. VOC는 상업적 주식회사이면서 동시에 강력한 국가집행기관이었던 셈이다.

> 이와 같은 과거의 VOC 사례를 참고하여 미래의 VOC를 설계한다면, DMZ 개경을 개발하고 한반도의 물류체계를 재구성할 미래의 VOC는 특별한 권한(특권) 또는 특허(독점적 권리)를 부여받음으로써 확실하게 이윤을 창출할 수 있는 조직이 되어야 한다고 하겠다.

VOC의 자본금 확충

네덜란드공화국 연합의회가 부여한 17세기의 VOC 특허장(Charter)에는 네덜란드에 사는 누구라도 VOC의 주식을 살 수 있다고 규정했다. 당시에는 아직 주식(stock)이라는 용어가 잘 사용되지 않았기 때문에 특허장의 관련 규정에서는 회사의 지분(share)을 네덜란드 사람들이라면 누구라도 제한 없이 살 수 있도록 한 것이다. 신분의 귀천이나 돈이 많거나 적거나 관계없이 누구라도 원한다면 원하는 만큼(너무 큰 지분만 아니라면), VOC의 주식을 사서 부자가 될 기회를 모두에게 개방한다는 것이었다. 네덜란드공화국은 VOC 주식의 소유자들이 많으면 많을수록 스페인제국과 벌이고 있는 독립전쟁에서 그들이 주장하는 자유와 공화적 가치를 더 폭넓게 보편화할 수 있다는 정치적 계산도 했다.

1602년 8월까지 VOC의 지분을 사고 싶은 사람들은 암스테르담 사무소를 비롯한 각 지역사무소에서 VOC 지분취득 의향서를 제출해야 했다. VOC의 주주가 되려는 투자자는 주주명부에 자신의 이름을 적어 넣고, 그 옆에 주식청약 액수를 함께 기록하는 방식이었다. 공화국의 시민들은 너도나도 VOC 지분을 사고자 했다. 이미 동양으로 가서 많은 돈을 벌어왔던 동양탐험대들, 그런데 그런 각 지역의 무역회사들을 하나로 통폐합해서 만든 독점적 무역특권을 지닌 VOC이므로 성공의 가능성은 매우 크다고 판단했다. 실제로 VOC는 막대한 이윤을 창출하였고, VOC의 주식(지분)소유자들을 큰 부자로 만들어주었다. 암스테르담의 대표적인 부자 집안이던 수아소 가문도 VOC 주식을 많이 소유했고, 그의 아버지 수아소가 아들 수아소에게 유산으로 남긴 것도 바로 VOC 주식이었다. 큰 이익을 낸 VOC 주식은 아들 수아소를 큰 부자로 만들었고, 그 이익금은 오렌지 공 윌리엄 3세가 영국의 국왕이 될 수 있게 만들어준 군자금이 되기도 했다.

어쨌든, 기록이 잘 보전된 VOC의 암스테르담 사무소의 청약 상황을 살펴보면 VOC의 초대 주주로 등록한 사람은 1,143명이었다.[1)] VOC의 주식청약을 모두 마감하고 정리한 결과, 암스테르담 사무소에서 투자받은 액수는 전체의 57%로 절대적이었다. 지역사무소별 차이는 컸지만,

1) 암스테르담 전체 인구가 불과 몇만 명에 불과했던 시기에 돈을 투자한 주주가 천명을 넘었다는 것은 상대적으로 매우 높은 참여비율이었다고 평가할 수 있다. 더욱이 암스테르담에서의 지분취득의향서로 약정한 총액은 367만 4,945길더였는데 부자상인 가운데 8만 길더를 투자한 사람도 있었지만, 가정집 하녀로 어렵게 일하고 있는 사람도 50길더를 투자했다는 기록까지 남아있다. 공화국의 다양한 시민들이 신분에 구별 없이 자신의 형편에 맞추어 크고 작은 액수를 투자하여 공화국의 미래와 번영을 함께 모색했다는 측면은 과거의 VOC가 미래의 VOC에 던지는 중요한 의미이다.

전체적으로 총 650만 길더의 자본금을 불과 수개월 만에 모은 것이다. 이를 현재의 액수로 환산하면 약 1억 유로 또는 1,200억 원 정도로 환산되는데 17세기의 인구와 서양의 경제 규모를 고려할 때 엄청난 규모라고 할 수 있다. 시민을 대상으로 공개적으로 주주를 모집하여 아직 수익도 나지 않은 회사에 막대한 투자금이 몰리면서 650만 길더의 대규모 자본금을 갖춘 VOC는 17세기 세계무역의 주역이 될 준비를 마무리했다.

이와 같은 과거의 VOC 사례를 참고하여 미래의 VOC를 설계한다면, DMZ 개경을 개발하고 한반도의 물류체계를 재구성할 미래의 VOC는 개방적이고 적극적인 투자금 확충방식을 적용하여 단기간에 많은 자본을 한반도 내부에서 모집할 수 있게 하는 것이 바람직하다는 판단을 하게 한다.

2. 미래 VOC 설립계획의 3대 핵심 사항

17세기의 과거 VOC가 직면했던 혼돈 속에서의 조직화 문제, VOC의 특권, VOC의 자본금 확충을 중심으로 2050년대 미래 VOC의 주요 설립계획을 세워볼 수 있다. 이러한 맥락에서 한반도의 DMZ 개경을 개발하고, 한반도 물류체계의 재구성을 책임지며 실행할 남북한연합조직체, 미래의 VOC(Voice Of Corea)는 다음과 같은 3대 핵심 사항을 고려하여 설립되어야 한다고 하겠다.

혼돈 속에서의 미래 VOC 조직화 문제

16세기 말의 네덜란드는 절대적인 위기상황을 끈질기게 극복하고 17세기 초, 적극적인 기회를 쟁취하는 반전을 보여주었다. 20세기의 한반도가 경험했던 것도 과거의 네덜란드가 경험했던 것 이상으로 혼돈과 위기의 시대였다. 천년왕국의 역사를 지닌 한반도가 외세에 주권을 빼앗기면서 20세기 초, 일본제국에 항거하는 치열한 독립투쟁을 통하여 민족적 독립은 쟁취했으나 20세기 중반, 또다시 민족분단과 전쟁을 겪으면서 가장 비참한 국가로 전락한 바 있다. 그러나 20세기 후반, 세계적인 모범적 민주공화국으로 성장한 대한민국과 소련과 중국의 압박에서도 민족적 자긍심을 잃지 않은 조선민주주의인민공화국은 이제 새로운 평화의 길을 모색하고 있다.

21세기 초에 터진 일본의 후쿠시마 원자력발전소 폭발사건, 중국공산당 정부의 권력 독점화와 제국주의적 패권주의, 그리고 북한의 연이은 핵실험과 ICBM 발사는 한반도의 평화를 위협하고 대규모 전쟁이 불가피한 상황까지 초래했다. 그러나 매우 다행스럽게도 2018년, 평창동계올림픽을 계기로 전쟁보다는 평화를 향한 관련 국가들의 노력이 주효하게 작용하여 평화를 위한 새로운 가능성이 모색되고 있지만, 결코 그 길이 쉽지만은 않은 상황이다. 이렇게 혼란스럽고 어려운 국면에서 한반도의 물류체계 재구성을 위한 미래의 VOC(Voice Of Corea)는 위기의 한반도 상황을 극복하는 데 결정적인 해결책을 제시하여 줄 수도 있다. 세계의 중심이 태평양과 유라시아가 만나는 동아시아의 한반도 주변으로 모이는 상황에서 한반도의 DMZ 개경을 플랫폼화하고, 한반도 물류체계를 재구성함으로써 태평양과 유라시아를 연결하고 소통하게 만드는 것은 세계의 번영을 위해서도 매우 필요한 시점이기 때문이다.

따라서 DMZ의 미래 VOC는 남쪽과 북쪽 어느 쪽으로도 영향력이 쏠리지 않는 17인 위원회를 중심으로 남북한 연합조직체를 구성할 필요가 있다. 과거의 '헤렌17' (Heren17)처럼 남북한은 17인 위원회에서 각기 8인을 넘는 위원을 둘 수 없고, 위원장은 한반도 출신이 아닌 UN이나 UN에서 추천받은 제3국의 출신(미국의 전직 대통령 등)을 위원장으로 선출하여야 한다. 특히, 남북한의 기득권 문제를 해소할 수 있는 방향으로 17인 위원회는 운영되어야 할 것이며 기존의 공공조직(정부기관)이나 민간회사(현대아산 등)들이 피해를 보지 않도록 그 권한을 위원회 안에서 적극적으로 수용할 수 있어야 한다. 미래 VOC의 17인 위원회는 가장 최적화된 인재들로 충원되어 조직을 플랫폼화할 수 있어야 할 것이며 그렇게 되어야 미래 VOC는 올바르게 그 사명을 실천할 수 있다.

미래 VOC의 특권

네덜란드의 각 지역에 난립했던 무역회사들은 지역적 이해관계를 극복하고 우여곡절을 거치면서 17세기의 VOC로 일원화되었다. 그리고 그런 배경에는 공화국의 연합의회가 과거 VOC에 부여한 독점적 특허장이 매우 강력한 역할을 했기에 가능하였다. 이와 비슷한 맥락에서 한반도에서는 개성공단, 금강산관광과 같은 대표적인 남북한 합작사업도 있었지만, 지속가능성이 매우 낮고 성공의 보장성도 크지 않았다. 미래 VOC의 성공적인 성과를 끌어내면서 대규모 자본을 모으기 위해서는 과거의 VOC보다 더 확실하게 보장된 특권이 미래 VOC에 부여되어야 한다는 것을 재차 강조하지 않을 수 없다.

이를 위하여 무엇보다도 미래 VOC는 남북한의 정치적 이해관계가 갈라지고 충돌해도 안전하게 재산권이 보호될 수 있는 국제적 근거가 마련되어야 한다. 종이에 적힌 계약서로 그치는 것이 아니라 구조적으로 방해받지 않고, 침해받지 않는 결정적인 무엇이 있어야 한다. 예컨대, DMZ의 미래 VOC는 한반도의 중심부를 나누고 있는 DMZ 남북 양쪽 모두의 토지(남북 폭 4Km, 길이 248Km)에 대한 토지소유권을 남북 모두에게서 동시에 이전받아 최대한 환경친화적으로 보존하고 생태적으로 관리하여야 한다. DMZ 토지의 소유권(약 1,000㎢)은 배타적으로 VOC 단독소유지만, 그 토지(DMZ)의 운영권은 UN과 같은 세계(정부)기구에 신탁하여 남쪽이나 북쪽의 어떤 공화국 정부도 정치적, 군사적 영향력을 행사할 수 없도록 원천적으로 차단시킬 필요가 있다. 소유권은 미래 VOC(Voice Of Corea)에게 있지만, 그것의 운영권은 UN에게 있으므로 남북한의 이해충돌이 발생하여도 VOC의 자산적 안정성은 UN에 의하여 확보하는 구조이다. 이는 미래 VOC가 안전자산의 소유권을 확보하고 이를 근거로 더 많은 자본을 축적할 수 있는 신용의 원천이 될 수 있다.

한반도의 비무장지대이며 생태보전지역인 약 1,000㎢의 토지에 대한 소유권을 보유한 VOC는 남북한 공동사업 대상 지역인 개성지역과 금강산에 대한 운영권도 이전받아야 한다. 그 기간은 150년 이상이 되어야 하며 이 또한 남북한의 정치적-군사적 대립에서 벗어날 수 있도록 UN에 재위탁해야 한다. 그리고 남쪽은 북쪽의 조치에 상응하여 미화 기준으로 약 1조 달러(한화 약 1,200조 원)를 외국이 아닌 국내자본시장에서 모집하여 VOC의 자본금으로 투자하여야 한다. 과거 17세기의 VOC가 동양(향료)무역에 대한 독점권을 담보로 VOC의 지분취득의향서(신규주식 청구권)를 발행, 650만 길더(현재 가치로 약 1억 유로)를 모은 것과 비슷한 방식이다. 그리고 이와 같은 막대한 자본을 투자받기 위해서 미래 VOC는 다음과 같은 5대 특권을 부여받아야 한다.

미래 VOC(Voice Of Corea)가 부여받아야 할 5대 특권〉
a. 한반도 남북한 비무장지대(DMZ)의 모든 토지소유권
b. DMZ 남북한 전체에 대한 UN 신탁권
c. DMZ, 개성, 금강산의 독점적 운영권
d. 북한의 모든 물류시설(SOC)에 대한 독점적 개발운영권
e. 한국의 자본지원금 1,200조 원(1조 달러)-한국 내부에서의 투자금

미래 VOC의 자본금

VOC의 엄청난 5대 특권이 부여된다고 하여도 한국의 주식시장에서 국내자본으로 약 1,200조 원을 모집하는 것은 결코 쉬운 일이 아니다. 물론 외국의 자본시장을 통해서 자금을 모집한다고 하여도 어렵기는 마찬가지겠지만, 중기적 역사순환 관점에서 한반도 물류체계의 재구성을 위해서는 DMZ의 미래 VOC 자본은 가능한 한 국내에서 조달하는 것이 바람직하다. 경협사업이 쉽지 않다는 것은 이미 잘 알려져 있고, 그

럼에도 반드시 해야 한다는 당위성도 있겠지만, 실패의 위험성도 배제할 수는 없다. 그래서 한국의 어느 시민도 선뜻 자신의 주머니에서 1,200조 원에 달하는 VOC의 신규주식 청구권을 신청하여 구매하기는 어렵다.

그러나 17세기의 암스테르담에서 있었던 상황과 당시의 분위기를 참고하여 본다면 좋은 방안도 찾아볼 수 있다. 상세한 기록이 남아있는 VOC 암스테르담 사무소의 내용을 보면, 공화국의 어떤 사람들도 신분의 귀천이나 남녀노소 그리고 부자와 빈자를 나누지 않고 자신의 경제 여건에 맞추어 VOC 주식을 다양하게 청약했음을 알 수 있다. VOC의 신규주식 구매와 관련된 정부의 어떤 세금부과도 없었음은 물론이고, VOC의 주식을 청약하는 것은 네덜란드공화국의 자유 시민으로서 자부심을 가질 수 있는 길이었다. 그리고 잘만 된다면 엄청난 동양 무역의 독점권을 가진 VOC 주주로서 부자가 될 수도 있었다. 그래서 시민들은 당시로는 상상할 수도 없었던 엄청난 액수의 VOC 자본금을 단시간에 모금하여 동양의 바다로 항해할 대규모 선단을 만들 수 있었고, 세계의 각 지역에 VOC 해양네트워크를 건설하였다.

이와 같은 사례를 참고하여 약간의 혁신적 사고를 첨부한다면 한국의 자본시장에서도 DMZ의 미래 VOC를 위하여 1,200조 원의 자본금을 모집하는 것이 어렵지 않을 수 있다. 만일 1,200조 원을 국가의 강제적 행위인 조세수입으로 충당한다면 한국의 주식시장은 물론이고 한국의 대부분 기업은 망할 것이 분명하다. 그러나 반대로 한국의 자본시장에 미래 VOC가 부여받는 특권, 기업적 성공 가능성, 그리고 조세부과의 면제 조치가 이루어진다면 미래 VOC의 막대한 자본금은 순식간에 모일 수도 있다. 물론 이 과정에서 상속-증여세의 국세 수입액과 주식거래세 등은 혜택이 갈 수 있는 조치가 있어야 한다. 현실적으로 연간 상속-증여세를 통한 국세 수입액이 연평균 6조 원 수준이므로 세금으로 1,200조 원의 미래 VOC 자본금을 충당하려면 상속-증여세 징수액 모두를 다 투입하여도 200년 이상 걸릴 수 있다. 공화국의 시민들이 기쁜 마음으로 한반도의 평화와 번영을 위하여 기꺼이 미래 VOC

의 주식을 구매할 수 있도록 정부는 시민들의 마음을 긍정적으로 자극해야만 한다.

3. 미래 VOC의 3대 목표

그렇다면 미래 VOC는 과연 어떤 성과물을 낼 수 있을 것인가? VOC에 부여된 5대 특권이 있다면 VOC는 약 1,000㎢(제주도 면적의 절반 이상)의 토지를 소유하며, 1,200조 원의 자본금을 갖고 출범하는 주식회사로서 다음과 같은 산출물을 결실로써 남북한에 제공할 수 있을 것이다.

남북한 공화국 모든 구성원에게 기본소득 제공

21세기의 미래 VOC는 한반도의 공동자산인 DMZ와 북한 물류시설에 대한 독점적 개발권, 그리고 한국 시민들의 막대한 자산투입으로 출범한다. 따라서 미래 VOC는 남북한의 모든 공화국 국민에게 기본소득을 제공할 의무를 진다. 장단기적인 계획에 따라서 공화국의 경제 상황과 물가수준을 고려한 기본소득이 적정하게 산정되어야 하겠지만, 그 근거는 최소한의 생계비 수준 이상이 되어야 한다. 앞서 언급된 바와 같이 미래 VOC는 헤렌17과 같은 플랫폼화되어 있는 '17인 위원회'를 중심으로 운영되어야 하며 남북한 모든 국민이 자신의 소득 여부와는 다른 별도의 추가적인 기본소득을 미래 VOC에게서 받는 것이다. 미래 VOC의 공정한 지급 의무성을 담보하기 위하여 기본소득 자금은 UN에 토지와 사업권에 대한 신탁 부분과 관련하여 반대급부로써 미래 VOC가 매년 UN에 반드시 지급하고 UN은 이를 공정하고 투명하게 남북한의 모든 국민에게 배분하는 구조로 설계될 수 있다.

예컨대, 모든 북한 시민(약 2,500만 명)에 대해서는 남녀노소를 불문하고 모두에게 최소 한화기준으로 2019년 환율 기준으로 월 3만 원(미화 25불)을 지급하는 '기본소득'이 주어진다는 것이다. 만일 5인 가족 기준으로 환산하면 가구당 월 15만 원(미화 125불)을 받는 구조이다. 따라서 근로소득으로 어느 가장이 30만 원을 받는 직장에 취업한다면, 5인 가족의 총수입은 기본소득을 합산하여 45만 원이 되는 셈이다. 이는 개방화된 베트남 소득수준보다 훨씬 높은 수준이며 중국의 평균소득 수준과 비슷하다. 물론 부부가 함께 취업하여 60만의 수입을 받는다면 기본소득 15만 원이 합산되어 75만 원이 되지만 기본소득에 대해서는 어떤 세금도 부과되지 않는다. 또한, 북한국민은 북한의 토지개발과 관련하여 중기적 역사순환 관점에서 훨씬 더 큰 이익이 될 '주택건설 택지공급권'을 각 세대 단위별로 받게 된다.2)

남북한의 모든 구성원에게 기본소득을 지급하기 위해서는 천문학적인 자금이 필요한데 어떻게 그런 큰 자금을 수익으로 창출할 수 있을까에 대한 의문이 제기될 수 있다. 이와 관련해서는 17세기의 VOC가 창출했던 것과 비슷한 맥락에서 관련된 방법론을 참고하고 이를 보완함으로써 제시할 수 있다. 과거의 VOC는 동양 무역에 대한 독점권으로 엄청난 수익을 창출했고 그 결과, 직접적인 투자자는 물론이고 암스테르담 시민들의 평균소득 수준을 파리의 4배 수준으로 끌어올렸다. 이와 비슷한 방식으로 21세기의 미래 VOC는 1,200조 원의 자본금으로 북한의 낙후된 SOC 시설을 독점적으로 조속히 개선, 건설, 운영하면서 남북한의 모든 시민에게 기본소득을 충분히 제공할 수 있는 수익을 창출할 수 있다. 유라시아와 태평양을 연결하는 고속도로와 철도 그리고 항만의 건설과 기능개선으로 단기간 내에 수익을 낼 수 있으며 러시아와 북한 그리고 남한을 연결하는 각종 SOC 시설과 가스관 등에서도 추가적인 수익을 올릴 수 있다. 이러한 수입으로 남북한 모든 국민에게 기본소득을 안정적으로 제공할 재정적 토대가 만들어진다는 것이다.

---

2) 대한민국 시민들에게도 남녀노소를 불문하고 약간의 기본소득이 제공되지만, 이는 물가수준을 고려하여 북한보다 훨씬 높은 수준에서 결정되어야 한다. 북한은 북한의 토지개발과 관련하여 '주택건설 택지공급권'을 세대별로 받게 되지만 남한에는 그러한 택지 공급권을 부여할 수 없는 차이도 고려되어야 한다. 대신에 암스테르담의 VOC 주식투자자들이 큰 이익을 얻고 부자가 되었던 것처럼 21세기의 VOC는 주식의 가치 상승과 배당금으로 주식투자자들에게 이익을 분배할 수 있으므로 보다 더 많은 시민들이 주식을 살 수 있도록 해야 할 것이다.

북한의 모든 세대주에 주택건설 택지권 공급

DMZ의 미래 VOC의 역할이 남북한의 모든 구성원에게 기본소득을 제공하는 것에서 그치는 것은 결코 아니다. 21세기의 VOC는 북한의 물류체계를 획기적으로 개선하고 원활하게 운영하면서 동시에 평양 규모의 도시를 북한내에 최소한 5개~6개 이상 신규 건설할 수 있는 기반을 조성할 수 있다. 도로, 철도, 항만과 정보망 등이 만들어지면서 편리한 도시시설도 자연스럽게 만들어지고 필요한 기반시설도 마련될 수 있기 때문이다. 새로운 북한의 도시건설은 중기적 역사 순환적 사업이지만, 이는 북한의 모든 세대주에게 평등하게 주택건설 택지권을 배분할 수 있는 가장 큰 복지사업이기도 하다.

북한의 모든 남녀노소 구성원(약 2,500만 명)에게 기본소득을 제공하고, 북한의 세대주(약 500만 명)에게 주택건설 택지권을 공급하는 것은 북한의 미래를 밝히는 중요한 핵심사업이다. 북한의 개혁–개방과 함께 북한의 시민들은 일시적으로 북한을 떠나고 싶은 생각을 할 수도 있지만, 이는 북한의 밝은 미래를 잘 보지 못할 때 일어나는 현상일 뿐이다. 개방화 초기에는 북한이 다른 선진국보다 잘 살지 못하기 때문에 공화국을 떠나고 싶다는 생각을 가질 수도 있다. 또한, 개방화 초기에는 단기적으로 근로시간도 많고 급여도 상대적으로 적기 때문에 불만이 증가할 수도 있다. 그렇지만, 자신의 주택을 지을 수 있는 편리한 도시 기반시설이 갖추어진 좋은 조건의 택지권을 배분받는다면, 그런 배분권이 공정하게 부여된다면 어떤 선진국으로 가는 것보다 더 좋은 혜택과 부유함을 북한 시민들은 얻게 되는 것이다. 단기적으로 급여가 많은 것보다 중장기적으로 좋은 주거조건의 편리한 도시에서 자신의 집을 소유할 수 있는 택지를 공급받는 것이 훨씬 이익이 되기 때문이다.

이와 같은 주택택지 배분권을 북한의 모든 시민에게 5인 가족 기준으로 제공하려면 약 500만 개의 주택택지가 있어야 하는데 미래 VOC가 과연 그런 사업도 할 수 있을까에 대한 의문도 제기될 수 있다. 이는 17세기의 암스테르담이 17세기의 VOC를 주축으로 전 세계에 건설한 17세기의 뉴암스테르담의 사례를 보면 충분히 현실가능성이 있다고 판단할 수 있을 것이다. 새로운 항로가 개척되고 좋은 항구가 만들어지면 새로운 암스테르담이라는 도시는 거의 필연적으로 만들어질 수밖에 없다. 인재가 모이고 자본이 유입되는데 좋은 도시가 만들어지지 않는다는 것은 오히려 이상한 일이다. 미래 VOC도 북한의 각 지역에 좋은 SOC(도로, 철도, 항만, 정보망) 등을 건설하고 공공시설을 확충하면, 평양 수준의 대도시를 최소한 5개 지역 이상에서 확보할 수 있다. 필자는 <평양과 강남>(2015)에서 서울의 강남택지공급사례를 예시한 바 있는데, 현재의 북한토지는 대부분 공유지이기 때문에 주변 지역에 SOC만 제대로 갖추어진 도시 공간만 건설하면, 그 이후에는 토지구획정리사업 방식 등으로 500만 개의 좋은 택지를 공급할 수 있다는 것이다.

세계인에게 가장 편리하고 안전한 플랫폼

인천공항에 가면 세계로 향하는 수많은 비행기를 탈 수 있다. 인천항구에 가면 국내외의 여러 항구로 갈 수 있는 배에 오를 수도 있다. 그렇지만 서울역에 가면 외국으로 나가는 기차도 철로도 없다. 이것이 현재까지의 현실이었다. 그렇지만 한반도의 물류체계를 재구성하여 인천공항과 인천항구 그리고 기차역과 버스터미널을 하나로 통합하고 효율적으로 관리한다면 어떤 일이 일어날 것인가를 예상하여 볼 수 있다. 국내의 어느 지점과 세계의 어느 곳이라도 가장 편리하고 안전하게 연결하는 유라시아와 태평양을 연결하는 플랫폼이 DMZ 개경에 만들어지는 것이다.

한국인은 물론이고 중국인이나 일본인도 자국의 공항이나 항구보다 DMZ 개경의 통합 플랫폼을 이용하는 것이 더 편리할 것이다. 동아시아의 약 20억 명이 가장 편리하게 이용할 수 있는 통합 플랫폼이라면, 유럽과 인도 그리고 아프리카를 포함하는 오세아니아 사람들에게도 최적의 플랫폼이 될 수 있다. 세계의 중심지인 미국의 뉴욕보다 상대적으로 더 편리하고 안전한 플랫폼이 한반도의 중서부, DMZ 개경에 형성될 수 있음이다. 대서양의 시대가 계속된다면, 뉴욕은 지리적으로 최적의 조건을 갖추고 있다고 하겠지만, 태평양과 유라시아가 만나는 시대에서는 미국의 뉴욕보다 DMZ 개경이 더 좋은 입지조건을 갖추기 때문이다.

DMZ 개경은 유라시아와 태평양을 모두 연결할 수 있으며 인천공항과 인천항과도 매우 근접하여 물류체계의 재구성 차원에서 개발의 효용성이 매우 높다. 정치적, 이념적인 한계성만 극복한다면 DMZ 개경의 물류중심적 기능측면은 최상위 수준이라는 것이다. 특히, 개성공단의 기존 인프라를 통하여 투자 대비 비용 부분에서도 높은 평점을 받을 수 있다. DMZ 개경을 인천공항과 연결하는 고속철도와 함께 경부고속도로와 고속 정보망을 함께 집약적으로 초(超) 연계시킨다면, 최소비용으로 한반도의 DMZ 개경을 뉴욕과 같은 세계적 플랫폼으로 만들 수 있음이다.

뉴욕의 현재와 미래

뉴욕은 맨해튼(59㎢)을 포함하여 브루클린, 퀸스, 브롱크스, 스태튼 섬 등 5개의 행정구역(Boroughs)에 인구 850만명(784㎢)이 살고 있는 대도시이다(One World Trade Center에서 바라본 뉴욕).

평양과 뉴욕

추가 공유 ••• 더보기 좋아요 싫어요

뉴욕의 아침은 활기차고 다양한 사람들로 북적인다. 미국에서 가장 크고 부유한 도시이며 동시에 세계 중심권역의 핵심 도시로 이방인이 낯설지 않은 개방형 도시이다. 그러나 미래의 뉴욕을 과거의 뉴욕처럼 밝게만 볼 수는 없다.

2001년 9월 11일 뉴욕의 상징이었던 세계무역센터가 붕괴되고 7,000여명의 사상자가 발생했다. 테러 이후 '그라운드 제로'에는 One World Trade Center (왼쪽)와 추모공원(오른쪽)이 조성되었다.

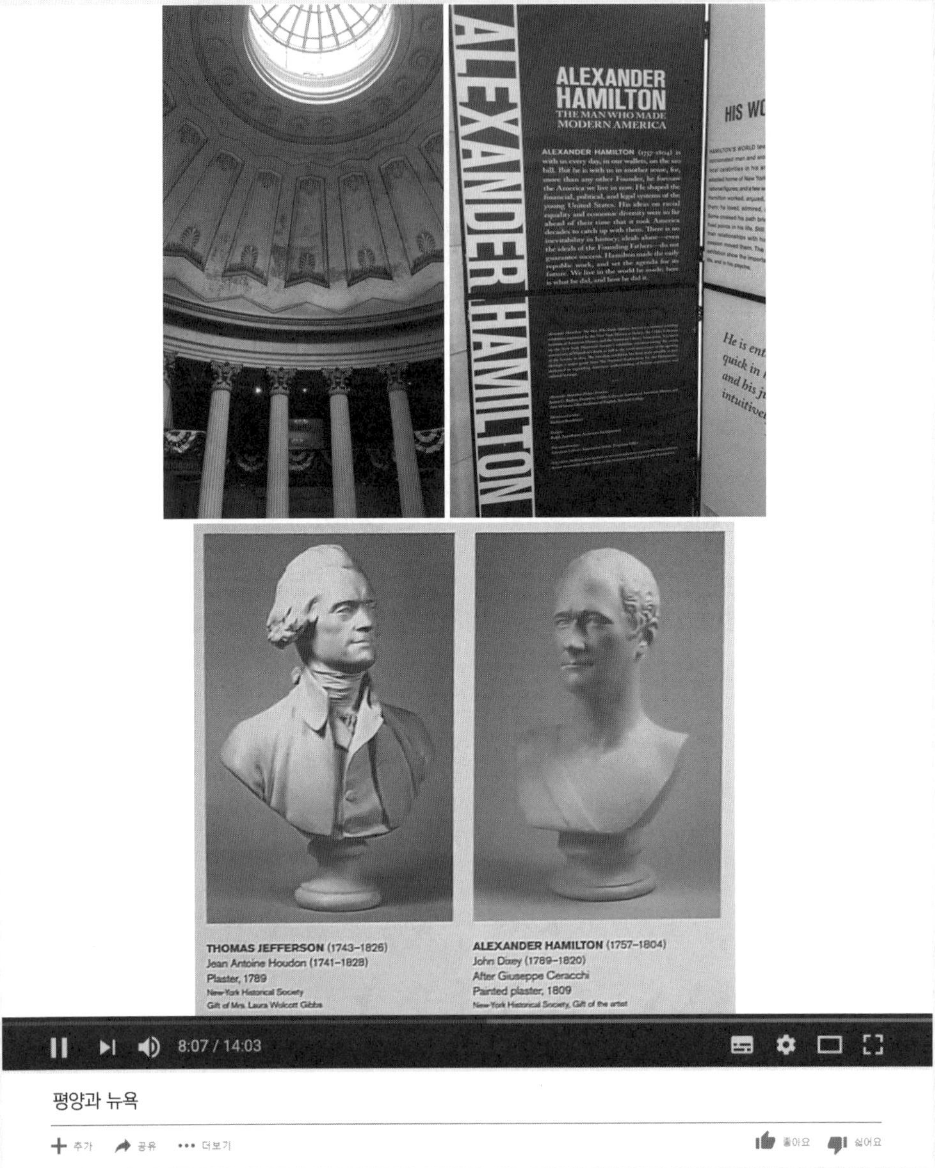

17세기의 뉴욕을 알기 위해서 암스테르담(VOC)의 허드슨을 살펴보았다면, 현재의 뉴욕을 알기 위해서는 18세기의 해밀턴(A. Hamilton)을 살펴볼 필요가 있다. 그는 서인도제도 태생의 뉴욕 이민자이면서 동시에 건국의 아버지로 추앙받는 인물이다(뉴욕 Federal Hall 내부의 자료들).

뉴욕의 해밀턴은 미국을 민주적 농업국으로 만들자는 주장(워싱턴의 제퍼슨)과 달리 미국을 상업과 공업이 발달한 산업국가로 발전시켜야 한다고 주장했다. 해밀턴의 산업국가론은 월스트리트 정신으로 이어졌고, 월스트리트 입구에는 그의 무덤이 뉴욕의 수호신처럼 지키고 있다(위 왼쪽 사진은 트리니티교회, 위 오른쪽 사진은 뉴욕의 컬럼비아대학 해밀턴기념관과 동상, 아래 사진은 해밀턴의 무덤).

뉴욕에서 활동하던 24명의 증권 중개인들이 1792년, 월스트리트 68번지 근처 나무 아래에 모여서 버튼우드 협정(Buttonwood Agreement)에 서명한 것을 계기로 맨해튼의 월스트리트는 금융의 거리가 되었다(아래 사진은 현재의 뉴욕증권거래소 내부).

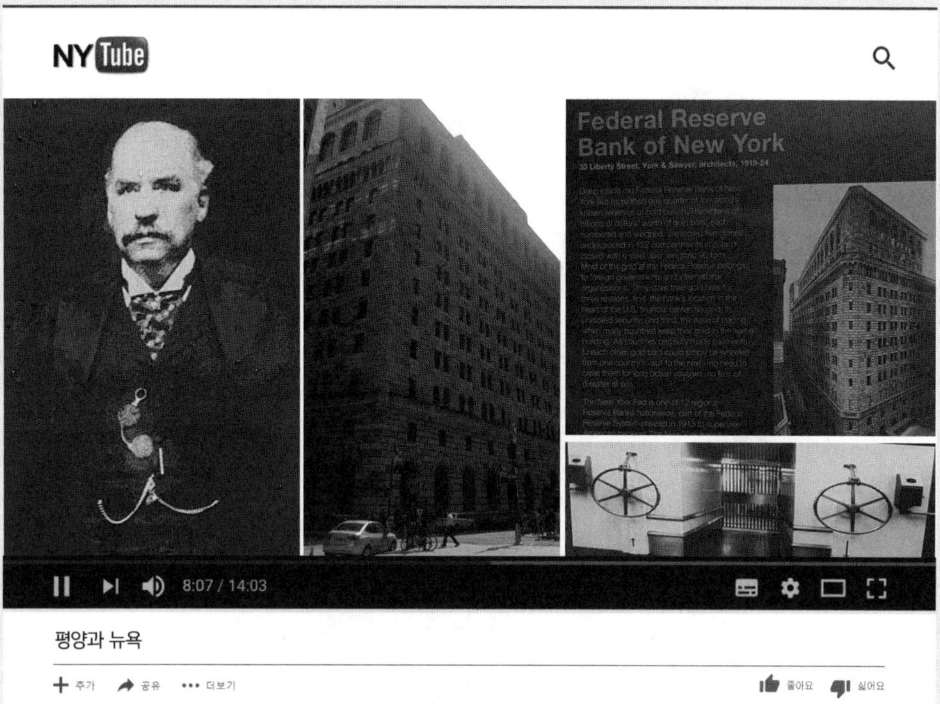

워싱턴 정가를 움직였던 제퍼슨계 정치인들은 미국의 중앙은행제도를 거부했지만, 1907년의 심각한 공황을 겪으면서 해밀턴의 현실적 시각이 다시 떠올랐다. 해밀턴의 주장을 20세기에 실행한 인물은 J.P. 모건이었고, 그는 1913년 미국의 중앙은행인 연방준비제도(FRS: Federal Reserve System) 설립을 주도했다(왼쪽은 J.P. 모건, 가운데와 오른쪽은 가장 많은 금괴를 보관하고 있다는 뉴욕의 연방준비은행과 지하 5층의 금보관창고).

평양과 뉴욕

추가 공유 ••• 더보기 좋아요 싫어요

미국의 중앙은행(FRS)이 출범했던 1913년에 그랜드 센트럴 역사(Grand Central Terminal)도 완성되면서 뉴욕은 금융과 물류의 중심지가 되었다. 제1차 세계대전을 거치면서 뉴욕은 세계의 중심으로 성장했고, 제2차 세계대전에서는 브레튼우즈체제(BW system)를 출범시키면서 미국의 달러를 세계의 기축통화로 만들었다. 또한 국제연합(UN)의 총본부까지 세우면서 세계최강의 패권을 확보했다.

UN은 미국의 주도하에 뉴욕의 맨해튼에 UN총본부 건물을 세울 것을 결정했고, 미국의 재벌이었던 록펠러가 UN이 필요로 하는 재원(약 6,500만 달러)을 기부하여 맨해튼의 이스트강(East River) 유역(69,000㎡)을 재개발, UN총본부건물을 짓게 되었다(1947년에 시작하여 1952년 완성).

1952년에 완공된 UN총본부는 전세계의 대표들이 한자리에 모여서 세계의 문제를 토의하고 결정하는 세계 최고의 국제정치중심이 되었다. 그리고 뉴욕은 미연방공화국의 수도 지위를 잃은 지 150여년 만에 세계의 수도 지위를 얻게 되었다(UN의 내부자료).

뉴 암스테르담을 통해 뉴욕의 과거와 현재는 이해할 수 있지만, 뉴욕의 미래까지 설명하기는 어렵다. 뉴욕의 미래를 예측하기 위해서는 보다 심층적으로 역사의 시계열적 흐름을 살피고, 그 추세를 파악할 필요가 있다. 이러한 이유에서 세계 중심권역의 이동에 관한 역사적 분석모델인 Braudel-Arrighi Model을 활용하고자 한다(뉴욕시청 본관의 New Amsterdam-Manhattan-New York).

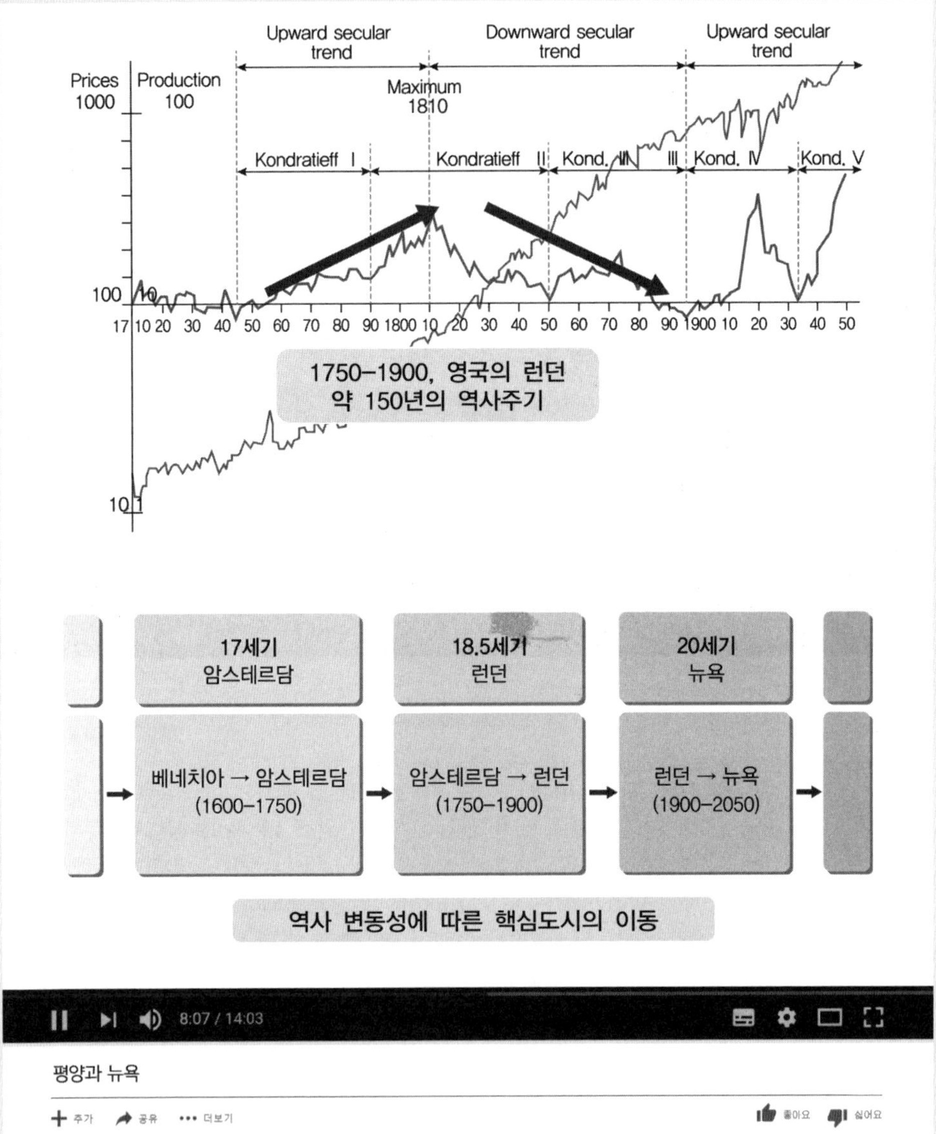

콘트라티에프 변동주기(50년)를 응용한 Braudel의 역사적 변동주기(150년)를 적용해 세계중심권역의 이동주기와 핵심도시의 이동경로를 파악해 볼 수 있다.

Braudel의 역사 변동성(15세기~18세기)

역사 변동성에 따른 헤게모니 중심권역의 이동(Braudel - Arrighi Model)

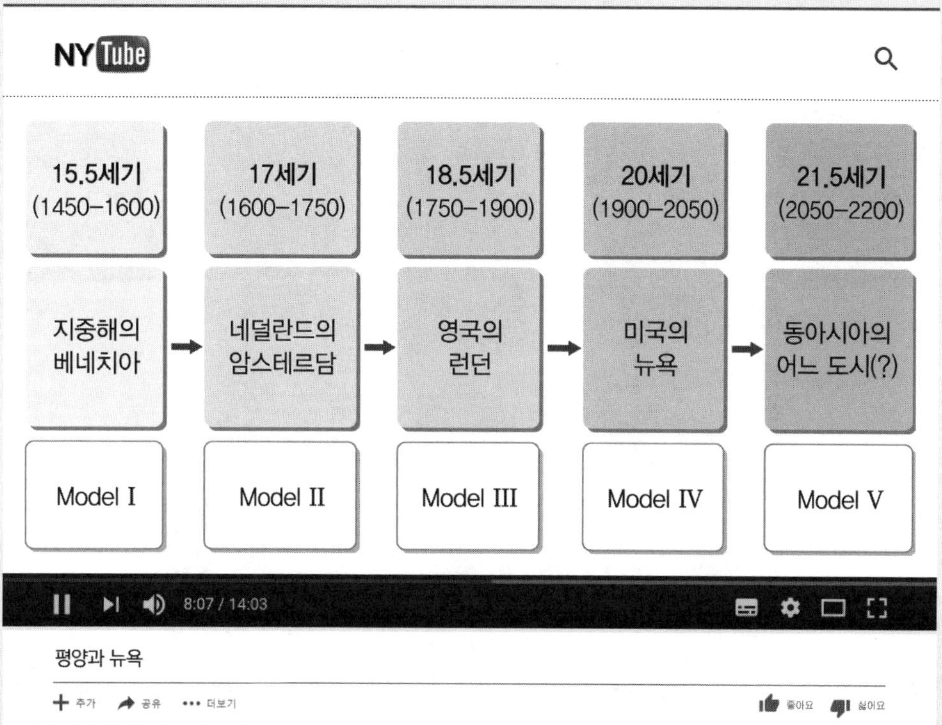

Braudel의 역사적 변동주기와 Arrighi의 헤게모니 중심권역의 이동을 접목하여 시계열적으로 5개 헤게모니 중심권역의 이동흐름을 이해할 수 있다.

미국의 뉴욕에서 태평양을 건너 동아시아로 중심권역이 이동하는 경로에는 도쿄, 상하이가 있다. 그렇지만 도쿄와 상하이는 이미 개발이 포화상태에 있는 해안도시이다. 태평양 연안의 최적 위치에 텅 비어 있는 도시를 찾기는 어렵다. 그런데 개경은 태평양의 황해와 DMZ가 만나는 위치에 있고, 마치 17세기의 맨해튼처럼 투자의 효용성을 극대화할 수 있는 공간으로 남아있다(사진은 DMZ의 판문점).

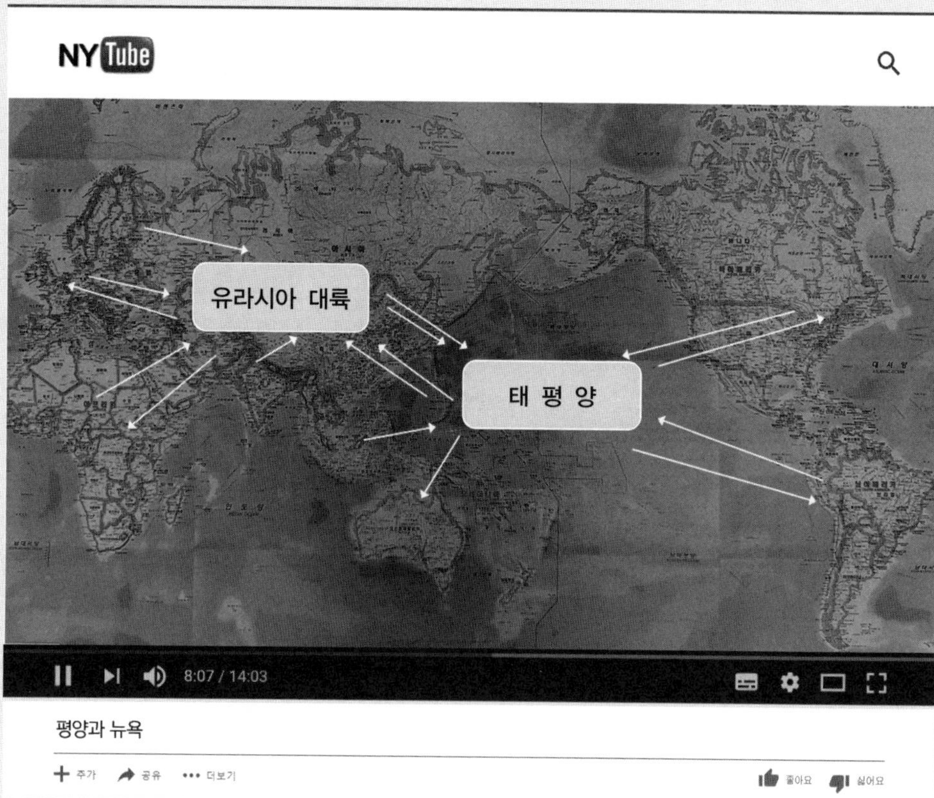

한반도는 유라시아 대륙과 태평양이 만나는 교차로에 있으며 세계적 플랫폼 역할을 담당할 수 있다.

한반도의 중앙, 임진강과 예성강이 만나는 개경(사진은 DMZ 인근의 관산반도)은 대한민국의 수도권에서 불과 2.1Km 사이에 인접해 있지만 빈 공간이다. 이곳에 교량만 연결하면, 최상의 교통 물류망을 곧바로 갖출 수 있고, 태평양과 유라시아가 만나는 최적의 물류중심지가 될 수도 있다.

DMZ 개경에 UN아시아본부를 건설하고, 인천공항을 연결하는 철도와 도로만 완성시키면 DMZ 개경은 홍콩(센트럴)을 대체할 수 있는 최적의 태평양 물류중심도시가 될 수도 있다(사진 속 작은 사진은 영세중립국, 오스트리아에 있는 UN비엔나본부).

13세기, 고려의 황도 개경에는 벽란도가 있었고(위쪽 사진), 바다에서 개경 시내까지 배를 타고 들어갈 수 있던 운하도 있었다(아래쪽 사진). 지중해에는 베네치아가 있었고, 태평양의 황해에는 개경이 있었다. 베네치아에서 암스테르담으로, 암스테르담에서 런던으로, 런던에서 뉴욕으로 그리고 뉴욕에서 개경으로 이어지는 역사의 순환과정을 21세기 중엽에 볼 가능성도 있다(북한 개성의 고려박물관, JTBC자료).

에필로그

몇 년 전, 베를린에서 독일민족을 갈랐던 장벽을 직접 보고 한반도의 갈등적 상황을 해결할 방안을 찾아야 한다는 분명한 목표를 갖고 여정을 떠났던 적이 있었다. 독일의 통일 현장에서 베를린의 옛 동독 사람과 구(舊)서독 사람들을 만나면서 베를린방식에 의한 통일방법론은 한반도에 매우 부적절할 수 있다는 판단을 했다. 베를린에서의 여정 속에서 본래의 목표는 온데간데없이 사라졌는데 의도치 않게 중요한 목적을 새롭게 얻을 수는 있었다. 돌이켜 그때를 기억하면, 비행기 안에서 창밖을 보는데 맑은 날씨 덕분인지 북한의 개경 땅이 신기하게도 하늘 아래로 꽤 선명히 보였던 장면이 기억으로 남아있다. 인천의 영종도에서 서쪽으로 항로를 잡기 위해 회항하던 비행기의 작은 창으로 DMZ(비무장지대) 너머의 빈 땅, 넓은 개경이 보인 것이다. 철조망도 안 보이고 그저 푸른 하늘과 그 아래로 펼쳐진 북한의 텅 빈 개경과 근처의 관산반도가 보였을 뿐이었다.

서해를 지나자 광활하게 펼쳐지는 유라시아 대륙이 끝없이 이어졌다. 인천공항에서 잠깐 서해를 보고 곧이어 드넓은 유라시아를 보았는데 대략 그 시간이 아침부터 저녁까지 계속되었던 것 같았다. 비행기의 항로가 해의 방향을 뒤따라 가면서 이어졌기 때문에 유난히 낮이 길었고, 저녁이 되자마자 곧바로 유럽의 베를린 공항에 비행기가 착륙했다. 당시에는 베를린까지 가는 직항노선 가운데 국적기는 없었고 루프트한자 비행기가 유일했는데, 손님이 많지 않아서인지 항공료도 싸고 중간 경유지도 없어서 선택했던 것 같다. 그런데 그 비행기 안에서 아침부터 저녁까지 광활한 유라시아 대륙을 계속 볼 기회를 얻게 된 것이었다. 그러면서 무심코 "하늘에서만 보면 한반도는 바다와 유라시아가 모두 연결되는 교차점이구나. 땅에서는 그렇지 않은 데…….”라는 생각을 했다.

과거 거대한 유라시아를 평정했던 몽골의 세계국가가 14세기에 해체되면서 동양과 서양은 재분리되었고, 그 이후부터 유라시아는 지금까지도 사람의 흔적이 적고 비어있는 유라시아처럼 보였다. 15세기 중엽부터 바다를 폐쇄했던 동양과 반대로 바다를 열고 대항해를 시작했던 서양의 운명은 상승했지만, 유라시아의 운명은 버려진 채, 바뀌었던 것 같았다. 한반도의 개경과 중국의 대도를 오가던 항로는 사라졌고, 베네치아와 암스테르담을 오가는 항로는 붐볐다. 그렇지만 어느새 세계의 헤게모니는 역사의 변동성을 거치면서 지중해에서 대서양을 거쳐 아메리카를 가로질러 태평양의 시대로 이어지고 있음을 부인하기 어렵다. 그리고 21세기의 초엽, 미국과 중국은 태평양 시대의 헤게모니를 앞에 두고 한 치의 양보도 보이지 않으며 서로를 향해 치열하게 격돌하고 있다.

본 연구를 통해서 보면 현재의 헤게모니 국가, 미국은 팽창기를 지나 수축 단계로 진입했고, 다음의 헤게모니 중심권역(태평양과 동아시아)을 찾아서 새로운 활력을 모색할 시기이다. 그렇지만 미국은 어느 시점에서인가, 중국을 선택하고 발전시키려는 노력을 철회해야 한다는 결정을 하고 그 행동을 개시했다는 것이 본 연구의 판단이다. 역사적 사례를 통하여 경험적으로 판단하건대, 헤게모니의 중심권역은 서서히 이동하지만, 그렇다고 갑자기 사라지지도 아니하며 자신을 이어갈 적절한 승계자를 스스로 물색한다는 것이다. Braudel－Arrighi Model에서처럼 베네치아에서 암스테르담으로, 암스테르담에서 런던으로, 그리고 런던에서 뉴욕으로 헤게모니의 중심권역이 이동했던 경로를 보면 더욱 그러하다. 20세기 초, 유럽의 독일제국이 대영제국의 헤게모니를 위협하자, 런던은 베를린이 아닌 대서양 건너편의 뉴욕을 선택했고, 런던의 자본은 뉴욕의 맨해튼으로 이전되었음을 상기할 필요가 있다.

2010년대, 뉴욕의 세계인재들은 대서양의 시대가 저물고 태평양의 시대가 분명히 왔음을 잘 인식하고 있다는 역사의 변동성이 빈번하게 감지되었다. 그래서 지난해, 강의를 잠시 멈추고 연구년을 얻어 세계를 누비며 현장답사를 하면서 많은 사람들과 직접 만나고 관련 자료들을 수집하여 본 연구는 가까스로 마무리될 수 있었다.

그렇지만 또 다른 한편에서는 일 년 내내 혼자서 부모님과 아이들을 보살피느라 고생했던 아내에게 참으로 미안하였다. 10년의 연구일정에서 평양시리즈로 발간했던 2013년의 <평양과 프라하>, 2015년의 <평양과 강남>, 2016년의 <평양과 비엔나>, 2018년의 <평양과 베네치아>에서 설명했던 자료의 상당 부분은 2019년의 <평양과 뉴욕>에서 반복하지 않고자 했다. 그리고 꽤 긴 연구 과정에서 나름 초연하게 '평화와 번영의 한반도'라는 큰 목적을 위해서 개인의 작은 목표는 접어야 했던 아쉬움도 있었다. 그러나 시간이 지나고 보니 그것이 그리 아쉬워할 게 아니었다는 깨달음도 있었다. 바쁜 일정과 어려운 여건에도 불구하고 <평양과 뉴욕>까지의 일련의 과정에서 멋지고 아름다운 책을 만들어 주신 법문사 분들께도 깊은 감사의 마음을 꼭 전하고 싶다.

참고문헌

강동일. 유럽의 중립문화가 남북에 주는 함의와 교훈. 남북문화예술연구. 통권 2호. 2008.

강승문. 싱가포르에 길을 묻다. 매일경제신문사. 2014.

강재언. 한국 근대사 연구. 한울사. 1982.

구영록 외. 정치학 개론. 서울: 박영사. 1992.

권영성. 비교헌법학. 서울: 법문사. 1981.

권태영 외. 북한 핵-미사일: 위협과 대응. 한국안보문제연구소. 2014.

곽동기. 북한의 경제발전 전략. 도서출판 615. 2008.

곽준혁. 키케로의 공화주의. 정치사상연구. 제13집 2호. 2007. 가을.

괴테. 박찬기 외 역. 이탈리아기행. 민음사. 2015.

김경희. 공화주의. 책세상. 2014.

김동명. 독일통일, 그리고 한반도의 선택. 한울. 2010.

김득주. 오스트리아식 중립화 통일과정에 관한 평가. 한국정치외교사논총. 제7권. 1990.

김상용. 북한의 사회주의 토지제도의 형성 및 변천과 통일 후의 처리 방향. 부동산 포커스. vol. 53. 2012.

김영웅 외. 베트남 이코노믹스. 한국경제신문사. 2008.

김용환. 리바이어던: 국가라는 이름의 괴물. 살림. 2008.

김유향 외. 튀니지의 재스민 혁명과 SNS의 역할. 국회입법조사처. 2011.1.31.

김은영. 통일비용 관련 기존연구 자료. 나라 경제. 제12권 제8호. 한국개발연구원. 2010.

김이한. 송인창 외. 화폐 이야기. 부키. 2014.

김정훈. 시민의 정부혁신론. 대영문화사. 1997.
______. 북한의 정부혁신론. 한국학술정보. 2012.
______. 평양과 프라하. 한국학술정보. 2013.
______. 남북한의 경제적 낙차효과를 활용한 '개성자유도시' 건설사업. 한국정책학회춘계학술대회 2014.
______. 평양과 강남. 대영문화사. 2015.
______. 북한의 영세중립국화와 UN아시아본부 설립방안. 한국정책학회 추계학술대회. 2015.
______. 평양과 비엔나. 법문사. 2016.
______. 평양과 베네치아. 법문사. 2018.
______. 국가의 부와 복지: 애덤 스미스와의 대화. 대영문화사. 2019.
______. 공화국의 현재와 과거, 그리고 미래: Braudel–Arrighi 모델을 중심으로. 한국행정학회 하계학술대회. 2019.
김호동. 몽골제국과 세계사의 탄생. 돌베개. 2016.
______. 아틀라스 중앙유라시아사. 사계절. 2016.
남종국. 13-14세기 지중해 해전: 베네치아와 제노바를 중심으로. 서양사연구. 36집. 2007.
남종국. 중세 해상 제국 베네치아. 인문논총. 제72권. 제3호. 2015.
대런 애쓰모글루. 최완규(역). 국가는 왜 실패하는가. 시공사. 2012.
데이비드 S. 랜즈. 안진환외(역). 국가의 부와 빈곤. 한국경제신문. 2009.
데이비드 프리스틀랜드. 이유역 역. 왜 상인들이 지배하는가. 원더박스. 2016.
도메 다쿠오. 우경봉 역. 지금 애덤 스미스를 다시 읽는다. 동아시아. 2010.
동양사학회 편. 개관 동양사. 지식산업사. 1997.
러셀 쇼토. 허형은 역. 암스테르담: 세상에서 가장 자유로운 도시. 책세상. 2016.
로데베니크 페트람. 조진서 역. 세계최초의 증권거래소. 이콘. 2016.
로버트 램. 이희재 역. 서양문화의 역사 II 중세, 르네상스 편. 사군자. 2007.
로저 크롤리. 우태영 역. 부(富)의 도시 베네치아. 다른세상. 2012
린다 파술로. 김형준 외 역. 유엔리포트. 21세기북스. 2014.
마르코 폴로. 채희순 역. 동방견문록. 동서문화사. 2016.
마르크스, 엥겔스. 남상일 역. 공산당 선언. 백산서당. 1989.
마키아벨리. 고산(역). 마키아벨리의 로마사이야기. 동서문화사. 2013.
마키아벨리. 박상훈 역. 군주론. 후마니타스. 2015.
마키아벨리. 임명방 역. 군주론. 삼성출판사. 1982.

모리치오 비롤리. 김경희 외 역. 공화주의. 인간사랑. 2012.
몽테스키외. 하재홍 역. 법의 정신. 동서문화사. 2016.
문지영. 홉스와 로크, 국가를 계약하라. 김영사. 2007.
미야자키 마사카츠. 이영주(역). 세계사 1. 2015.
민족통일연구원. 1993년도 통일문제 국민여론조사 결과. 민족통일연구원, 1993.
______. 남북한 국력추세 비교연구. 민족통일연구원. 1992.
______. 북한체제의 실상과 변화전망. 민족통일연구원. 1991.
남북통일운동국민연합 주관 국회심포지엄 발표자료. 2015.3.2.
박갑동. 한국전쟁과 김일성. 구윤서 역. 서울: 바람과 물결. 1990.
박규식. 김정일 평전. 양문각. 1992.
박명림. 한국전쟁의 발발과 기원. 전2권. 서울: 나남. 1996.
박순성 · 최진욱. 통일논의의 변천 과정 1945-1993. 민족통일연구원. 1993.
박영호 · 박종철. 남북한 정치공동체 형성방안 연구. 민족통일연구원. 1993.
박재영. 국제기구정치론. 법문사. 2004.
박흥순. "한반도 평화정착을 위한 국제기구 유치, 조성 방안". 남북통일운동국민연합주관 국회심포지엄 발표자료. 2015.3.2.
방인후. 북한 '조선노동당'의 형성과 발전. 고려대학교 아세아 문제연구소, 1967.
배영수 편. 서양사 강의. 한울. 2007.
배원달. 북한권력투쟁론. 학문사. 1990.
백기완. 통일이냐 반통일이냐. 형성사. 1987.
베네딕트 데 스피노자. 최형익(역). 신학정치론, 정치학논고. 비르투. 2011.
베르너 좀바르트. 이상률 역. 사치와 자본주의. 문예출판사. 2017.
벤 코츠. 임소연 역. 네덜란드 이야기. 미래의 창. 2016.
북한연구소 편. 북한총람. 서울: 북한연구소. 1983.
비슬리 W.G. 정영진(역). 일본제국주의: 1894-1945. 한국외대출판부. 2013.
새뮤엘 헌팅톤. 이희재 역. 문명의 충돌. 김영사. 1997.
서긍. 조동원 외 역. 고려도경. 황소자리. 2013.
서대숙 지음. 서주석 옮김. 북한의 지도자 김일성. 청계연구소. 1989.
서동만. 북조선사회주의체제성립사 1945-1961. 선인. 2011.
성대석. 한반도UN본부. 한국언론인협회. 2014.
세종연구소 북한연구센타(편). 북한의 당 · 국가기구 · 군대. 한울. 2011
손기태. 고용한 폭풍, 스피노자: 자유를 향한 철학적 여정. 글항아리. 2016.
손세관. 주거로 읽는 역사 도시의 기억들: 베네치아. 열화당. 2007

손정목. 서울도시계획이야기: 서울 격동의 50년과 나의 증언. 한울. 2002.
손호철, 김원(편). 세계화와 한국의 국가-시민사회. 이매진. 2009.
송건호, 강만길 편. 한국민족주의의론I. 창작과 비평사. 1982.
송남헌. 해방 삼년사I · II 1945~1948. 도서출판 까치. 1985.
스즈키 마사유키 지음. 유영구 옮김. 김정일과 수령제 사회주의. 중앙일보사. 1994.
스칼라피노 · 이정식 공저. 한홍구역. 한국공산주의 운동사 I, II, III. 돌베개, 1987.
시오노 나나미. 정도영 역. 베네치아공화국 1천년의 메시지. 한길사. 2014.
신창민. 통일비용 및 통일편익. 통일연구원 학술회의 총서 10-03, 2010.12.
심지연. 미 · 소공동위원회 연구. 청계연구소. 1989.
아시다 미노루. 이하준 역. 동인도회사: 거대 상업제국의 흥망사. 파피에. 2004.
안병만. 한국정부론. 다산출판사. 2014.
안보길. 이승만 다시보기. 기파랑. 2011.
알레산드로 마뇨. 김정하 역. 책공장 베네치아. 책세상. 2015.
______. 김희정 역. 돈의 발명. 책세상. 2013.
알렉산더 해밀턴 외. 김동영 역. 페더랄리스트 페이퍼. 한울. 2013.
애덤 스미스. 유인호 역. 국부론 I, II. 동서문화사. 2016.
엘리너 오스트롬. 윤홍근 역. 공유의 비극을 넘어. 랜덤하우스. 2010.
오마에 겐이치. 보이지 않는 대륙. 청림출판. 2001.
오무라 오지로. 신정원 역. 돈의 흐름으로 읽는 세계사. 위즈덤하우스. 2018.
오원철. 박정희는 어떻게 경제강국을 만들었나. 동서문화사. 2006.
위르겐 코카. 나종석 외 역. 자본주의의 역사. 북캠퍼스. 2017.
윌리엄 셰익스피어. 최종철 역. 베니스의 상인. 민음사. 2015.
유시민. 국가란 무엇인가. 돌베개. 2011.
유지호. 예멘의 남북통일. 서문당. 1997.
윤대규, 임을출. 북한 경제개혁을 위한 새로운 패러다임. 한울. 2006.
윤명선. 미국 기본권 연구. 경희대 출판국. 2004.
윤병수. 북한의 인적자원개발 현황과 향후 과제. 한국개발연구원. 2005.
윤성학. 시진핑의 일대일로, 위기일발, 유라시아 국가들 반중감정확산. 신동아. 2018.10.
이계만. 북한국가 기관론. 대영문화사. 1992.
이극찬. 정치학. 법문사. 1982.

이병조. 이중범. 국제법 신강. 일조각. 1984.
이상환. 동유럽의 민주화. 한국외대 출판부. 2004.
이석용. 국제인권법. 세창출판사. 2005.
이승종, 김혜정. 시민참여론. 박영사. 2011.
이승현, 김갑식. 통일비용: 논의의 현황과 쟁점. 국회입법조사처. 2010.
이애주. 가자! 민중의 시대로. 민족통일. 1988.
이용필 편. 북한정치체계. 교육과학사. 1985.
이일영 편. 경제특구 선전(深圳)의 복합성. 한신대학교 출판부. 2008.
이장훈. 네오콘: 팩스 아메리카나의 전사들. 미래 M&B. 2003.
이종석. 조선로동당연구: 지도사상과 구조 변화를 중심으로. 역사비평사. 1995.
______. 현대북한의 이해: 사상・체제・지도자. 역사비평사. 1995.
이종원 외. 통일 경제론. 해남. 1997.
이종원. 통일에 대비한 경제정책. 해남. 2011.
이중원. 건축으로 본 뉴욕 이야기. 성균관대학교 출판부. 2015.
이한 편. 북한의 통일정책변천사 1948~1985년 주요문건 상・하. 온누리. 1989.
이항구. 김정일과 그의 참모들. 신태양사. 1995.
이희수. 터키사. 대한교과서주식회사. 2000.
임진석(편). 마르크스 사상사전. 청아출판사. 1988.
정대철. 북한의 통일전략 연구. 백산서당. 1986.
정세현. 남・북한관계와 통일문제: 연구현황과 방향. 세종연구소. 1988.
정용길. 분단국 통일론. 고려원. 1990.
정욱식. 2003년 한반도의 전쟁과 평화. 이후. 2003.
정운찬. 거시 경제론. 다산출판사. 1985.
정인홍. 서구정치사상사. 박영사. 1991.
정종섭. 대한민국 헌법을 읽자. 일빛. 2002
정흥모. 동유럽 국가연구. 성대 출판부. 2012.
조길태 외. 세계문화사. 학문사. 1981.
조민 외. 통일비전 개발. 늘품. 2011.
조반니 아리기. 백승욱 역. 장기 20세기: 화폐, 권력, 그리고 우리 시대의 기원. 그린비. 2008.
______. 강진아 역. 베이징의 애덤 스미스: 21세기의 계보. 길. 2009.
조승래. 공화국을 위하여: 공화주의의 형성과정과 핵심사상. 길. 2010.
조앤 티트마시. 정현진 역. 베네치아 걷기 여행. 2012.

조용중. 미군정하의 한국정치현장. 나남. 1990.
조지 오웰. 박지은(역). 1984년/동물농장. 동서문화사. 2009.
조지프 슘페터. 변상진 역. 자본주의. 사회주의. 민주주의. 한길사. 2012.
존 로크. 이극찬(역). 시민정부론. 연세대 출판부. 1970.
존 로크. 조현수(편). 통치론. 타임기획. 2005.
존 롤즈. 황경식 역. 정의론. 이학사. 2003.
존 스틸 고든. 강남규 역. 월스트리크 제국: 금융자본 권력의 역사 350년. 참솔. 2009.
제프리 D. 삭스. 김현구(역) 빈곤의 종말. 21세기 북스. 2006.
주경철. 네덜란드: 튤립의 땅, 모든 자유가 당당한 나라. 산처럼. 2003.
______. 대항해 시대: 해상팽창과 근대세계의 형성. 서울대학교 출판문화원. 2017.
진승권. 동유럽 탈사회주의 체제개혁의 정치경제학. 서울대 출판부. 2003.
짐 로저스. 이건 역. 세계 경제의 메가트렌드에 주목하라. 이레미디어. 2013.
______. 오노가즈모토. 전경아 역. 세계에서 가장 자극적인 나라. 살림. 2019.
찰스 킨들버거. 주경철 역. 경제강대국 흥망사: 1500-1990. 2014.
천위루 외. 하진이 역. 금융으로 본 세계사. 시그마북스. 2015.
천재정(역). 플랫폼 전략. 더숲. 2011.
최갑수. 제국에서 근대국가로. 세계정치. 제26집. 2005.
최유식. 중국만 배 불리는 '일대일로'의 민낯. 조선일보. (news.chosun.com/site/data/html_dir/2018/09/05/2018090503969.html)
최병삼 외. 플랫폼, 경영을 바꾸다. 삼성경제연구소. 2014.
최영진. 동양과 서양. 지식산업사. 1993.
최윤식. 2030 대담한 미래. 지식노마드. 2014.
최원엽, 정대진. 국제법의 이해. 책마루. 2015.
최장집. 박상훈 개정. 민주화 이후의 민주주의. 후마니타스. 2016.
최진욱. 김정일 정권과 한반도 장래. 한국외국어대학교 출판부. 2005.
최형익. 실질적 민주주의. 한신대 출판부. 2009.
패트리샤 P. 브라운 지음. 김미정(역). 베네치아의 르네상스. 예경. 2001.
페르당 브로델. 김홍식 역. 물질문명과 자본주의 읽기. 갈라파고스. 2012.
______. 주경철 역. 물질문명과 자본주의 I-1, I-2, II-1, II-2, III-1, III-2. 까치. 1997.
폴 케네디. 이왈수 등 역. 강대국의 흥망. 한국경제신문. 1996.

카를 마르크스. 김수행 역. 자본론: 정치경제학비판 I, II. 비봉출판사. 2017.
하영선 편. 한국전쟁의 새로운 접근: 전통주의와 수정주의를 넘어서. 나남. 1990.
한국역사연구회. 고려의 황도 개경. 창비. 2009.
한국기독교사회문제연구원 편. 한반도 주변정세와 남북관계의 전망. 민중새. 1985.
한국수출입은행 편. 북한개발과 국제협력. 2014.
한국의 역사연구회. 고려의 황도, 개경. 창비. 2009.
한나 아렌트. 김선욱 역. 공화국의 위기. 한길사. 2016.
_____. 홍원표 역. 혁명론. 한길사. 2015.
한성철. 1200년 공화국의 영광 베네치아: 통사적 접근. 이탈리아어문학. vol.6. 2000.
한태연. 헌법과 정치체제. 법문사. 1987.
함규진. 조약의 세계사. 미래의 창. 2014.
허문영 외. 김정일 정권의 등장과 정책 전망. 민족통일연구원. 1994.
헤로도투스. 김봉철 역. 역사. 길. 2016.
홉스. 한승조 역. 리바이어던. 삼성출판사. 1982.
홍기빈. 자본주의. 책세상. 2014.
홍익희. 유대인 이야기: 그들은 어떻게 부의 역사를 만들었는가. 행성비. 2015.
A.J. 토인비. 홍사중 역. 역사의 연구. 동서문화사. 2015.
KBS제작팀. 부국의 조건: 국가의 운명과 국민의 행복을 결정하는 제도의 힘. 가나출판사. 2016.
동아일보. 1939.3.17.; 1940.7.25.; 1970.3.26.; 1989.11.24.; 1993.1.27.
조선일보. 2012.5.22. (김일주. 1949년 농지개혁안에 대한 글)
TV조선. 2013.5.22. (북한의 최룡해 중국특사 파견에 관한 대담)
중앙일보. 2012.5.22. (김수정 외. 개성공단에 대한 글)
중앙일보. 2015.10.20. (한민구 국방장관, 나카타니 겐(中谷元) 일본 방위상 회담)
JTBC. 북한촬영자료(개성의 고려박물관).
한겨레신문. 1989.12.6.
구글 지도자료. (https://maps.google.co.kr/map).
대한민국 법제처 자료. (http://www.moleg.go.kr).
대한민국 외교부 자료. (http://www.mofa.go.kr).

브리타니카 자료.(http://www.britannica.com/biography/Bashar-al-Assad)
(http://www.britannica.com/event/Kosovo-conflict)
서울특별시 자료. (www.seoul.go.kr)
영국 BBC방송자료. (www.bbc.com/news/world-asia-pacific-137483490)
(www.bbc.com/news/world-middle-east-16047709)
유엔자료. (www.un.org): United Nations, Treaty Series
(www.unvienna.org): United Nations, Vienna International Centre(2008)
미연방공화국 정보국자료. (https://www.cia.gov/library/)
현대아산 자료. (http://www.hyundai-asan.com).
Foreign Affairs 관련 자료. (https://www.foreignaffairs.com/)

Allison, Graham T. Essence of Decision: Explaining the Cuban Missile Crisis. Little, Brown and Company. 1971.
Acemoglu, Daron: "Politics and Economics in Weak and Strong States." Journal of Monetary Economics. 52. 2005.
Annemarie M-B(ed.): UNO inside: The United Nations in Austria-Facts, Adventures and Anecdotes. omninum. 2014.
Aristotle: The Complete Works of Aristotle: The Revised Oxford Translation, edited by Jonathan Barnes. 2 vols. Princeton, NJ: Princeton University Press. 1984.
Arrighi, Giovanni: The Geometry of Imperialism. London: Verso. 1983.
Arrighi, Giovanni: World Income Inequalities and the Future of Socialism. New Left Review. 1/189. 1991.
Arrighi, Giovanni, Satoshi Ikeda, and Alex Irwan: "The Rise Of East Asia: One Miracle or Many? in Ravi A. Palat (ed.), Pacific-Asia and the Future of the World-System. CT: Greenwood Press. 1993.
Arrighi, Giovanni: Adam Smith in Beijing: Linages of the Twenty-First Century. Verso. London. 2007.
Bailey, Sydney: The Korean Armistice. NY: St. Martin's Press. 1992.
Becker, Jasper: Rogue Regime: Kim Jong Il and the Looming Threat of North Korea. Oxford University Press. 2005.
Beloff, Max: Soviet Policy in the Far East, 1944-1951. Oxford Univ. Press. 1953.
Bennett, Bruce: Preparing for the Possibility of a North Korean Collapse. RAND Corporation. 2013.

Boczek, Boleslaw A.: International Law, Maryland: Scarecrow Press. 2005.
Braudel, F.: The Mediterranean and Mediterranean World in the Age of Philip II, 2 vols, New York: Harper & Row. 1976.
Braudel, F.: Afterthoughts on Material Civilization and Capitalism, MD: Johns Hopkins University Press. 1977.
Braudel, F.: Civilization and Capitalism 15th-18th Century. I, II, III. Collins. 1984.
Brood, Paul: The Dutch East India Company Book. Wbooks. 2017.
Brown, J. F.: Hopes and Shadows. Eastern Europe After Communism. Durham, NC: Duke University Press. 1994.
Cicero, Marcus Tullius: On Duties, edited by M.T. Griffin and E.M. Atkins. Cambridge: Cambridge University Press. 1991.
Cicero, Marcus Tullius: 'On the Commonwealth' and 'On the Laws', edited by James E.G. Zetel. Cambridge: Cambridge University Press. 1999.
Cumings, Bruce: North Korea: Another Country. New Press. 2004.
Elazar, Daniel J.: Can Sephardic Judaism be Reconstructed? Jerusalem Center for Public Affairs. (www.jcpa.org/dje/articles3/sephardic.htm).
Faure, David: China and Capitalism: A history of Business Enterprise in Modern China. Hong Kong: Hong Kong University Press. 2006.
Gareis, Sven & J. Varwick: The United Nations. palgrave. 2003.
Giandomenico Romanelli: The Dose's Palace in Venice. Milano: SKIRA. 2011.
Goldman Sachs: A United Korea? Reassessing North Korea Risks. Global Economic Paper NO: 188. 2009.
Harrold, Michael: Comrades and Strangers: Behind the Closed Doors of North Korea. Wiley Publishing. 2004.
Hunt, Tristran: Marx's General, The Revolutionary Life of Friedrich Engels. Metropolitan Books. 2009.
Hungtington, Samuel: "The U.S.: Decline or Renewal?" Foreign Affairs, Vol.69, No.1. 1989~1990.
Julius, Norwich, J.: A History of Venice. Penguin. 2003.
Kagan, Robert: Of Paradise and Power, American and Europe in the New World Order. New York: Alfred A. Knopf. 2003.
Kaplan, Robert: "The Geography of Chinese Power: How Far Can Beijing Reach on Land and at Sea?" Foreign Affairs. May/June 2010.

Keane, John: The Life and the Death of Democracy. London: Simon & Schuster. 2009.

Kitchen, Martin: A History of Modern Germany. Wiley-Blackwell. 2012.

Kraut, Richard: Socrates and the State. NJ: Princeton University Press. 1984.

Lane, Frederic C.: Venice: A Maritime Republic. Baltimore: The Johns Hopkins University Press. 1973.

Lane, Melisa: Argument and Agreement in Plato's Crito. History of Political Thought. vol. 19. 1998.

Lane, Melisa: The Birth of Politics. Princeton University Press. 2014.

Laslett, Peter: "Introduction." Two Treatises of Government. Cambridge: Cambridge University Press. 1988.

Locke, John: Two Treatises of Government. 1680.

Lord, Christopher(ed.): Questions in Contemporary International Relations. Praha: Karolinum Press. 1997.

Macpherson, C. B.(ed.): John Locke: Second Treatise of Government. Cambridge: Hackett Publishing Company. 1980.

Madden, Thomas F.: Venice, A New History. London: Viking. 2012.

Madison, James and Alexander Hamilton and John Jay: Federalist papers. Penguin. 1987.

Marx, Karl and Friedrich Engels: Manifesto of the Communist Party. 1848.

Marx, Karl: Capital. Vol. I Moscow: Foreign Language Publishing House. 1959.

Marx, Karl: Capital. Vol. III Moscow: Foreign Language Publishing House. 1962.

Morgenthau, Hans J.: Politics Among Nations, 5th ed. Alfres A. Knopf. 1973.

Morris, Jan: The Venetian Empire, A Sea Voyage. Penguin. 1990.

Nye, Joseph: Bound to Lead. Basic Books. 1990.

O'Connell, Monique: Men of Empire: Power and Negotiation in Venice's Maritime State. The John Hopkins University Press. 2009.

Pangle, Thomas: The Spirit of Modern Republicanism. Chicago: University of Chicago Press. 1988.

Paine, Lincoln: The Sea and Civilization. Atlantic Books. 2015.

Rawls, John: A Theory of Justice. Harvard University Press. 1971.

Roegholt, Richter: A Short History of Amsterdam. Bekking & Blitz

Publishers. 2010.
Romanelli, Giandomenico: The Dose's Palace in Venice. Milano: SKIRA. 2011.
Sebestyen, V.: Revolution 1989, The Fall of the Soviet Empire. Orion Books. 2010.
Sherman, Gordon E.: "The Permanent Neutrality Treaties," Faculty Scholarship Series, Paper 4731. (http://digitalcommons.law.yale.edu/fss_papers/4731).
Sked, Alan: The Decline and Fall of the Habsburg Empire 1815-1918. Routledge. 2001.
Strauss, Leo: Natural Right and History. University of Chicago Press. 1953.
United Nations: The Essential UN. United Nations Publications. 2018.
Waldron, Jeremy: God, Locke, and Equality. Cambridge University Press. 2002.
Walter, C. and Howie, F.: Red Capitalism, The Fragile Financial Foundation of China's Extraordinary Rise. Wiley Publishing. 2012.
Wills, Garry: Venice: Lion City: The Religion of Empire. Washington Square Press. 2002.
Winder, Simon: A Personal History of Habsburg Europe: DANUBIA. Picador. 2014.
Wolf, Charles & Akramov Kamil: North Korean Paradoxes: Circumstances, Costs, and Consequences of Korean Unification. Rand National Defense Research Institute. 2005.
Wolf, Charles: The Cost of Reuniting Korea. Forbes. 2010.3.15.
Zuckert, Michael P.: Launching Liberalism. University Press of Kansas. 2002.

찾아보기

ㄱ

ㅅ

ㅇ

ㅈ

ㅊ

ㅋ

ㅌ

ㅍ

ㅎ

저자 약력

■ **김 정 훈**

››› 약 력

사단법인 한국행정학회, 한국정책학회 이사
미국 국무성 초청 Fulbright Scholar at Harvard Law School
미국 MIT 국제인권연구소 연구위원(비상근)
청와대 정책위원(비상근)
국민고충처리위원회 전문위원(비상근)
현) 서경대학교 공공인적자원학부 교수
　　중앙환경정책위원

››› 주요저서

시민의 정부혁신론(1997)
변화의 시대, 경제주체의 선택(공저, 1998)
정부조직의 혁신(공저, 1998)
서울시정의 바른길(공저, 2002)
자원순환사회와 NGO(2006)
북한의 정부혁신론(2012)
평양과 프라하(2013)
평양과 강남(2015)
평양과 비엔나(2016)
평양과 베네치아(2018)

평양과 뉴욕, 태평양 시대의 헤게모니

2019년 12월 24일 초판 인쇄
2019년 12월 30일 초판 1쇄 발행

저　자 김 정 훈
발행인 배 효 선
발행처 도서출판 法 文 社

주　소 10881 경기도 파주시 회동길 37-29
등　록 1957년 12월 12일/제2-76호(윤)
전　화 (031)955-6500~6 FAX (031)955-6525
E-mail (영업) bms@bobmunsa.co.kr
(편집) edit66@bobmunsa.co.kr
홈페이지 http://www.bobmunsa.co.kr
조판 법 문 사 전 산 실

정가 15,000원　　ISBN 978-89-18-91064-2